JN069743

ら常識的に導ける範疇にとどまらずに、少なからず応用化もしくは大きく飛躍させた未来のレース予測をしなければなりませんし、そうでなければ"先太り"の結果は手に入らないはずです。

　もし私のことを初見でなければご存じであろう「中内田厩舎の前哨戦は買い」や「レーン騎手のディープ産駒は軽視」などは、その実例がほぼ無かった段階から提唱していたことで当初は訝しげに見られていたものの、その後に実例が積み上がっていったことで、今となってはコアな競馬ファンの多くが知るところの競馬格言へと名を上げました。また、本編内でも取り上げている「平成の桜花賞は外枠有利→令和の桜花賞は内枠有利」については、実は内枠有利の決着が起きていない段階の令和初年度から提唱していたことでした。

　実際には「誰も知らないこと」で「正しい分析」という未開の地を切り開くことは容易ではありませんので、正直失敗作も世の中に出してしまったこともありましたが、失敗も含めた一つ一つの積み重ねが成功への道筋であるというのも確かなことです。本書はこの手の書籍としては珍しく不的中話が少なからず掲載されていますが、それも大臣こと斉藤雄一氏との対話によって単なる過去の失敗作ではなく未来の成功へのエキスが感じ取れるものとなっているはずですし、皆さまにも本書を踏み台に成功への歩みを進めて頂ければとの思いです。

2024年3月　キムラヨウヘイ

CONTENTS

競馬"真"格言

キムラヨウヘイ

oo-parts
publishing

まえがき

　日本の中央競馬における馬券の還元率は、券種によって多少異なりますが約75%前後となっています。ただし、それは闇雲に馬券を購入しても、最終的にその数字に行き着くというわけではありません。例えば、単勝と複勝を全て購入した時の回収率は、2020年は75%だったのが、21年と22年には71.5%に、23年は71%に、そして24年3月時点は66%といった具合で年々低下傾向にあります。その間に胴元の馬券の売り方は変わってはいませんので、ひとえに購入者の馬券の買い方が変わったということに他なりません。端的に言えば、購入者の全体的なレベルアップに伴って、従来よりも好走する馬(的中馬券)のオッズ(配当)が目減りしているということです。

　そのレベルアップというのは様々な競馬予想手法の進化と深化とも言い換えられると思いますが、その中でも昨今ムーブメントを巻き起こしているAI予想を筆頭に、過去のレース分析がし尽くされているということが起きています。そこでは仮に正しい分析に基づく見立てだとしても、それが誰もが知るところの事実であればオッズにも織り込まれますので、的中したとしても結局は目減りしている配当しか手に入らないという先細りの結果が往々にして起こります。

　もちろん、「誰もが知るところ」の「正しい分析」を用いることは重要ですし時に必要なことには違いありませんが、私はそれ以上に「誰も知らない」ということのほうが何倍も重要だと考えています。そのためには、過去のレース分析に基づきながらも、そこか

CONTENTS

本編

競馬"真"格言

本書は「亀谷競馬サロン」の木曜コラム
「キムラヨウヘイ×大臣 〜競馬"真"格言〜」を加筆・修正したものです。

宝 塚 記 念 真格言

1 ハーツクライ産駒に外国人騎手が乗っていれば黙って買い

2 グランプリレースは余力勝負

阪神芝2200m

大　臣　「外国人騎手×ハーツクライ産駒」の相性の良さを意識し始めたのはだいぶ前から？

キムラ　そうですね。『競馬予想TV!』にいちばん最初に出た時、18年秋シーズンです。そこで毎週のようにプッシュしていました。ハーツクライ産駒と外国人騎手の相性の良さは、今では結構知れ渡っている話だと思うのですが、当時はまだそういうことを言ってる人はいなかったはずです。更に「グランプリレース×外国人騎手」の相性も良く、宝塚記念は、「グランプリレース×ハーツクライ産駒×外国人騎手」＝黄金のトライアングルとなっています。

大　臣　「グランプリレース×外国人騎手」の相性の良さを意識したのは？

キムラ　このことをいちばん最初に原稿で書いたのは19年の有馬記念の時でした。

大　臣　レーン騎手でリスグラシューが楽勝したレースね。

キムラ　そうです。グランプリに限らず、ハーツクライ産駒と外国人騎手が非常に相性がいいのは、外国人が日本人騎手よりも優れているというよりは、適性・相性の面です。持続力を引き出す騎乗は、やはり本場の海外騎手のほうが秀でている。

大　臣　ハーツクライは所謂"追える騎手"向きの血統ってことね。

キムラ　逆にキレで勝負するディープ産駒の場合には、日本人の上位騎手のほうが優れている所もあるのですが、ハーツクライ産駒の

場合には、日本人騎手から外国人騎手に乗り替わると、顕著にパフォーマンスが引き上げられることが多くある。

　それと同じ理屈で、舞台が非根幹、梅雨時＆末期の馬場で施行されるグランプリレース自体にも、キレよりも持続力勝負の競馬になるということで外国人騎手にメリットがある。

大　臣　なるほど。

キムラ　20年以降はコロナの影響で、短期免許で来日する外国人騎手が激減し、この格言を取り上げる機会がなかったんですよ。

大　臣　今春 (22年) はレーン騎手が来日したので、この格言も久々に使えるぞと。今年の宝塚記念は、レーン騎手がハーツクライ産駒のヒシイグアスに乗る予定ですね。

キムラ　当然、ヒシイグアスは今年の宝塚記念で注目してる1頭です。

　それから宝塚記念は春競馬を締めくくる大一番、1年の締めくくりの大一番である有馬記念と立ち位置が似たレース。要はどちらのレースもどれだけ余力を持って参戦できるかが大事です。

大　臣　それが真格言②ね。

キムラ　有馬記念では直近の大レース、ジャパンC組が人気を裏切りがちなのと同様に、宝塚記念でも安田記念も含めて間隔が近いレースに出走していた有力馬は人気に応えられないケースが多いです。間隔は空いてるんだけど、消耗度の激しい長距離の天皇賞春組も確率の低い臨戦過程となってます。

大　臣　過去10年、宝塚記念で1〜3番人気だった天皇賞春組の成績は【3-0-1-7】。実は人気を裏切ってるのは天皇賞春組が多い。

キムラ　そうです。そして過去10年、天皇賞春→宝塚記念と続けて馬券になった馬は16年のキタサンブラックしかいません。

大　臣　そのキタサンブラックも天皇賞春1着 (2番人気) →宝塚記念3着 (2番人気) で。宝塚記念は人気で連を外したという印象が強かったなあ〜。真格言②は「宝塚記念では天皇賞春組の人気馬が危ない」でもいいかなと思うんだけど。

キムラ　そこはちょっとキャッチーに「グランプリレースは余力勝

負」にしてみました (笑)。

※この掲載後、22年のタイトルホルダー、23年のジャスティンパ
レスと、2年連続で天皇賞春→宝塚記念と馬券になった馬が出た。
やはり「宝塚記念では天皇賞春組の人気馬が危ない」ではなく、「グ
ランプリレースは余力勝負」が正解だった。

2022年6月26日 阪神11R
宝塚記念（GI）芝2200m良 17頭立て

着	馬名	騎手	父	前走	上がり	人気
1	**3** ⑥ タイトルホルダー	横山和生	ドゥラメンテ	天皇賞春(G1)2人1着	36.1	2
2	**5** ⑩ ヒシイグアス	レーン	ハーツクライ	大阪杯(G1)5人4着	35.9	5
3	**4** ⑦ デアリングタクト	松山弘平	エピファネイア	ヴィクトリアM(G1)5人6着	36.0	4

単勝420円　複勝180円 250円 240円　枠連2,520円　馬連2,060円
ワイド780円 710円 840円　馬単3,420円　三連複5,150円　三連単25,220円

PICKUP DATA

宝塚記念の前走レース別成績 （12～21年／最少機会数2／複勝率順）

前走レース名	着別度数	勝率	連対率	複勝率	単回収	複回収
ドバイシーマクラシック	1-1-2-6/10	10.0%	20.0%	40.0%	18	60
ヴィクトリアマイル	0-0-3-5/8	0%	0%	37.5%	0	362
クイーンエリザベス2世C	1-1-0-4/6	16.7%	33.3%	33.3%	90	58
大阪杯	2-1-1-10/14	14.3%	21.4%	28.6%	93	67
鳴尾記念	1-3-1-15/20	5.0%	20.0%	25.0%	71	111
天皇賞春	4-3-2-30/39	10.3%	17.9%	23.1%	56	99
目黒記念	1-0-1-13/15	6.7%	6.7%	13.3%	167	76
安田記念	0-0-0-5/5	0%	0%	0%	0	0

※レベルが低い牝馬GI組と間隔が空く臨戦過程で余力面でアドバンテージがある馬が優位

2023/11/09 掲載

エリザベス女王杯 真格言

1 阪神芝2200mは外国人騎手を買うだけでOK

2 (外国人騎手の優位性が低い)京都芝2200mは日本人騎手を買うのもOK

京都芝2200m

キムラ エリザベス女王杯は、20〜22年までの3年は京都競馬場の改修工事に伴って阪神競馬場(阪神芝2200m)で行われていましたが、23年は4年振りに本来の京都競馬場(京都芝2200m)で行われます。

その阪神芝2200mで行われる重賞レースは通常の年だと宝塚記念の一戦だけですが、そこで特に強さを発揮するのが外国人騎手(普段は日本以外で騎乗している騎手)でした。そして、イレギュラーで阪神芝2200mで行われた22年のエリザベス女王杯でも、やはり宝塚記念同様に海外騎手が強さを発揮して、Cデムーロ騎手騎乗のジェラルディーナ(4番人気1着)、レーン騎手騎乗のウインマリリン(5番人気2着)と海外騎手によるワンツー決着でした(※20〜21年についてはコロナ禍で海外騎手の騎乗自体がありませんでした)。

大臣 これは宝塚記念の真格言でやったね。阪神芝2200mでは海外騎手を狙えと。

キムラ ただし、これが京都芝2200mで行われるエリザベス女王杯となれば、騎手の勢力図もガラリと一変します。

過去10年のエリザベス女王杯において、京都芝2200mで行われた7年間では、19年ラッキーライラック(スミヨン騎手)、18年リスグラシュー (モレイラ騎手)という海外騎手による印象的な勝利こそあったものの、実は海外騎手が馬券圏内に入線したのはその2例だ

けで、トータルでは【2-0-0-10】と、必ずしも海外騎手＞日本騎手というわけではありませんでした。

　それ以前にさかのぼっても、やはりスノーフェアリー（ムーア騎手）の連覇という印象的な事例こそあるものの、トータルでは必ずしも海外騎手が活躍しているというわけではなかったんです。

大　臣　京都での直近7回の海外騎手が【2-0-0-10】というのは確かに意外と低い数字だね。

キムラ　それらの背景は、海外騎手と日本騎手のどちらが優れているかどうかではなく、どちらが向いているかどうかという適性の部分なんです。

　元来、タフな急坂があって非根幹距離の内回りコースである阪神芝2200mは、豪腕に物を言わせる海外騎手が日本騎手を圧倒していましたが、同じ距離設定でも平坦・外回りの京都芝2200mでは、"柔よく剛を制す"でキレを引き出すことに長けている日本騎手でも太刀打ちができると言えます。

大　臣　う～む……。ただ、この真格言はちょっと心配だぞ(笑)。スミヨン騎手とモレイラ騎手が勝ったのも京都での直近の2回だし、京都芝2200mで海外騎手を軽視していいのは少し前までの話なのでは？ いまはもうあまり軽視してはいけない感じがするなぁ。特にムーア騎手は。

キムラ　ジェラルディーナは昨年、阪神のエリザベス女王杯を勝ち、中山の有馬記念で3着(これもCデムーロ騎手)に好走しましたけど、ともに海外騎手が強い条件(持続力勝負になりやすい)のレースで、そのプラスαがありました。京都芝2200mではそのプラスαがないので今年は過信禁物です。昨年ほどは評価できないですし、人気で買いたい馬ではないですね。

大　臣　そうかあ……。

キムラ　今年のエリザベス女王杯ではサリエラにマーカンド騎手が乗るんですけど。京都芝2200mでディープ牝馬にマーカンド騎手は合わないと思うんです。

2023年11月12日 京都11R
エリザベス女王杯（GI） 芝2200m良 15頭立て

着	馬名	性齢	斤量	騎手	タイム	位置取り	上がり	人気
1	**1**①ブレイディヴェーグ	牝3	54	ルメール	2.12.6	5-5-5-5	34.4	1
2	**2**②ルージュエヴァイユ	牝4	56	松山弘平	2.12.7	7-7-8-8	34.3	5
3	**2**③ハーパー	牝3	54	川田将雅	2.12.8	3-3-3-3	34.8	3
5	**4**⑦ジェラルディーナ	牝5	56	ムーア	2.12.9	7-7-7-5	34.7	2
6	**7**⑬サリエラ	牝4	56	マーカンド	2.12.9	13-13-13-12	34.2	6

単勝240円　複勝130円 290円 180円　枠連570円　馬連1,580円
ワイド630円 380円 1,160円　馬単2,210円　三連複2,910円　三連単9,780円

回顧　エリザベス女王杯　　　　　*2023/11/16 掲載*

京都芝の2ターンは、
短期免許の外国人騎手には難しい

大　臣　とりあえずエリザベス女王杯はムーア騎手もマーカンド騎手も来なくて、真格言的には良かったね（笑）。結局、23年のエリザベス女王杯は内枠から内をロスなく回って来た馬が1〜3着。ジェラルディーナもサリエラも外々を回らされてノーチャンスだった。

キムラ　ムーア騎手もマーカンド騎手も先週はエリザベス女王杯以外でもあまり馬券になっていませんでしたよね。短期免許の外国人騎手にとって京都競馬場、特に2ターンのレースは難しいようで、実際に競馬場別の成績でも京都がいちばん悪い数字になっています。2人ともここで外々を回らされたこと自体が偶然ではないのかもしれません。

大　臣　しかし、俺はここでGI初挑戦で1番人気の馬をまったく買う気がなかったんだけど、ブレイディヴェーグはリバティアイランド、マスクトディーヴァに次いで3歳牝馬から大物誕生なのかね？

キムラ　今後が非常に楽しみな馬ですよね。近親にミッキークイーンがいて、血統も一本筋が通っていますし。

大　臣　ブレイディヴェーグの母がミッキークイーンの全姉なんだよね。

キムラ　ノーザンファームの生産馬で、天栄で調整され、宮田厩舎所属。バックボーンは最高ですから。

大　臣　ロードカナロア牝馬でいきなり2200mのGⅠを勝つなんて凄いよね。ロードカナロアは牡馬でも2200m以上をこなす馬は少ないのに。ひょっとするとアーモンドアイ級の馬になるかな？

キムラ　この馬はまだ体質がかなり弱いみたいですよね。

大　臣　詰めて使えないもんね。

キムラ　あとこれまで二度、骨折してますしね。全然、順調に使えなくて、馬体もなかなか増えてこないんですけど、それでこの成績ですから。まだ底知れないですよね。

大　臣　いかにも、「ルメール騎手に任せておけば安心」というタイプでもあるし。もうブレイディヴェーグを人気だからって嫌うのはやめることにしよう（笑）。

阪神芝2200mの騎手所属別成績
（11〜23年マイルCS前週まで／1〜5番人気限定）

騎手所属	着別度数	勝率	連対率	複勝率	単回収	複回収
美浦	6-4-2-46/58	10.3%	17.2%	20.7%	36	43
栗東	98-91-87-336/612	16.0%	30.9%	45.1%	69	79
外国	10-6-7-16/39	25.6%	41.0%	59.0%	182	108

京都芝2200mの騎手所属別成績（同上）

騎手所属	着別度数	勝率	連対率	複勝率	単回収	複回収
美浦	4-8-4-24/40	10.0%	30.0%	40.0%	47	77
栗東	108-107-99-384/698	15.5%	30.8%	45.0%	75	80
外国	12-2-7-26/47	25.5%	29.8%	44.7%	113	78

PICKUP DATA

※馬質の差を排除した上位人気馬限定のデータでも阪神2200mでは外国人騎手が日本騎手を圧倒。それに比べると京都芝2200mでは外国人騎手の単勝回収率、複勝回収率ともかなり下がる

競馬"真"格言

東　海　S　真格言

2023/01/19 掲載

ダート重賞は前走中央GI出走組を買うだけでOK

京都ダ1800m

キムラ　1年間の中で様々な距離、コース、年齢、性別などのカテゴリ別に、数多くの中央GIレースが設定されている芝路線。対して、どちらもオールマイティーな施行条件であり、なおかつ年齢や性別も問わずに出走できるフェブラリーSとチャンピオンズCという、僅か二つの中央GIレースしか設定されていないのが、今の日本競馬のダート路線です。

　また、23年の芝路線(2〜3歳限定戦除く)だと、年間に施行されるクラス別のレース数は「GⅠレース×12」、「GⅡレース×22」、「GⅢレース×35」、「OP特別レース×51」とバランス良く配置されています。

　対して、23年のダート路線は「GⅠレース×2」、「GⅡレース×1」、「GⅢレース×10」、「OP特別レース×53」。ほんの一握りのGⅠ&GⅡレースに対して、その他大多数のGⅢレース&OP特別レースという構図になっています。中央の番組が手薄な分だけ地方でGIレースの施行もされていますが、それを含めても芝よりもダートのほうがGⅠ&GⅡレースが圧倒的に不足しています。

大　臣　その数少ない地方のGI、GⅡは出走馬に選ばれるだけでも大変なんだよね。

キムラ　芝における上のクラスのレースは、施行数が多い分だけメンバーが広く薄く分散することもありますが、ダートにおける上のクラスのレースは、施行数が限られる分だけ、間違いなく純度の高いハイレベルなメンバーが集結するという仕組みができあがっています。

　このことから導けることとして、中央ダートGⅠレースでの上位入線馬は、言わずもがな"屈指の強い馬"となりますが、そこでの下位入線馬でも"相対的には十分強い馬"ということが考えられます。

　何を当たり前の話を、と思われるかもしれませんが、そうはいえども中央ダートGⅠレースで着外に敗れた馬は、次走では多少懐疑的な目で見られて人気落ちするものです。それでも、純粋な力量差によって好走できて、なおかつそこに妙味も生まれている……つまりは、"中央ダートGⅠレースでの下位入線馬は次走買い"が成り立つのです。

　その証左が、過去数年にもわたって「前走中央ダートGⅠレース出走馬」を買うだけで単複回収率がプラスになっているという現実で、これと同じ現象はGⅠレースの相対的な価値が低い芝レースのほうでは起きていません。

大　臣　過去10年の東海Sの前走クラス別成績を見ても、まさにそういう結果になってるよね。

キムラ　22年の東海Sは「前走中央ダートGⅠレース出走馬」が3頭（スワーヴアラミス、オーヴェルニュ、サンライズホープ）いて、『競馬予想TV！』ではそれらに◎○▲を打ったのですが、1着、2着、4着と軒並み好走していました。今年の出走馬に当てはめれば、オーヴェルニュとスマッシングハーツが買い候補となります。

2023年1月22日 中京11R
東海S（GⅡ）　ダ1800m良 15頭立て

着	馬名	性齢	斤量	タイム	前走	位置取り	人気
1	⑥⑩ プロミストウォリア	牡6	57	1.51.2	摩耶S(3勝C)	1-1-1-1	2
2	③④ ハギノアレグリアス	牡6	57	1.51.6	みやこS(G3)	6-6-6-6	1
3	⑦⑬ ハヤブサナンデクン	牡7	57	1.51.9	ベテルギウスS(L)	2-2-2-2	3
5	⑥⑪ スマッシングハーツ	牡7	57	1.52.3	チャンピオンズC(G1)	8-8-8-7	6
8	②② オーヴェルニュ	牡7	57	1.52.8	チャンピオンズC(G1)	3-3-3-3	8

単勝510円　複勝180円 120円 170円　枠連600円　馬連970円
ワイド400円 680円 350円　馬単1,990円　三連複1,750円　三連単8,490円

競馬 "真" 格言

ダートの3勝クラスと重賞の間には
高いハードルが存在するが……

大　臣　東海Sは1000m通過が62秒6という超スロー。このラップを見た瞬間、差し馬を中心に狙っていた私は絶望的な気分になりました。また、空馬が好位勢にとって微妙に気になる動きをしたことも加わって、プロミストウォリアの逃げ楽勝。「ダート重賞は前走中央GI出走組を買うだけでOK」という真格言を出したレースで、前走で3勝クラスを勝ったばかりの馬が重賞初挑戦で勝ってしまうという困った結果に(笑)。

キムラ　いやあ……、はい、そうなんですよ(笑)。

大　臣　19年の東海Sを勝ったインティが、前走で3勝クラスを勝ったばかりの馬だった。その2か月後のマーチSでも前走3勝クラス勝ちのサトノティターンが勝ったんだけど、実は東海Sのプロミストウォリアは、この時以来の前走3勝クラス勝ち馬のダート重賞制覇だったんだよね。

前走3勝クラスのダート重賞成績 (19～22年)

2-1-1-39	勝　率 **4.7**%	連対率 **7.0**%	複勝率 **9.3**%
	単勝回収値 **38**円		複勝回収値 **24**円

キムラ　それぐらいダートの3勝クラスと重賞の間には高いハードルが存在するわけですよ。これが芝の重賞だと、むしろ前走3勝クラス勝ち馬のほうが前走重賞組よりも成績が良い位なんですが。

大　臣　東海Sは4着も前走3勝クラス勝ち馬だったけど、これはあくまでもレアケース。

キムラ　僕もこの結果だけを見て「ダート重賞は前走中央GI出走組を買うだけでOK」という真格言を否定するつもりはありません。い

まのダート番組のいびつな構成を考えたら、長い目で見たらこの真格言の狙い方で儲かるはずです。

　確かに今のダート界はレベルが低下しているので、かつてよりは上がり馬の食い込み余地は増しているという見方もできますが、それでも重賞・OP特別で上がり馬（前走3勝クラス勝利馬）は確率も期待値も決して高くはありませんし、上がり馬が買いということにはなり得ないハードルの高さは依然としてあると思います。

古馬ダート重賞レースの前走クラス別成績 (13〜22年東海S前週まで)

前走クラス	着別度数	勝率	連対率	複勝率	単回収	複回収
3勝	2-0-3-53/58	3.4%	3.4%	8.6%	28	38
OPEN非L	12-12-13-187/224	5.4%	10.7%	16.5%	158	71
OPEN(L)	1-2-1-41/45	2.2%	6.7%	8.9%	13	59
GⅢ	14-13-12-203/242	5.8%	11.2%	16.1%	59	57
GⅡ	3-1-4-34/42	7.1%	9.5%	19.0%	27	51
GⅠ	12-10-10-49/81	14.8%	27.2%	39.5%	120	93

※東海Sに限らずダートレースでは前走中央GⅠレース出走馬をベタ買いOK

秋 華 賞　真格言　*2022/10/13 掲載*

牝馬の中距離重賞ではステゴ系＆キンカメ産駒＆キズナ産駒＆ハービン産駒が四天王

阪神芝2000m

キムラ　牝馬限定レースではオークス・エリザベス女王杯に次いで、3番目に長い距離設定である2000mで行われるのが秋華賞です。牡馬のレースでは、2000mは何の変哲もない普通の距離設定と言えますが、牡馬よりもスタミナ面で劣り、距離適性が短めに出る牝馬にとって、2000mはややイレギュラーな距離設定になります。

大　臣　キムラ君は「牝馬の2000m以上の重賞は非主流の距離だ」という見解なんだよね。そこで好走する血統に偏りが出ると。

キムラ　そうです。近年の「芝2000m以上の牝馬限定重賞の種牡馬別成績」は別表の通りですが、現代のトップに君臨する種牡馬であるディープインパクトは意外にもトップ10圏外にとどまっており、それに次ぐ立ち位置のハーツクライとロードカナロアについては、ともに回収率10％台という最底辺の成績になっています。このことからも、同条件が一般的なレースとは異なる性質が問われるというイレギュラーな性格が強く窺えます。

大　臣　2000m以上という条件なのでここにロードカナロアが入ってこないのはしょうがないとして、ディープインパクトとハーツクライの数字の悪さはちょっと衝撃だね。

キムラ　逆に同条件で強い血統としては、総じてタフな適性を持ち合わせるステイゴールド系種牡馬と、かつては短中距離を主戦場としていましたが、近年は傾向が変わって活躍の場が長距離にシフトしているキングカメハメハ。また、近年は産駒の質の低下によ

芝2000m以上の牝馬限定重賞の種牡馬別成績

(17〜22年秋華賞前週まで／最少機会数5／複勝率順)

種牡馬	着別度数	勝率	連対率	複勝率	単回収	複回収
ステイゴールド	1-5-1-11/18	5.6%	33.3%	38.9%	176	169
キングカメハメハ	6-2-3-22/33	18.2%	24.2%	33.3%	138	100
ドリームジャーニー	0-2-0-4/6	0%	33.3%	33.3%	0	113
Blame	0-0-2-4/6	0%	0%	33.3%	0	90
ハービンジャー	6-4-5-40/55	10.9%	18.2%	27.3%	132	103
キズナ	4-2-3-25/34	11.8%	17.6%	26.5%	292	205
エピファネイア	2-2-2-19/25	8.0%	16.0%	24.0%	12	146
ゴールドシップ	2-0-2-13/17	11.8%	11.8%	23.5%	138	97
オルフェーヴル	3-2-2-23/30	10.0%	16.7%	23.3%	76	96
スクリーンヒーロー	3-1-0-14/18	16.7%	22.2%	22.2%	143	65
クロフネ	0-2-0-7/9	0%	22.2%	22.2%	0	61
マンハッタンカフェ	0-1-2-11/14	0%	7.1%	21.4%	0	55
ディープインパクト	6-12-11-119/148	4.1%	12.2%	19.6%	29	72
エンパイアメーカー	1-0-0-5/6	16.7%	16.7%	16.7%	193	63
ルーラーシップ	1-4-2-38/45	2.2%	11.1%	15.6%	10	72
ロードカナロア	2-0-0-11/13	15.4%	15.4%	15.4%	23	16
ハーツクライ	1-2-2-55/60	1.7%	5.0%	8.3%	7	18

※一般的な種牡馬リーディングとは一線を画す序列となっていることからも、同条件で強い種牡馬を狙い撃つ戦略が有効

り目立っていませんが、当初は人気薄の激走例を量産しまくっていたハービンジャー。あとは、亀谷競馬サロンでもお馴染みであろう、ディープ系の中では非主流派と言えるキズナが挙げられます。

　実際に、これまでに行われた同世代の牝馬戦における2000m以上のレースを振り返ると以下の通り。5番人気以下の人気薄で好走した5頭は、例外なく全て、上述の牝馬限定重賞における中長距離レースで強調すべき血統の該当馬でした。

フローラS	▶ キングカメハメハ産駒のエリカヴィータが5人気1着、キズナ産駒のシンシアウィッシュが9人気3着

オークス	▶ キングカメハメハ産駒のスタニングローズが10人気2着、ハービンジャー産駒のナミュールが4人気3着

紫苑S	▶ キングカメハメハ産駒のスタニングローズが1人気1着、オルフェーヴル産駒のライラックが6人気3着、そしてゴールドシップ産駒のカヨウネンカも詰まらなければ或いはという7人気5着

ローズS	▶ キズナ産駒のエグランタインが7人気3着

キムラ　ちなみに昨年の秋華賞についても、1着アカイトリノムスメは母父キングカメハメハ、2着ファインルージュは父キズナ、3着アンドヴァラナウトは父キングカメハメハで、全て同血統と由縁がある馬たちでした。

　今年のイチオシは、晩年の産駒は中長距離レースで激アツなキングカメハメハ産駒のスタニングローズです。この馬を推せるのは、高野厩舎だからという理由もあります。秋競馬の開幕週では2日連続(紫苑S&京成杯AH)で中山重賞を連勝した高野厩舎ですが、同厩舎は坂路主体でスパルタの調教パターンもあってか、内回りコース(小回りコース)でパフォーマンスを上げて良績を残す傾向があります。

　そして、その後にローズS(セントカメリア)と毎日王冠(レイパパレ)では連続して人気を裏切った通り、外回りコース(広いコース)だとパフォーマンスを落とす傾向があります。

　実際に全体成績が優秀なコースは「阪神内回り→中山→新潟内回り→京都内回り」の順で、逆に成績が不振なコースは「東京→中京」の順となっており、直線が短ければ短いほど走る(その逆もまた然り)ということが言えます。

　スタニングローズは、厩舎が苦手としている東京コースのオークス

で2着好走。これは高く評価すべきで、それよりもパフォーマンス上昇が見込まれる阪神内回りにコース替わりとなる秋華賞では、当時以上の結果があって良いはずです。

大　臣　なるほど。

キムラ　それから秋華賞はオークスからの直行組が4連勝中なんですよ。このローテーションは秋華賞を勝つためのトレンドになっているとも言えるので、そこも何の問題もないと思います。

　あとは、これもオークスからの直行になるハービンジャー産駒の2頭、ナミュールとプレサージュリフトが有力でしょう。2頭とも春は休み明けのチューリップ賞とクイーンCで高いパフォーマンスを見せて勝利し、桜花賞で着順を下げました。休み明けの秋華賞でまた高いパフォーマンスを見せる確率が高いと思います。

2022年10月16日 阪神11R
秋華賞（GI）　芝2000m良 16頭立て

着	馬名	騎手	父	前走	上がり	人気
1	4⑦ スタニングローズ	坂井瑠星	キングカメハメハ	紫苑S(G3)1人1着	34.3	3
2	4⑧ ナミュール	横山武史	ハービンジャー	オークス(G1)4人3着	34.0	2
3	5⑨ スターズオンアース	ルメール	ドゥラメンテ	オークス(G1)3人1着	33.5	1
9	8⑯ プレサージュリフト	戸崎圭太	ハービンジャー	オークス(G1)8人5着	34.1	5

単勝570円　複勝150円 140円 130円　枠連1,040円　馬連990円
ワイド360円 320円 300円　馬単2,430円　三連複1,090円　三連単6,900円

回顧　秋　華　賞　*2022/10/20 掲載*

薔薇一族のGI1着で馬単が高配当！

大　臣　秋華賞は真格言がドンピシャだったね。

キムラ　そうですね。真格言では二つのことを言いました。「ステゴ系・キンカメ産駒・キズナ産駒・ハービン産駒」が特注血統。そして芝内回り重賞は「高野厩舎」が特注厩舎。

　今年は1着がキングカメハメハ産駒、2着がハービンジャー産駒。

これが高野厩舎のワンツー。そして人気薄で好走した13番人気4着のメモリーレゾンがステゴ系のオルフェーヴル産駒、11番人気6着のエグランタインがキズナ産駒。今年は上位3頭が強くてこの2頭は馬券にこそならなかったものの、この血統に関する真格言は機能したと思います。

大　臣　今年の3歳牝馬路線はオークスと秋華賞の上位3頭の顔ぶれは変わらず。結局、スタニングローズ、ナミュール、スターズオンアースの3頭のレベルが抜けて高かったのかなと。

キムラ　そうですね。

大　臣　しかし、秋華賞は馬単を獲ったんだけど、人気3頭絡みの馬単でダントツに配当が良い組み合わせでこれはおいしかった。

キムラ　スタニングローズは薔薇一族なので、頭までないと思った人が多かったからじゃないですか。『競馬予想TV!』でも「スタニングローズは勝たない」とみなさんおっしゃってましたし、私もそれが気になって本命はナミュールのほうにしたのですが。

　後から思えば、その薔薇一族の血統ジンクスを打ち破ったのは厩舎の力かなと。高野厩舎は芝内回りで来る、というのとともに、とにかく勝ち切れるんですよね。例えば中山の特別戦では2着1回に対して1着は15回など、内回りコースでは全て2着よりも1着が上回っています。まあ、ここは2着も高野厩舎でしたけど。

ここも大事

高野厩舎は芝内回りコース
（小回りコース）重賞で
パフォーマンスアップ

2023/04/06 掲載

桜花賞 真格言

1 平成時代は外枠有利➡令和時代は内枠有利の桜花賞

2 令和時代になり再び中～大型馬向きになった桜花賞

阪神芝1600m

キムラ　ほんの少し前まで、桜花賞の定説として"外枠有利＝内枠不利"というものがありましたが、結論から言えばそれは平成時代までの話であって、この令和時代においては効力を失って、もはや過去の遺物と化したと見るのが妥当です。

大臣　19～21年の桜花賞は、3年連続で8枠が連対してたんだよね。

2018～21年の桜花賞連対馬

年	着	馬名	人気	馬体重	通過順
18年	1	7 ⑬ アーモンドアイ	2	462	15-16
	2	1 ① ラッキーライラック	1	488	3-3
19年	1	4 ⑧ グランアレグリア	2	476	3-1
	2	8 ⑯ シゲルピンクダイヤ	7	458	15-12
20年	1	5 ⑨ デアリングタクト	2	466	13-12
	2	8 ⑰ レシステンシア	1	482	2-2
21年	1	2 ④ ソダシ	2	472	3-3
	2	8 ⑱ サトノレイナス	1	474	15-16

キムラ　シゲルピンクダイヤが2着した19年以降というのは過渡期で、外枠からの後方大外一気がだんだん決まらなくなった時期ですね。そもそもそれ以前、なぜ"外枠有利＝内枠不利"という枠順別の

成績の格差が生まれていたのかと言えば、まだ経験の浅い若い牝馬同士のレースということで、揉まれないで済む外目の枠順のほうがベターだからと巷ではよく言われていますが、それよりも最も大きな理由としては春の阪神開催終盤のレース施行であることから、馬場バイアス自体が外有利に振れるのがデフォルトだったからに他なりません。

大　臣　要するに、以前の桜花賞はずっと外差し有利の馬場で行われてたんだね。

キムラ　ただし、その馬場バイアスの発生については、平成時代末期から令和時代にかけて年々薄れてきているのが実態となっています。14年までは春の阪神開催中盤から外有利馬場になるのが通例だったのが、15年には同開催終盤になってようやく外有利馬場が生まれました。16年には桜花賞を終えた後の最終週になって初めて外有利馬場が生まれ、ついに18年以降からは桜花賞の週も含めて同開催内では一度も外有利馬場が生まれることはなくなりました。

　馬場バイアスの変化を背景に、それがストレートに反映される形で桜花賞の決着傾向も同様の変化をしているというわけです。

　実際に平成時代における桜花賞の枠順別成績は、複勝率が高い順に5枠→7枠→6枠→4枠→8枠で、内目の1枠と3枠に至っては勝率1%台、複勝率6%台という散々な結果となっていました。それが令和時代の桜花賞の枠順別成績は、複勝率が最も高いのは2枠で、外目の6枠と7枠からは好走馬が1頭も輩出されていません。

　過去の遺物と言うべき平成時代の桜花賞の傾向が含まれる過去データや、以前のイメージから未だに注目を集める外枠勢や差し勢よりも、まだ世間が思っている以上に有利になっており、妙味も見込めるであろう内枠勢や先行勢を重視する戦略が吉となるはずです。

　それから桜花賞は枠順に加え、もう一つ注目しなければいけないポイントがあります。それが馬体重です。桜花賞は以前からスピードの裏付けとなるグラマー体型の大型馬のほうが活躍しやすいレースでしたが、少し前までは斬れ味が武器の小柄な馬でもけっこう通

用していたんです。それが上述の傾向変化があった令和時代において、中〜大型馬でないと通用しなくなっています。

大　臣　TARGET frontier JVの馬体重別成績の区分で言うと、過去10年の桜花賞では「460〜479キロ」「480〜499キロ」のところがボリュームゾーンになってるよね。

桜花賞の馬体重別成績(13〜22年)

馬体重	着別度数	勝率	連対率	複勝率	単回収	複回収
400〜419kg	0-1-1-15/17	0%	5.9%	11.8%	0	52
420〜439kg	0-3-3-32/38	0%	7.9%	15.8%	0	52
440〜459kg	0-1-1-45/47	0%	2.1%	4.3%	0	24
460〜479kg	8-2-3-39/52	15.4%	19.2%	25.0%	157	87
480〜499kg	2-3-2-11/18	11.1%	27.8%	38.9%	127	115
500〜519kg	0-0-0-5/5	0%	0%	0%	0	0
520〜539kg	0-0-0-1/1	0%	0%	0%	0	0

※令和の桜花賞では小型馬の連対例は皆無

キムラ　そうですね。460キロを切る馬が人気になっていたら危ないと思ったほうがいいと思います。

大　臣　ちなみに去年、1番人気で10着だったナミュールは426キロだった。

キムラ　今年、人気になりそうな馬では武豊騎手のライトクオンタムは、前走が428キロの小柄な馬です。

大　臣　今年のメンバーは大型馬が少ないんだよね。

キムラ　除外対象馬を除くと、460キロ以上の馬が6頭しかいないんですよ。ドゥーラ、ハーパー、ブトンドール、ペリファーニア、ムーンプローブ、リバティアイランド。中〜大型馬が少ない今年のメンバー構成ならば、馬体重が物を言うという可能性も大いに考えられます。リバティアイランドはこちらにも入ってるから安心だと思いますよ。

競馬 "真" 格言

2023年4月9日 阪神11R
桜花賞（GI） 芝1600m良 18頭立て

着		馬名	性齢	斤量	騎手	タイム	位置取り	馬体重	人気
1	2 ③	リバティアイランド	牝3	55	川田将雅	1.32.1	15-16	466(+4)	1
2	5 ⑨	コナコースト	牝3	55	鮫島克駿	1.32.3	2-2	454(-4)	6
3	7 ⑭	ペリファーニア	牝3	55	横山武史	1.32.3	4-4	490(-6)	5
4	3 ⑤	ハーパー	牝3	55	ルメール	1.32.6	6-6	462(-4)	3
5	2 ④	ドゥアイズ	牝3	55	吉田隼人	1.32.7	9-8	448(+2)	4
8	1 ②	ライトクオンタム	牝3	55	武豊	1.32.9	8-8	428(0)	2

単勝160円 複勝110円 310円 330円 枠連1,160円 馬連1,280円
ワイド560円 570円 2,540円 馬単1,520円 三連複4,750円 三連単13,220円

回顧 桜花賞　　　　　　　　　　　　　2023/04/13 掲載

今年もまた桜花賞を人気上位で大敗したのは460キロ以下の馬

大臣 最近の桜花賞は内枠有利とか外々を回して追い込んでも届かないという話をした年に、よりにもよってリバティアイランドみたいな馬が登場しなくても(笑)。出遅れてほぼ最後方から行き、直線大外一気で勝ってしまった。

キムラ リバティアイランドは出遅れただけでなく、テンの行きっぷりも良くなかったですよね。なぜああいう位置取りになったかというと、調教過程を見る限り陣営はここを本気で取りにきてなかったと思うんですよ。動きは良かったと思うんですけど、全然負荷はかけてなかったですし。レース後に川田騎手も「調教を見てもらえればわかると思いますが、桜花賞に向けてはそこまでしっかり仕上げてません」というコメントを残していました。

大臣 それはなぜ？ 陣営は桜花賞よりオークスを勝ちたかったの？

キムラ これぐらいの仕上げでも桜花賞は勝てるという陣営の自信

じゃないですか。陣営はおそらくオークスを取るほうが大変だと考えて、そちらに軸足を置いた仕上げをしているんじゃないかと思います。実際、それで首尾よく一冠目は取り切ったわけですが。

大臣 なるほど。それから確認しておきたいんだけど、先週の阪神芝はやっぱり内枠有利、前有利な馬場だったよね？

キムラ そうですね。間違いなくそういう馬場だったと思います。

大臣 土曜日の阪神牝馬Sは1、2枠の馬が穴を出していたし、桜花賞の前のレースでも1枠の馬が好位内をロスなく回って大穴を出していた。桜花賞2着コナコーストの鞍上・鮫島駿騎手は「インが有利だったので、思い切って積極的に力を出し切ることを考えていきました」とコメントしていた。

キムラ 桜花賞で2、3着に入った馬の枠順だけを見ると、それほど内枠有利決着でもなかったように見えるかもしれませんが、コナコーストの鮫島駿騎手もペリファーニアの横山武騎手も、いまの馬場を考慮して中枠、外枠から好位置を取りにいきました。だからこの2頭は好走できたのだと思います。

　ちなみに、桜花賞のペリファーニアは490キロで、今年の桜花賞出走馬の中でいちばん馬体重の重い馬でした。逆にライトクオンタムは小柄な馬で危ないと言いましたが、結果は428キロで2番人気8着。21年のメイケイエール（458キロで3番人気18着）、22年のナミュール（426キロで1番人気10着）に続き、これで3年連続、人気上位で大敗した馬は460キロ以下の馬ということになりました。これは例年の桜花賞らしい結果でしたね。

大臣 それから桜花賞はノーザンファーム勢が7頭出走して1〜5着を独占したんだよね。

キムラ それは、時計が速かったからだと思います。桜花賞レコードだったソダシが勝った21年、この時は1〜7着までノーザンファーム勢でした。過去10年の桜花賞で2番目に速い時計だったのが今年。やっぱりノーザンファーム勢が上位独占しましたよね。時計勝負の桜花賞はノーザンファーム勢の土俵なんですよね。逆に時計勝負で

競馬 "真" 格言

パフォーマンスを下げるのが非ノーザンファーム勢。これは皐月賞でも同じことが言えると思います。

PICKUP DATA

桜花賞の枠順別成績(07〜18年)

枠番	着別度数	勝率	連対率	複勝率	単回収	複回収
1枠	0-0-1-21/22	0%	0%	4.5%	0	34
2枠	0-0-1-20/21	0%	0%	4.8%	0	24
3枠	1-1-0-20/22	4.5%	9.1%	9.1%	46	22
4枠	2-2-0-17/21	9.5%	19.0%	19.0%	103	72
5枠	4-0-3-15/22	18.2%	18.2%	31.8%	225	174
6枠	0-2-2-18/22	0%	9.1%	18.2%	0	56
7枠	2-3-3-25/33	6.1%	15.2%	24.2%	146	86
8枠	2-3-1-27/33	6.1%	15.2%	18.2%	21	126

桜花賞の枠順別成績(19〜22年)

枠番	着別度数	勝率	連対率	複勝率	単回収	複回収
1枠	0-0-2-6/8	0%	0%	25.0%	0	93
2枠	1-0-2-5/8	12.5%	12.5%	37.5%	45	133
3枠	0-1-0-7/8	0%	12.5%	12.5%	0	27
4枠	2-0-0-6/8	25.0%	25.0%	25.0%	223	66
5枠	1-0-0-7/8	12.5%	12.5%	12.5%	52	23
6枠	0-0-0-8/8	0%	0%	0%	0	0
7枠	0-0-0-12/12	0%	0%	0%	0	0
8枠	0-3-0-9/12	0%	25.0%	25.0%	0	58

※令和以降の桜花賞はかつての外枠有利傾向は消滅

ここも大事

桜花賞は時計が速いとノーザンファーム勢の出番

2023/04/13 掲載

皐月賞　真格言

皐月賞で買うべき血統は新種牡馬

中山芝2000m

キムラ　22年までの皐月賞は、種牡馬リーディングでトップ3に君臨し続けるディープインパクト産駒とハーツクライ産駒による、現代の二大種牡馬決戦と言える一戦となっていました。

　実際に一昨年は出走馬の半数弱の16頭中7頭を両種牡馬の産駒が占めており、さらには、父父か母父に両種牡馬の名前が入る馬まで含めれば、出走馬の"ほとんど"となる16頭中11頭が両種牡馬の血を強く引いた馬が占めていたことになります。

大　臣　今回は種牡馬の話だね。

キムラ　22年は、実質的に種牡馬としてラストイヤーだったディープインパクトが種付け頭数を多少抑制されていたこともあって、21年よりは比率を下げましたが、それでも出走馬の半数弱の18頭中7頭を両種牡馬の産駒が占めていました。

大　臣　ところが今年はついにディープもハーツも不在の皐月賞になったんだね。となると、どの種牡馬に注目すればいいのだろう？

キムラ　特定の種牡馬の産駒というよりも、「新興種牡馬の初年度〜2年目の産駒」のほうが脈アリと見るべきなのではないかと考えます。

　皐月賞でディープインパクト産駒が走りまくるようになったのは、16年の同産駒によるワンツースリー決着からですが、それ以降の皐月賞におけるディープインパクト産駒とハーツクライ産駒以外の馬券内好走馬を振り返ると別表の通り。13頭中10頭が初年度から3年目以内の産駒、13頭中6頭が初年度産駒というのは偶然では片付けられない偏りと見られます。

皐月賞のディープ産駒&ハーツ産駒以外の
3着内好走馬の種牡馬(17~22年)

年	着	馬名	父	種牡馬歴
17年	2着	ペルシアンナイト	ハービンジャー	3年目
	3着	ダンビュライト	ルーラーシップ	初年度
18年	1着	エポカドーロ	オルフェーヴル	初年度
	2着	サンリヴァル	ルーラーシップ	2年目
	3着	ジェネラーレウーノ	スクリーンヒーロー	ベテラン
19年	1着	サートゥルナーリア	ロードカナロア	2年目
	2着	ヴェロックス	ジャスタウェイ	初年度
20年	3着	ガロアクリーク	キンシャサノキセキ	ベテラン
21年	1着	エフフォーリア	エピファネイア	2年目
	2着	タイトルホルダー	ドゥラメンテ	初年度
	3着	ステラヴェローチェ	バゴ	ベテラン
22年	1着	ジオグリフ	ドレフォン	初年度
	2着	イクイノックス	キタサンブラック	初年度

※13頭中10頭が初年度から3年目以内の産駒、13頭中6頭が初年度産駒

大　臣　なぜそういう偏りが出るのだろう?

キムラ　その背景としては、一つには新種牡馬をアピールしたい生産者サイドの思惑から、早めに仕上げていることが「最も速い(早い)馬が勝つ」と言われる皐月賞に適うという側面もあるでしょう。

　もう一つには、ディープインパクトとハーツクライ以降の最近の種牡馬は、更に優れた後発の種牡馬がどんどん出てくるという影響なのか、ロードカナロア然り、エピファネイア然り、活躍が長続きしないという不思議な現象も絡んでいる印象があります。

大　臣　例えばドレフォンは、初年度産駒からジオグリフを出した時は非常に期待したけど、その後、重賞では案外だよね。

キムラ　エピファネイア産駒も、エフフォーリアが活躍した21年はかなり走りましたけど、22年、23年とまったく走ってないんですよね。

　　ハービンジャー産駒も、ディアドラ、ペルシアンナイト、モズカッチャンがいた世代、ブラストワンピース、ノームコアのいた世代と、当たり年は2世代だけで、これらの馬が活躍したのを見てから種付けされてレベルが上がったと言われる現4歳、3歳世代も重賞活躍馬をばんばん出しているわけじゃないですよね。

　　社台スタリオンステーションで繋養されている新種牡馬のサトノクラウン産駒(タスティエーラ)とマインドユアビスケッツ産駒(ホウオウビスケッツ)、種牡馬2年目のキタサンブラック産駒(ソールオリエンス)には要注目です。

2023年4月16日 中山11R
皐月賞（GI）　芝2000m重　18頭立て

着	馬名	騎手	タイム	父	位置取り	人気
1	**1**①ソールオリエンス	横山武史	2.00.6	キタサンブラック	15-15-15-17	2
2	**7**⑭タスティエーラ	松山弘平	2.00.8	サトノクラウン	5-6-6-4	5
3	**4**⑦ファントムシーフ	ルメール	2.01.1	ハービンジャー	11-10-10-10	1
17	**5**⑨ホウオウビスケッツ	横山和生	2.03.7	マインドユアビスケッツ	5-6-6-4	7

単勝520円　複勝220円 270円 160円　枠連1,280円　馬連3,510円
ワイド1,290円 560円 620円　馬単5,520円　三連複3,770円　三連単24,780円

回顧　皐　月　賞　　　　　　　　　2023/04/20 掲載

23年の新種牡馬の
サトノクラウン産駒が2着!

大　臣　皐月賞は、真格言で推奨した3頭の内の2頭、ソールオリエンスとタスティエーラのワンツーだったね。

キムラ　それから4、5着が、まだ産駒がデビューして2世代目のシルバーステート産駒でしたよね。最近の皐月賞は「新興種牡馬に注目」という真格言は大的中に近かったと思うんですよね。

大　臣　そうだね。なのになぜキムラ君の本命はファントムシーフだったのよ?

競馬"真"格言

キムラ　最近の皐月賞で新興種牡馬の産駒がなぜこんなによく来るのか。もっともらしい理屈は並べていたものの、僕自身がそのことにしっかりした根拠を持てなかったので、真格言の理論で馬券を押し切れませんでした。

　皐月賞のもう一つのポイントとして、時計が遅い時は非ノーザンファーム勢が狙い目ということもあり、今年は重馬場だったので、そちらを重視してしまいました。

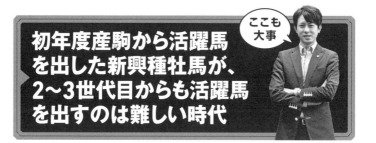

ここも大事

初年度産駒から活躍馬を出した新興種牡馬が、2〜3世代目からも活躍馬を出すのは難しい時代

ジャパンC　真格言　*2023/11/23 掲載*

西高東低時代は終わり "ノーザン系関東馬"の一強時代に

東京芝2400m

キムラ　日本競馬は"西高東低"というのが長らく定説となっており、確かに今でも下級クラスまで含めた全体の勝利数(関西馬＞関東馬)はもとより、重賞レースの勝利数(関西馬＞関東馬)でも西が東を圧倒している状況があります。

　ただし、馬券を検討する上では、東西の全体の勝利数の差というのはあまり意味をなさない数字でしょうし、それよりも東西別の勝率や連対率や複勝率のほうがよっぽど意味がある数字であるはずです。

その側面で言えば、まだ全体的には西高東低は解消されていないものの、重賞レースに限れば今年はついに東と西でほぼほぼイーブンの数字に至っています。

大　臣　最近、GⅠで関東が強いことはよく強調されてるけど。まだ「全体的には西高東低は解消されていない」というのは大事なポイントだね。

キムラ　今の日本競馬を牽引しているのはノーザンファーム勢であると言っても過言ではありませんので、「ノーザンファーム関東馬(≒ノーザンファーム天栄馬)」・「非ノーザンファーム関東馬」・「ノーザンファーム関西馬(≒ノーザンファームしがらき馬)」・「非ノーザンファーム関西馬」という四つの区分こそより実戦的な解釈だと思われますが、正にその「ノーザンファーム関東馬(≒ノーザンファーム天栄馬)」の頑張りによって"東西イーブン"まで持ち込んでいるというのが実際の所であるだけに、極論を言えば"西高東低"よりも"ノーザンファーム関東馬(≒ノーザンファーム天栄馬)一強"の新時

競馬"真"格言

代が到来したというのが実状にあった解釈だと考えられます。

　一昨年までは全体の"西高東低"という結果と同様に、ノーザンファーム勢でもほとんどの数字で関西馬が関東馬を上回るという結果となっていました。

　それが昨年は多くの数字で関東馬が関西馬を僅かな差で上回るという結果となり、今年は圧倒的な出走頭数の違いがある中で勝ち星の数が全く同数で並んでいる以外は、どの項目でも明確に関東馬が関西馬を上回るという結果となっています。

23年のノーザンファーム生産馬
所属別の重賞成績(23年1月〜同年ジャパンC前週まで)

所属	着別度数	勝率	連対率	複勝率	単回収	複回収
美浦	24-13-10-110/157	15.3%	23.6%	29.9%	104	69
栗東	21-28-18-239/306	6.9%	16.0%	21.9%	32	53

※クラスが上がれば上がるほど美浦所属馬（≒天栄調整馬）が幅を利かす傾向

　関東馬は地理面での不利(小倉競馬場を筆頭としたローカル競馬場への輸送時間の不利)は確実にありますので、それを排除するために中央4場などに限定すれば、更に関東馬と関西馬の差が開きます。馬質をある程度揃えるために上位人気馬に限定しても、やはり関東馬>関西馬は変わりありませんし、1番人気に限定すると関東馬の複勝率69%に対して関西馬の複勝率59%でより信頼度の差が露わになります。また、重賞レースでは、休み明け初戦でレースに使われる馬が多くて外厩力がより問われてきますので、さらに"東高西低"の色が濃くなっています。

　関東馬は単勝回収率100%以上をマークしているのに対して、一握りの在厩での調整力が高いトップ厩舎以外の関西馬は関東馬の牙城をなかなか崩せず、それでも以前までの関西馬が軒並み強かった時代のイメージで過大評価されることが多いのもあってか、極端に期待値(回収率)が落ちていることが読み取れます(11か月中8か月で単複回収率40%台以下)。

大　臣　この関東馬と関西馬の数字の開きはちょっとビックリだね。

キムラ　ノーザンファーム系における"東高西低"は現在進行中の止められない潮流であり、関東馬にとってはトレセンの施設面の不利も改善されつつあるだけに、これから更に加速していく可能性すら考えられます。

大　臣　ということを踏まえて、ジャパンCはどう買えばいいの？

キムラ　今年の日本競馬における最高峰の一戦であり、メイチで仕上げられた馬同士の一戦となるだろう今回のジャパンCだからこそ、最後は調整力の勝負という側面も出てくるはずです。

　最高潮に達しているノーザンファーム天栄のバックボーンを持つイクイノックスと、かつての神通力を失っているノーザンファームしがらきでも個々の厩舎力で抗うドウデュース（友道厩舎）＆リバティアイランド（中内田厩舎）という構図ですが、今年の競馬シーンを見るに前者に軍配が挙がる可能性が高いと判断します。

大　臣　えっ、ドウデュース＆リバティアイランドは危ないの？

キムラ　いや、そうではないです。いまは天栄としがらきの力関係で、関東馬が優勢になってますけど。厩舎の力はまだ関西のほうが上なので。友道厩舎や中内田厩舎を含む一部の関西の有力厩舎は、まだ関東のノーザンファーム系の厩舎に対抗できてると思います。

　ただ、ドウデュースに関して少し疑問を持ってます。というのは、3歳で凱旋門賞に遠征すると、その後への影響が大きいんですね。いまは東京の軽い芝に対応できるかどうか。疑問があります。

大　臣　イクイノックスとリバティアイランドに不安はない？

キムラ　その2頭はよっぽどのことがない限り、3着以下になることはないでしょう。

2023年11月26日 東京12R
ジャパンC（GⅠ）　芝2400m良 18頭立て

着	馬名	騎手	タイム	調教師	生産者	人気
1	**1**②イクイノックス	ルメール	2.21.8	[東] 木村哲也	ノーザンファーム	1
2	**1**①リバティアイランド	川田将雅	2.22.5	[西] 中内田充正	ノーザンファーム	2
3	**8**⑰スターズオンアース	ビュイック	2.22.6	[東] 高柳瑞樹	社台ファーム	5
4	**3**⑤ドウデュース	戸崎圭太	2.22.7	[西] 友道康夫	ノーザンファーム	3

単勝130円　複勝110円 110円 210円　枠連180円　馬連180円
ワイド130円 310円 440円　馬単260円　三連複600円　三連単1,130円

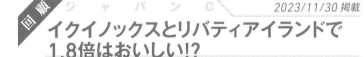

回顧　ジャパンC　　　　　　　　*2023/11/30 掲載*

イクイノックスとリバティアイランドで
1.8倍はおいしい!?

大　臣　ジャパンCのイクイノックスの強さにはもう言葉もないです。

キムラ　戦前の下馬評の二強ではなく、まさに"ノーザンファーム関東馬一強"という決着でしたね。いまイクイノックスのようなとてつもない馬を生み出せるのはノーザンファーム天栄なんだということですね。

大　臣　そして、最後までイクイノックスとの差は詰まらなかったけど、イクイノックスを直後で追いかけてタレることなく、リバティアイランドが2着、スターズオンアースが3着。最近のトップ牝馬はホント、強いね。GⅠのドゥラメンテ産駒もホントに勝負強い。キムラ君は、イクイノックス—リバティアイランドの枠連が的中だったようだね。この1.8倍はおいしかった？

キムラ　まあ、そうですね。少なくとも五分五分でこの2頭で決まると思ってましたから。

大　臣　ほぼ五分五分で決まると思うなら、この2頭での決着じゃないほうに賭けたくなるのが博奕だと思うんだけど。でもキムラ君を見てると、最近だんだん俺もこれで1.8倍はおいしい気がしてきたよ(笑)。

2023/12/21 掲載

有　馬　記　念　真格言

凱旋門賞挑戦馬の帰国後は東京で消し↔中山で買い

中山芝2500m

キムラ　今年の有馬記念は凱旋門賞経験馬がドウデュース、タイトルホルダー、スルーセブンシーズ、ディープボンドと4頭います。

　日本競馬と凱旋門賞が行われる欧州競馬とでは、同じ競馬という競技とはいえども、「競馬場」や「馬場」、「レースのペース」、「ルール」、「走る馬のタイプ」など、なにからなにまで食い違っていることからも、ほとんど別物として捉えるのが正解と言えるでしょう。そんな別物であり対極に位置する欧州競馬と日本競馬を股にかける活躍というのはほとんど無理筋な話ですし、もっと言えばそれを目指すこと自体も馬にとってはデメリットのほうが大きいと見るべきです。

大　臣　3歳馬の凱旋門賞遠征が特に負担が大きいという話を聞くね。

キムラ　本来ならば大きく成長しなければならない3歳夏のタイミングを別のことに捧げるということで成長力に影響を及ぼします。それは、22年に凱旋門賞挑戦をしてその後やや低迷気味のタイトルホルダーについての岡田牧雄氏の「挑戦自体は素晴らしいことでしたが、この馬には悪いことをしたな、と。（中略）もっと成長を促してあげれば、イクイノックスと肩を並べるような馬になれたんじゃないかという思いもあります（今週のスポニチ記事より）」というコメントが物語っています。タイトルホルダー自身は4歳時の凱旋門賞挑戦でしたが、12年以降の3歳時の凱旋門賞挑戦馬を振り返ると、キズナ、ハープスター、マカヒキ、ドウデュースの4頭は、すべて凱旋門賞前はGⅠ好走実績馬だったのが凱旋門賞後はGⅠ好走実績を挙げられていません。

　これは3歳馬に限らない話ですが、欧州競馬に適合させようとするチューニング作業は日本の主流競馬適性を欠くことに繋がるのです。

　マカヒキは凱旋門賞挑戦後に陣営からは欧州での調教やレース経験によって「馬がパワーアップした」とポジティブなコメントが発信されていましたが、それは日本の主流競馬には不要なパワーアップだったことは、その後の現役生活から読み取れます。

大　臣　マカヒキは凱旋門賞後、道悪とか上がりのかかる競馬要員になってしまったよね。

キムラ　マカヒキは凱旋門賞挑戦を境に「馬が変わった」と言える典型的な馬でしたが、他の凱旋門賞挑戦馬も大なり小なりその傾向が

12年以降の凱旋門賞遠征馬の帰国後

年／馬名	東京成績	中山成績
12、13年 オルフェーヴル	0-1-0-0	1-0-0-0
14年 ハープスター	0-0-0-1	無し
14年 ジャスタウェイ	0-1-0-0	0-0-0-1
14年 ゴールドシップ	0-0-0-1	0-0-1-2
16年 マカヒキ	0-0-0-8	0-0-0-1
17年 サトノダイヤモンド	0-0-0-1	0-0-0-1
18年 クリンチャー	無し	0-1-0-2
19年 キセキ	0-0-0-3	0-0-0-3
19年 ブラストワンピース	0-0-0-1	1-0-0-0
19年 フィエールマン	0-1-0-0	0-0-1-1
21年 クロノジェネシス	無し	0-0-1-0
21、22年 ディープボンド	0-0-0-1	0-1-0-1
22年 タイトルホルダー	0-0-0-1	1-1-0-1
22年 ドウデュース	0-0-0-2	無し
トータル	0-3-0-19 （複勝率13.6%）	3-3-3-14 （複勝率39.1%）

※帰国後に東京or中山での出走歴が無い馬は除く
※ジャスタウェイとフィエールマン以外は中山＞東京の成績に

あって、実際に12年以降の凱旋門賞挑戦馬で日本の主流競馬適性が問われる東京競馬場で好走した馬はほんの一握りに限られますし、逆に日本の非主流競馬適性が問われる中山競馬場ではその副作用なく普通に走ってくるケースが多く見られます。

大　臣　今年の凱旋門賞経験馬たちの取捨はどうなる？

キムラ　スルーセブンシーズと同じステイゴールド系の凱旋門賞挑戦馬のゴールドシップとオルフェーヴルは、共にその後有馬記念に直行して好走を果たしている通り、ステイゴールド系は海外遠征競馬で良績を挙げていると同時に日本競馬に戻っても普通に走れるケースが目立っています。

大　臣　オルフェーヴルなんて、凱旋門賞帰りの引退レースの有馬記念をぶっちぎって勝てたしね。

キムラ　そうです。あれは5歳時、2度目の凱旋門賞の後でした。そのオルフェーヴルですら4歳時は凱旋門賞の後、東京のジャパンCを使って2着に負けましたよね。

　スルーセブンシーズは、凱旋門賞の副作用なく走れる中山であれば、帰国初戦からいきなりという期待も持てます。

　ドウデュースは近2走の東京から中山替わりはプラスに働く可能性がありますが、3歳時の凱旋門賞挑戦馬ということで成長力の点では疑問符も付きます。

2023年12月24日　中山11R
有馬記念（GI）　芝2500m良 16頭立て

着	馬名	性齢	斤量	タイム	前走	位置取り	人気
1	3⑤ドウデュース	牡4	58	2.30.9	ジャパンC(G1)3人4着	13-13-8-3	2
2	8⑯スターズオンアース	牝4	56	2.31.0	ジャパンC(G1)5人3着	2-2-2-2	7
3	2④タイトルホルダー	牡5	58	2.31.2	ジャパンC(G1)4人5着	1-1-1-1	6
12	8⑮スルーセブンシーズ	牝5	56	2.31.8	凱旋門賞(G1)4着	6-6-5-6	3
15	3⑥ディープボンド	牡6	58	2.32.4	ジャパンC(G1)8人10着	10-10-12-12	9

単勝520円　複勝230円 240円 330円　枠連980円　馬連2,730円
ワイド930円 1,210円 1,720円　馬単4,380円　三連複8,050円　三連単42,110円

なぜドウデュースは
有馬記念で巻き返したのか?

大　臣　23年の有馬記念は、ジャパンC組のワンツースリーでした。ビックリしたね。これはどういうことでしょう?

キムラ　どういうことでしょうねえ(笑)。

大　臣　「今年のジャパンC組は群を抜いて強かった」ってことじゃダメ?(笑)　でも、これは今年が特殊な例だよね、おそらく。

キムラ　そうですね。来年以降、有馬記念でジャパンC組がガンガン好走するようになるとは思えません。

大　臣　だって過去5年、有馬記念ではジャパンC組が一頭も連対なし、3着が1頭いただけだったんだからね。

キムラ　ええ。

大　臣　『競馬予想TV!』を見たけど、小林弘明さんの「ドウデュースは叩き良化型」という見解は炯眼だったねえ。いまどき秋GI叩き3戦目で上昇する馬がいるとは思わなかったよ。

キムラ　僕が今年のジャパンC組を嫌ったのは、「リバティアイランドがレース後、フラフラだった」という陣営のコメントがあって、それぐらいジャパンCがダメージの残るレースだったと思ってしまったんです。でも今回の有馬記念の結果を見る限りでは、天皇賞秋と違って時計やペースの面では必ずしもハードなレースでもなかった。ジャパンCはそれほど後に尾を引くレースではなかったのかもしれないですね。

2022/10/20 掲載

菊　花　賞　真格言

現代の菊花賞で真に有利なのは
非トライアル出走の直行組

阪神芝3000m

キムラ　今の時代、GIレースで激走を果たす最短ルートは、出走時点で消耗せずに如何にフレッシュな状態でレースに挑めるかどうかに懸かっていると言っても過言ではないでしょう。

　前週の秋華賞では、去年(21年)まで4年連続でオークスからの直行ローテを選択した馬が勝利しており、今年こそ同ローテ馬は2着&3着止まりでしたが、勝利したスタニングローズは、前哨戦として出走した紫苑Sでは平凡なパフォーマンスで、叩き2戦目でも消耗していない臨戦過程を踏んでいた馬でした。

大　臣　2、3着馬が2、1番人気だったように、もう秋華賞ではオークスからの休み明けというローテが嫌われて人気を落とすことはなさそうだね。順調さを欠いたぶっつけでなければ。

キムラ　その他に象徴的な例としては、牡馬クラシック第1戦目の皐月賞です。従来ならば敢えて選択されることは絶対になかった、年明け初戦の間隔を大きく空けたローテーションで挑んだ馬が、近4年で4頭も好走馬に名を連ねました。

　その一方で、この菊花賞については、伝統的にトライアルレース(前哨戦)を経て本番に歩を進めてくる馬が活躍しているイメージがあるかと思います。実際に近3年の好走馬9頭中7頭は、前走神戸新聞杯組 or セントライト記念組から輩出されているわけですが、それは何故かと言えば、今までの常識(慣行)が"まだ"打破されていないからに過ぎないと見ています。

大　臣　菊花賞ぐらいの長距離戦になると、なんとなくその前にひと叩きしておいたほうがいいようなイメージを持っちゃうんだよね。

キムラ 皐月賞まで中5週になる弥生賞や、ダービーまで中3週になる青葉賞が、あれだけ関係者から避けられる&馬券的に嫌われるようになっている今の時代において、菊花賞まで中3〜4週になるセントライト記念と神戸新聞杯はOKとされるのは矛盾でしかありません。

　結論から言えば、菊花賞についても秋華賞などの他のGⅠレースと同様に、間隔を空けたローテこそ正義に違いないと見ています。

　実際に、近8年の菊花賞で1番目 or 2番目に間隔が空いたローテ（中4週以下は除く）で挑んでいた馬は全部で15頭ですが、その中から、以下のように人気薄激走馬が高確率で輩出されています。

▶14年ゴールドアクター　➡　7人気3着(中8週)
▶16年レインボーライン　➡　9人気2着(中8週)
▶17年ポポカテペトル　➡　13人気3着(中8週)
▶18年フィエールマン　➡　7人気1着(中15週)
▶18年グローリーヴェイズ　➡　12人気5着(中8週)
▶20年ブラックホール　➡　14人気5着(中8週)
▶21年ディープモンスター　➡　7人気5着(中20週)

大　臣 菊花賞で、間隔を空けた馬たちがこれだけ人気薄で好走してる実感はまったくなかったよ。

キムラ 菊花賞に向かう上でのローテーションの常識も覆される日が近いと見ますが、それまでは特に間隔が空いている馬＝激走ローテ馬として注目するのが正解と考えます。

大　臣 穴馬は休み明けにいる確率が高いぞという話で。別にセントライト記念組や神戸新聞杯組がダメって言ってるわけじゃないよね。

キムラ ええ。今年はセントライト記念1、2着のガイアフォースとアスクビクターモア、神戸新聞杯勝ちのジャスティンパレスが人気になると思いますが、この中から馬券になる馬は出ると思います。

　ただ、穴候補は、抽選対象以外だとドゥラドーレス(中9週)、ディナースタ(中8週)、セレシオン(中8週)の3頭になります。

大　臣　ドゥラドーレスとディナースタは、去年の勝ち馬タイトルホルダーと同じドゥラメンテ産駒ということで穴人気になりそうな気もする。だからその3頭の中で一番面白いのはセレシオンじゃないかと思ってるんだけど。阿賀野川特別1着→菊花賞というローテはポポカテペトルと一緒。同じローテで18年にユーキャンスマイルも10番人気で3着してる。

キムラ　18年はもっと間隔が空いてた馬が3頭いたので、ユーキャンスマイルはさっきの一覧に入っていないんですが、セレシオンはポポカテペトル、ユーキャンスマイルと同じ友道厩舎なんですよ。

大　臣　あ、そこまでは気づいてなかった。阿賀野川特別は、実は京都の菊花賞において隠れ重要ステップレース。それが阪神の菊花賞にも当てはまるかどうか。ただ、ハーツクライ産駒は京都の菊花賞でさっぱりなんだよね。

2022年10月23日　阪神11R
菊花賞（GI）　芝3000m良 18頭立て

着	馬名	騎手	父	前走	人気
1	7 ⑭ アスクビクターモア	田辺裕信	ディープインパクト	セントライト記念(G2)1人2着	2
2	2 ④ ボルドグフーシュ	吉田隼人	スクリーンヒーロー	神戸新聞杯(G2)4人3着	7
3	8 ⑰ ジャスティンパレス	鮫島克駿	ディープインパクト	神戸新聞杯(G2)5人1着	4
4	6 ⑪ ドゥラドーレス	横山武史	ドゥラメンテ	藻岩山特別(2勝C)1人1着	3
11	8 ⑱ セレシオン	福永祐一	ハーツクライ	阿賀野川特別(2勝C)1人1着	9
14	7 ⑬ ディナースタ	横山和生	ドゥラメンテ	札幌日刊スポ杯(2勝C)1人1着	8

単勝410円　複勝160円 290円 330円　枠連850円　馬連2,030円
ワイド790円 770円 1,920円　馬単3,370円　三連複6,440円　三連単30,010円

回顧 菊 花 賞 *2022/10/27 掲載*

まさかのトライアル組が1〜3着を独占!

大臣 前走から間隔を空けた馬で穴を狙う菊花賞の真格言は、残念ながら今年は不発に終わりました。(しかし1年後にこのローテで菊花賞馬が誕生! P229参照)

キムラ そうですね。今年はトライアル組が強かったです。穴として挙げた休み明けの3頭、ドゥラドーレス、セレシオン、ディナースタは力不足でした。

大臣 ドゥラドーレスは4着と健闘したけど、前3頭には5馬身ちぎられて、現状ではちょっと力の差を感じたね。あと3番人気はさすがに過剰人気だと思った。だから僕は買わなかったよ。

キムラ セレシオンは馬体重が−10キロで、パドックでもかなりイレ込んでいました。

大臣 残念ながら本調子ではなかったかな。

キムラ ハーツクライ産駒は、最近は完成度が高くて2歳時から走れるケースも増えていますが、やはり本質的には晩成型の血統です。この臨戦過程でも万全な態勢でレースに臨めなかった点からも、この馬をGⅠで狙うにはまだ早すぎたのかもしれません。セレシオンは1年後、2年後に期待ですね。

大臣 今年の菊花賞は、皐月賞馬不在、ダービー1、2着馬も不在だったけど、皐月賞5着、ダービー3着で、出走馬の中では春の実績ナンバー1のアスクビクターモアが順当に勝った。3歳牡馬はやっぱり春のクラシック上位組のレベルが高かったのかな?

キムラ クラシック上位組は強かったと思います。その根拠となるのが皐月賞、ダービー上位馬の生産牧場ですね。

大臣 ノーザンファームの生産馬が上位にたくさん来ていればレベルが高い、そうでなければレベルが低い可能性が高いと。

キムラ そうです。日本競馬を牽引していると言っても過言ではないノーザンファーム勢が、キチンと結果を出せているか否かは、そ

のレースのレベルを測る上での指標になり得ると考えています。

　皐月賞は1～4着がノーザンファーム、5、6着が社台ファーム。ダービーは上位7頭中5頭がノーザンファーム、1頭が社台ファームでした。なので皐月賞もダービーもレベルが高かった可能性が高いし、その両レースで最先着だったアスクビクターモアが菊花賞を勝ったことによって、それを証明していると思います。この世代の一線級の馬たちのレベルは高いと思っています。

PICKUP DATA

菊花賞のレース間隔別成績(17~21年)

間隔	着別度数	勝率	連対率	複勝率	単回収	複回収
2週	0-0-0-5/5	0%	0%	0%	0	0
3週	0-0-0-4/4	0%	0%	0%	0	0
4週	3-1-1-26/31	9.7%	12.9%	16.1%	39	25
5~9週	1-4-4-32/41	2.4%	12.2%	22.0%	19	111
10~25週	1-0-0-7/8	12.5%	12.5%	12.5%	181	56
半年以上	0-0-0-1/1	0%	0%	0%	0	0

※人気薄善戦馬が多いのでデータには反映されていませんが、年々徐々に間隔を空けた馬の好走率&善戦率が上昇傾向

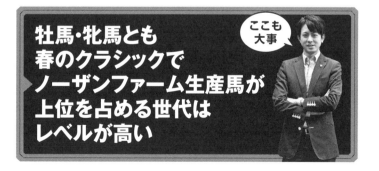

ここも大事

牡馬・牝馬とも
春のクラシックで
ノーザンファーム生産馬が
上位を占める世代は
レベルが高い

2022/10/27 掲載

天 皇 賞 秋　真格言

今の東京芝重賞で大穴を狙うなら追い込み馬一択

東京芝2000m

キムラ　東京芝コースについて、20年春以前と20年秋以降とでは、レースの決着傾向がガラリと変化しています。具体的には20年秋を境にして、東京芝コースでは内有利の馬場バイアスがほぼ消滅して、なおかつ、一にも二にも末脚がモノを言う馬場(差し有利傾向)と化している状況が、現時点まで長らく続いています。

　実際に東京芝コースで内有利の馬場バイアスが発生した日は、18年は年間を通して計8日間で、19年は年間を通して計10日間。20年前半(冬&春開催)では計7日間ありましたが、20年後半(秋開催)から22年前半(冬&春開催)までの2年間では、僅か2日間のみと急激に減少しています。

大　臣　今開催の東京芝も、2歳戦を除くと外枠の差し天国だよね。

キムラ　下級条件戦よりも上級条件戦のほうがレースにおける末脚の比重が高まるので、差しが決まり易いというのが通例です。その上級条件戦の最高峰に位置する重賞レースでは、ことさら顕著な差し有利傾向が生まれており、20年秋以降の古馬(3歳上&4歳上)の重賞レース29戦で逃げて馬券内に残ったのは、22年目黒記念のウインキートスの僅か1頭のみ。逆に9番人気以下の人気薄ながらも馬券内に食い込んだ9頭中8頭は、道中二桁通過順位の追い込み馬でした。

　今開催においても、府中牝馬Sで12番人気1着のイズジョーノキセキ、重賞ではありませんがOP特別のオクトーバーSで7番人気1着のゴールドスミス、馬券内までは届きませんでしたが富士Sで8番人気4着のピースオブエイトなど、人気薄ながらも世間の評価を大きく上回る走りをした馬は、軒並み道中二桁通過順位の追い込み馬

でした。

大　臣　天皇賞秋も過去10年、上がり1位の差し・追い込み馬が馬券にならなかったのは、19年の一度しかない。この年の上がり1位ユーキャンスマイルは3着とクビ差の4着だった。

キムラ　最近の天皇賞秋において、18年に最も人気薄で馬券に絡んだのは逃げたキセキ(6番人気3着)で、19年に最も人気薄で馬券に絡んだのも逃げたアエロリット(6番人気3着)でしたが、20年と21年に最も人気薄で馬券に絡んだのは差し馬&追い込み馬で、先行して馬券に絡んだのはアーモンドアイとグランアレグリアという当時現役最強クラスの馬でした。

　つまり、生半可な馬が先行して残すというのは困難なミッションで、それは能力が抜きん出ている馬で、やっと可能性が見出せる至難の業ということが言えます。逆に能力がやや劣る馬でも、末脚に懸ける競馬ならば、一発に巡り合える可能性が見込めるということが言えます。

大　臣　ここまでの話を踏まえると人気になりそうな馬の中では、ジャックドールやパンサラッサには重い印を打たない?

キムラ　今年は逃げ・先行馬の割合が大きいので、脚質面でまず買う馬を半分に減らせるんじゃないかと思ってます。

大　臣　本命候補はイクイノックス?

キムラ　そうですね。レベルの高い3歳世代で一番後ろから行くのはこの馬、一番キレる脚を使うのもこの馬だと思います。

大　臣　3歳馬ならダノンベルーガのほうを買いたいな。この馬、東京芝2000mがベストでしょ。皐月賞は小回りが不向き、ダービーは距離がちょっと長かった。あと王様から「秋天は流れが速くなったらトニービン」と教わってきたので。ハーツクライはいま一番トニービンがよく出てる種牡馬だし。

　あれ!?　イクイノックスは母母父がトニービンなのね。じゃあ、こっちもそんなに評価を下げる必要はないかな(笑)。

競馬 "真" 格言

2022年10月30日 東京11R
天皇賞秋（GI） 芝2000m良 15頭立て

着		馬名	性齢	斤量	騎手	タイム	位置取り	上がり	人気
1	4 ⑦ イクイノックス		牡3	56	ルメール	1.57.5	10-10-9	32.7	1
2	2 ③ パンサラッサ		牡5	58	吉田豊	1.57.6	1-1-1	36.8	7
3	3 ⑤ ダノンベルーガ		牡3	56	川田将雅	1.57.7	11-11-11	32.8	4
4	5 ⑨ ジャックドール		牡4	58	藤岡佑介	1.57.8	4-4-3	33.5	3

単勝260円　複勝130円 470円 220円　枠連1,680円　馬連3,330円
ワイド1,210円 320円 2,260円　馬単4,930円　三連複4,400円　三連単23,370円

回顧　天　皇　賞　秋　　　　　　　　　　*2022/11/03 掲載*

条件が厳しい3歳馬の
天皇賞秋連覇は偉業

大　臣　天皇賞秋は真格言通り、強い3歳世代で末脚が斬れるイクイノックスが1着、ダノンベルーガが3着。キムラ君も単勝とワイドがばっちり的中だったようで。

キムラ　本来、天皇賞秋は3歳馬が不利なレースなんですけど。

大　臣　出走頭数が少ないのもあるけど、ジャパンCや有馬記念ほど3歳馬が馬券にならない。21年のエフフォーリアは3歳馬として久々に天皇賞秋を勝ったんだよね。

キムラ　シンボリクリスエス以来、19年ぶりでした。天皇賞秋、ジャパンC、有馬記念と、古馬と3歳馬の斤量差はすべて2キロなので、開催時期が後ろにいくほど3歳馬が通用しやすくなるんです。でも、今年の天皇賞秋は3歳馬が3頭出走して2頭が馬券になりました。

大　臣　だから、人気馬同士だったとはいえ◎イクイノックス、○ダノンベルーガというキムラ君の予想は素晴らしかったよね。

キムラ　いやでも……。

大　臣　何か不本意なことでも？

キムラ　真格言では「最近の東京の古馬重賞では逃げ馬は壊滅的」と

したのに、逃げ馬が連対してしまったので。

大　臣　でも、パンサラッサの逃げは普通の逃げじゃなかったからなあ。このレースはちょうど3Fを過ぎたあたりから、2番手にいたバビットの横山典騎手がガタッとペースを落とした。そこからパンサラッサの大逃げになるんだけど、僕がざっくり計測したら2番手以下の中盤4F ～ 7Fは、同日3Rの同じ距離で行われた未勝利戦よりも遅かった。

キムラ　だから、天皇賞秋の勝ち時計はけっこう遅かったですよね。

大　臣　2番手以下はかなり特殊なラップでレースをしていた中で、パンサラッサは一頭だけ違うレースをしてたようなもんでしょ。

キムラ　亀谷競馬サロンに入会している人なら、そこらへんをわかってくれてるとは思うんですけどね(笑)。

大　臣　実質、逃げてたと言ってもいいバビットが最下位に沈んでるんだから、「逃げ馬は壊滅的」で大当たりってことで。

　しかし、改めて東京でのイクイノックスの強さに感心したんだけど。この馬をダービーで負かしたドウデュースも恐れ入るなと思って、ついダービーの映像を見返したよ。なんのことはない、今年の3歳牡馬はダービーの上位4頭が抜けて強かったんだなと。ダービー3着馬が菊花賞1着で、ダービー 2、4着馬が天皇賞秋で1、3着。

キムラ　結局、そういうことになりますね。

東京芝の古馬重賞レースの脚質別成績 (20年10月～22年天皇賞前週まで)

脚質	着別度数	勝率	連対率	複勝率	単回収	複回収
逃げ	0-0-1-29/30	0%	0%	3.3%	0	16
先行	13-6-6-80/105	12.4%	18.1%	23.8%	83	88
中団	11-17-15-130/173	6.4%	16.2%	24.9%	59	65
後方	5-6-7-107/125	4.0%	8.8%	14.4%	43	49
マクリ	0-0-0-2/2	0%	0%	0%	0	0

※この手のデータはほぼほぼ「逃げ＞先行＞中団＞後方」の順になるので、「中団」が最も好走率が高いのは特筆すべき傾向と言えます

ラジオNIKKEI賞 真格言 *2022/06/30 掲載*

3歳ハンデ重賞は キャリアの浅い者勝ち

福島芝1800m

大 臣 ラジオNIKKEI賞は過去10年、54キロの馬が6勝、2～3着が各3回。となると僕はすぐ「54キロの馬を買え」と思っちゃうんだけど、そう単純な話でもないんだね。そもそもキャリアの浅い馬が多い3歳のこの時期にハンデを付けるのは無理筋なんだけど。

キムラ 僕は3歳のこの時期に限らず、古馬のハンデ戦についても、JRAのハンデは"お役所仕事"だなと思っていて（笑）。

　ハンデ戦とはJRA公式HPでは、「馬の能力に応じて各馬の負担重量を人為的に加減し、優勝の機会均等を図った競走」と説明されており、また全馬が横一線で入線することがハンデキャッパーの理想だとよく言われていますが、それはあくまでも建前に過ぎないというのが実情で。

　もしも本当に「優勝の機会均等」、「全馬が横一線」というのを目指すのであれば、現状のハンデ設定よりも大幅に最上位層と最下層とで差異を設けるべきですが、現実にはそうなっていません。

大 臣 ハンデの付け方がある程度、機械的だよね。例えば、ハンデ戦を54キロで勝ったら次のハンデ戦は56キロとか。

キムラ 馬齢重量（又は過去に設定したハンデ）をベースに、額面上の実績に応じて画一的な上げ下げを行って、その上で実績では計れない部分については1キロ程の味付けがされている程度ですね。

　これはあくまでも個人的な見解で、JRAとしては血統、競走成績、距離、馬場状態、馬体重増減、展開、ペース、状態、不利、適性、調教などなど、全ての要素を元に判定しているとの話ですが。

大 臣 "全ての要素を元に判定している"という説明がお役所仕事

っぽいけど(笑)。

キムラ 例えば、20年のラジオNIKKEI賞は、

➠ 良馬場の中央1勝クラス勝利馬は全て54キロ
➠ 道悪の中央1勝クラス勝利馬とローカル1勝クラス勝利馬は全て53キロ
➠ 1勝クラス非勝利馬は52キロ

というお役所的な機械的ハンデ設定で、結果的に勝利したのは「前走ローカル1勝クラス勝利馬(53キロ)」のバビットでした。

大　臣 バビットは未勝利→早苗賞(新潟芝1800)と連勝中だったのに53キロだったんだね。

キムラ 早苗賞がローカル戦だったことで、ハンデが軽減されていたと考えられますが、実際には中央場所の他レースよりも、ローカルの早苗賞こそが最もレベルが高い1勝クラス戦で、勝ち馬バビット、2着ロータスランド、3着エンデュミオンという現OP馬が上位を占めたハイレベルレースでした。

20年ラジオNIKKEI賞結果

着	馬名	人気	性別	年齢	斤量	前走レース名	前走着順
1	バビット	8	牡	3	53	早苗賞	1
2	パンサラッサ	7	牡	3	54	1勝クラス	1
3	ディープキング	5	牡	3	52	1勝クラス	2

また、3着ディープキングは1勝クラス非勝利馬で牡馬では最軽量の52キロでしたが、前走は1勝クラスでパンサラッサの2着。3着を1秒以上も千切っていました。純粋なパフォーマンスからの評価であれば、この馬を最軽量ハンデ馬にするのはあり得ません。

このように実態よりも額面が優先されるのがJRAのハンデ設定であるという証左です。3歳のこの時期のハンデ戦となると、古馬の

ハンデ戦よりさらに歪みが大きくなります。

大　臣　具体的にどう歪みが出るの?

キムラ　単純にハンデの重い馬が不利だと思います。今年のメンバーを見てみると、クロスマジェスティの勝ったアネモネSやフェーングロッテンの勝った白百合Sは、実質1勝クラスと言っていいメンバーでした。けれどもそのレースにOP特別という格がついているためにハンデが重くなってしまう。

大　臣　メンバーのレベルが低いOP特別勝ち馬のほうが、メンバーの揃った1勝クラスの勝ち馬よりハンデが重くなるってことは、OP特別勝ち馬は相当に不利だね。

キムラ　最近、2〜3歳のOP特別はレース数が増えていますよね。やっぱりレベルが落ちているんですよ。今は馬を大事に使いたい陣営ほど1勝クラスのレースを好みます。

　逆にてっとり早く賞金を稼ぎたい馬ほどOP特別を好む。だからOP特別のレベルが低くなりやすく、そこを勝つと賞金が加算されてしまい、結果的にラジオNIKKEI賞ではハンデも重くなる。その後の斤量や古馬相手の出走できるクラスを考えると、最近の2〜3歳のOP特別は勝った者損(使った者損)なんですよ。

大　臣　なるほど。

キムラ　ベジャールは、未勝利を勝った後に毎日杯を選択し2着したので、ハンデが56キロになっています。もし前走が1勝クラスで、そこを勝っていたとしても54キロ止まりだったと思うんですよね。

大　臣　確かにベジャールの56キロは厳しいと思えてきた。

キムラ　今年の出走馬で言うと、ゴーゴーユタカが2戦目の未勝利戦を勝った後、1勝クラスで2着、1着。まだキャリア4戦でOP特別も使ってない。この馬が狙い目だと思います。

大　臣　ここまでの話を聞いていると、7戦とキャリアは多いけど、2走前に1勝クラスを逃げて8馬身千切って勝ってるショウナンマグマが面白そう。同じく中山で1勝クラスを勝ってるゴーゴーユタカよりハンデが1キロ軽い。

キムラ 僕も自分の競馬をできた機会が少ないせいで、見た目の実績が低くてハンデも軽く済むショウナンマグマはアリだと思います。

2022年7月3日 福島11R
ラジオNIKKEI賞（GⅢ）　芝1800m良 13頭立て

着	馬名	性齢	斤量	タイム	前走	位置取り	人気
1	3 ③ フェーングロッテン	牡3	55	1.46.7	白百合S(L)5人1着	6-5-4-3	3
2	5 ⑦ ショウナンマグマ	牡3	53	1.46.9	プリンシ(L)5人11着	1-1-1-1	8
3	1 ① サトノヘリオス	牡3	55	1.46.9	皐月賞(G1)11人17着	8-8-9-7	2
5	8 ⑬ ゴーゴーユタカ	牡3	54	1.47.3	1勝C1人1着	8-10-10-11	7
12	6 ⑨ ベジャール	牡3	56	1.48.0	毎日杯(G3)9人2着	3-3-4-5	4

単勝720円　複勝260円 350円 250円　枠連1,330円　馬連4,130円
ワイド1,340円 1,030円 1,270円　馬単7,730円　三連複9,340円　三連単59,280円

回顧 ラジオNIKKEI賞　　　*2022/07/07 掲載*

推奨馬が枠順で明暗

大　臣　1勝クラス勝ちのある馬の中でハンデに恵まれていると推したショウナンマグマが8番人気2着と人気薄で好走してくれました。しかし、能力以上にハンデが重くなりがちな3歳OP特別勝ち馬ということで狙いを下げたフェーングロッテンが3番人気1着。

キムラ　軽視した馬と評価した馬の1、2着という微妙な結果になってしまいましたね。

大　臣　ショウナンマグマから流したのにフェーングロッテンが抜けでした（笑）。ラジオNIKKEI賞は開幕週で、前に行く馬、内をロスなく回って来た馬が圧倒的に有利なレース。内枠に入ったフェーングロッテンの取捨はもっとフレキシブルに対応すべきだった。逆にもう1頭推していたゴーゴーユタカが大外枠に入ってしまったのが残念でした。開幕週のラジオNIKKEI賞で大外枠は厳しい。

キムラ　ゴーゴーユタカは実際外を回った馬の中では最先着なので、もし大外枠でなければ格言通りの結果もあったかもしれません。

競馬"真"格言

PICKUP DATA

ラジオNIKKEI賞の
ハンデ（馬齢斤量からの軽重）別の成績(17〜21年)

ハンデ	着別度数	勝率	連対率	複勝率	単回収	複回収
齢差〜-4	0-0-1-7/8	0%	0%	12.5%	0	45
齢差〜-3	1-2-5-44/52	1.9%	5.8%	15.4%	38	131
齢差〜-2	6-3-3-30/42	14.3%	21.4%	28.6%	129	95
齢差〜-1	1-5-0-11/17	5.9%	35.3%	35.3%	49	129
齢差〜0	1-0-1-19/21	4.8%	4.8%	9.5%	19	23
齢差〜+1	1-0-0-4/5	20.0%	20.0%	20.0%	56	30

※無駄にキャリアを重ねたことで馬齢斤量以上に背負う馬は低期待値

ここも大事

最近の2〜3歳の
OP特別は勝った者損

開幕週のラジオNIKKEI賞
は外枠不利

2022/07/07 掲載

七夕賞 真格言

小回り芝2000mのハンデ重賞は
重ハンデ馬にアドバンテージあり

福島芝2000m

キムラ 小回り(内回り)芝2000mコースのハンデ重賞は重ハンデ馬が強い。これは今週の七夕賞に限らず、同様のコース形態で行われる全てのハンデ重賞でそうです。七夕賞が重ハンデ有利というのはありふれたデータだと思いますが、恐らく小回り2000mコースがというのは初出だと思うのですが。

大臣 芝2000mのハンデ重賞って、意外と53キロ以下の軽ハンデ馬の穴が少ないですよね。好走したとしても3着が多い。

キムラ 基本的には斤量は瞬発力(初速や加速)の面に大きく影響するとされています。その初速の有無がレース結果に直結しやすい新潟直線コースは、斤量が大きくかかわるレースというのは周知の事実ですが、だからと言ってハンデキャッパーが他コースよりも斤量差を縮めるという操作をすることはありません。

大臣 芝1200mのハンデ重賞でも軽ハンデ馬はかなり有利ですよね。

キムラ その逆で、瞬発力ではなく持続力の競馬になりやすい小回り芝2000mコースでは、斤量が物を言い辛いというのがデータとしてもハッキリと出ています。

具体的には軽ハンデ馬は他コースと比べて最も走りませんし、重ハンデ馬で一定以上の人気をする馬はベタ買いで回収率100%に迫るほどです(※更に小回りコースだけ抽出すれば回収率100%を超えます)。

そういう理屈抜きにして、単純に七夕賞は重ハンデ馬の好走率が高いというインスタントなデータでも結論は同じです。

大臣 今年はどの馬を狙おうと思っていますか?

競馬 "真" 格言

芝のハンデ重賞で53キロ以下だった馬の成績
(1〜5番人気／距離別／10〜22年七夕賞前週まで)

距離	着別度数	勝率	連対率	複勝率	単回収	複回収
1200m	5-5-3-29/42	11.9%	23.8%	31.0%	100	78
1600m	9-5-0-15/29	31.0%	48.3%	48.3%	233	118
1800m	4-3-4-21/32	12.5%	21.9%	34.4%	105	94
2000m	6-8-8-65/87	6.9%	16.1%	25.3%	35	65
2400m	1-1-1-2/5	20.0%	40.0%	60.0%	98	118
2500m	0-0-0-3/3	0%	0%	0%	0	0
3400m	1-1-0-4/6	16.7%	33.3%	33.3%	111	85

芝のハンデ重賞で57.5キロ以上だった馬の成績
(1〜5番人気／距離別／10〜22年七夕賞前週まで)

距離	着別度数	勝率	連対率	複勝率	単回収	複回収
1200m	6-5-2-9/22	27.3%	50.0%	59.1%	117	130
1600m	3-4-6-23/36	8.3%	19.4%	36.1%	53	80
1800m	1-0-2-6/9	11.1%	11.1%	33.3%	60	83
2000m	10-9-8-39/66	15.2%	28.8%	40.9%	102	90
2200m	0-0-0-1/1	0%	0%	0%	0	0
2400m	1-0-2-4/7	14.3%	14.3%	42.9%	22	61
2500m	3-2-1-17/23	13.0%	21.7%	26.1%	51	48
3400m	3-2-0-5/10	30.0%	50.0%	50.0%	85	91

※最も軽ハンデ馬が振るわず重ハンデ馬の活躍が目立つのが芝2000m

キムラ 単純に57キロの3頭はどれも良さそうですね。ショウナンバルディ、ヒートオンビート、マウントゴールド。

大臣 人気が予想されるアンティシペイトのハンデはどう考えますか? そもそも僕はハンデ重賞で前哨戦のOP特別を勝った馬を買うのは好きじゃないですけど。ハンデが重くなるから。

アンティシペイトは福島民報杯を55キロで勝って、今回が56.5キロ。実は18年にマイネルサージュが54キロで福島民報杯を勝ち、1キロ増の55キロで七夕賞2着してるんですけど。

キムラ おそらく前走の福島民報杯が圧勝だったので、マイネルサージュより0.5キロ加算されて1.5キロ増になったと思うのですが、

少し手加減して圧勝していなければ、今回55キロだったと思えば損な立場ですね。

大　臣　ああ、なるほど。

キムラ　56.5のハンデが重いか軽いか以前に、僕もアンティシペイトは嫌いたいんですけど。この馬も揉まれ弱くて、すんなり先行した時に好走してることが多い。福島民報杯は前に行けなかったのですが、この時は特殊な馬場と展開があってマクリの利く競馬になり、アンティシペイトは大外を回ってきましたよね。

大　臣　結局、揉まれなかったので、ものの見事にマクリが決まりましたね。

キムラ　今回は先行馬が多いので、アンティシペイトはおそらくまた先行できないと思うんですけど。それでまた前走のように鮮やかにマクれるかは疑問があります。

2022年7月10日 福島11R
七夕賞（GⅢ）　芝2000m良 16頭立て

着	馬名	性齢	斤量	タイム	前走	位置取り	人気
1	8⑯ エヒト	牡5	54	1.57.8	京都記念(G2)11人7着	6-6-5-3	6
2	3⑥ ヒートオンビート	牡5	57	1.58.2	天皇賞春(G1)5人4着	10-11-10-8	1
3	6⑪ アンティシペイト	牡5	56.5	1.58.3	福島民報杯(L)5人1着	11-9-8-5	2
11	5⑨ ショウナンバルディ	牡6	57	1.59.3	鳴尾記念(G3)6人7着	8-8-8-10	9
14	3⑤ マウントゴールド	牡9	57	1.59.6	新潟大賞典(G3)15人13着	8-9-10-11	16

単勝1,620円　複勝340円 150円 170円　枠連1,560円　馬連3,260円
ワイド1,210円 1,340円 400円　馬単8,320円　三連複5,720円　三連単39,600円

回顧　七　夕　賞　　*2022/07/14 掲載*

七夕賞でまさかの軽ハンデ馬が勝利

大　臣　今年の七夕賞は、57キロの3頭が狙い目で53キロ以下の軽ハンデ馬は軽視という話をしたら、57キロのヒートオンビートが2着に来たものの、勝ったのが54キロのエヒトというまた微妙な結果

で(笑)。

キムラ 七夕賞は重ハンデ馬が買いと言っても、格言で馬券内3頭を全てケアできるということはなかなかないので。

大臣 確かにそうですね。2週目の福島芝は、開幕週から変わらず前と内が有利な馬場でしたよね。七夕賞は1～3着がみな外を回した馬でしたが。これは展開の影響かな。

キムラ そうですね。七夕賞の時が外差し馬場だったわけではないでしょう。

大臣 エヒトは内枠巧者で「内をロスなく回ってくれば重賞でもチャンスがありそう」とメモしてた馬なんですが。大外枠に入ったのを見て秒で消してしまいました(笑)。

キムラ 僕は予想では3番手評価にしたのですが、もし大外枠じゃなかったらもっと重い印を打っていたかもしれません。今回のエヒトは森秀厩舎のレース起用がポイントでした。

森秀厩舎は賞金至上主義の使い方をする方針というのは知られた話ですけど、前2走は勝ち負けを目指すというより、出走するだけでほぼ無条件で特別出走奨励金(100万円)が得られるGⅡレースで賞金を稼ぎにいった使い方に見えました。でも今回の七夕賞は、純粋に適性重視で勝ち負けを目指した使い方だと考えました。

大臣 確かにそう言われると、今回はOP馬になって初めて重賞で勝負にきた感じがしますね。

キムラ 賞金重視の使われ方をするケースが多いので、たまにしか見られない非賞金重視で使われる馬券的な狙い時を見極めやすい厩舎なのです。

> **ここも大事**
>
> **森秀厩舎は賞金重視の使い方をする。勝負レースを見極めやすい厩舎**

函館2歳S　真格言　*2022/07/14 掲載*

早熟度勝負の函館2歳Sでは 牝馬と早生まれ馬が激走パターン

函館芝1200m

大　臣　この真格言は言われてみれば目から鱗というか。2歳の早い時期にやる重賞なんだから早生まれのほうが有利だろうという話ですね。

キムラ　具体的に言うと、1、2月生まれの牝馬を狙おうという話です。

大　臣　僕は馬の誕生日をほとんど気にしたことがないんだけど。キムラ君は常に気を付けてるんですか？

キムラ　例えば、「ダービーは4月以降に生まれた馬は勝てない」とか言われたりしますけど。他の重賞のそういう誕生日のデータはオカルト的なものも多いと思うんですよ。僕が誕生日を気にしてるのは函館2歳Sだけです。

大　臣　どうして函館2歳Sは誕生日を気にするようになったんですか？

キムラ　函館2歳Sで3着内に好走する馬は、19年に1〜3着したビアンフェ、タイセイビジョン、プリンスリターンみたいにその後も重賞戦線で活躍するような「本当に強い馬」と、21年の覇者ナムラリコリス、20年覇者リンゴアメ、18年2着馬ラブミーファインのように「2歳夏だからこそ早熟性を生かして一世一代の走りをした早熟馬」にカテゴライズできます。基本的には前者が勝ち切って、後者が3着近辺に潜り込む決着が定番です。

大　臣　函館2歳Sは2〜3着に二桁人気の大穴が突っ込んでくることが多いですよね。

キムラ　「本当に強い馬」というのは初戦のレース内容などからそもそも人気になっているケースが大半なので、これは分析してもあま

競馬 "真" 格言

り意味がない。馬券的に是非狙いにいきたいのは「早熟馬」のほうですが、その馬たちを分析していったら、「性別」と「生まれ月」がポイントだと気づいて。函館2歳Sの本質はここだなと。

大　臣　なるほど。

キムラ　07年以降の近15年間で5番人気以下の人気薄で3着内好走をした馬は全16頭ですが、内10頭が牝馬で、内6頭が1〜2月生まれの早生まれ馬でした。それに該当するのか否かで人気薄好走率が何倍も異なるという顕著な傾向となっており、その究極体である"1月生まれの牝馬"は全9頭中5頭好走（複勝回収率236%）と複穴激走馬を量産しています。次いで"2月生まれの牝馬"も全21頭中6頭好走（複勝回収率122%）と高い数字をマークしています。

函館2歳Sの生まれ月別の成績(07〜21年)

生月	着別度数	勝率	連対率	複勝率	単回収	複回収
1月生	1- 2- 3- 9/15	6.7%	20.0%	40.0%	25	152
2月生	2- 7- 1-29/39	5.1%	23.1%	25.6%	26	103
3月生	4- 3- 5-55/67	6.0%	10.4%	17.9%	23	55
4月生	7- 2- 5-57/71	9.9%	12.7%	19.7%	130	106
5月生	1- 1- 1-22/25	4.0%	8.0%	12.0%	27	37
6月生	0- 0- 0- 2/ 2	0%	0%	0%	0	0

※生まれ月を問わずに強い馬が勝ち切るので単勝回収率は押し並べて低調ですが、複勝率や複勝回収率のほうに早生まれの早熟馬の活躍振りが表れています

キムラ　実際に21年は牝馬のワンツー決着でした。20年は牝馬のリンゴアメが10番人気で激走するなど上位4頭中3頭が牝馬でした。18年は上位人気の牡馬が1着と3着に順当好走しましたが、それ以外は全て人気薄の牝馬が掲示板内を占めました。17年も1番人気の牡馬が順当勝利しましたが、それ以下は12番人気2着ウインジェルベーラなど全て4番人気以下の牝馬が掲示板内を占めました。19年の牡馬のワンツースリーは、前述のようにビアンフェ、タイセイビジョン、プリンスリターンだったので例外。函館2歳Sに後の出世馬が複

061

数潜んでいること自体がレアケースです。

大　臣　ここで一つ勘違いして欲しくないのは、4月や5月生まれの馬を軽視するというデータではないってことですね。

キムラ　そうですね。今年の出走メンバーの中で牝馬はゴキゲンサン、ニーナブランド、ブトンドール、ミスヨコハマ、ロッソランパンテの5頭で、1～2月生まれの早生まれ馬はイコサン、オボロヅキヨ、オマツリオトコ、スプレモフレイバー、ブトンドール、ミスヨコハマ、ロッソランパンテの7頭と例年よりも多くいますが、その中で激走パターンと位置付けられる牝馬かつ1月生まれ馬についてはブトンドール1頭に絞られます。

大　臣　ブトンドールはビッグアーサー産駒ですけど。ビッグアーサー産駒は最近、函館芝1200mでよく走ってますよね。

キムラ　というか函館芝1200mでしか来てないですね。

2022年7月16日 函館11R
函館2歳S（GⅢ）　芝1200m稍重 13頭立て

着	馬名	性齢	斤量	タイム	誕生日	1200持ち時計	位置取り	人気
1	8 ⑫ ブトンドール	牝2	54	1.11.8	1月25日	1.11.1	9-6	4
2	3 ③ クリダーム	牡2	54	1.12.0	3月16日	1.09.5	1-1	3
3	2 ② オマツリオトコ	牡2	54	1.12.0	1月31日	－	13-13	8
8	4 ⑤ スプレモフレイバー	牡2	54	1.12.7	2月15日	1.09.9	2-2	1

単勝700円　複勝220円 210円 570円　枠連990円　馬連2,090円
ワイド890円 2,470円 1,790円　馬単4,280円　三連複14,090円　三連単74,530円

回顧　函　館　2　歳　S　　　　　*2022/07/21 掲載*

函館2歳Sと持ち時計の関係

大　臣　函館2歳Sは早生まれの牝馬を狙えということで推奨した1月生まれの牝馬ブトンドールが見事1着。人気薄を狙うつもりが、4番人気と予想外に人気だったのがちょっと残念でしたが。

キムラ　この時期の2歳戦で最も人気に影響する持ち時計では一番

遅い馬だったので、数年前だったら人気になっていない馬だと思います。

大　臣　逆に函館2歳Sは過去4年、持ち時計1位の馬が1番人気になって凡走しているので、今年はてっきりクリダームが1番人気になるのかと思ったら。

キムラ　クリダームが1番人気のスプレモフレイバーから大きく離された3番人気だったのも非常に意外でした。

大　臣　函館2歳Sは持ち時計の速い馬が強いレースじゃないということが、多くの人に知れ渡ってきたのかな？

ここも大事

函館2歳Sは
持ち時計1位の馬が
人気になりやすいが危ない

小倉記念 真格言

小倉記念は
長距離実績が物を言うレース

小倉芝2000m

キムラ 小倉記念が行われる小倉芝2000mは、最初の1コーナーまでの距離が約472mと、かなり長いコース形態なので、近10年中6年で前半3Fが34秒台になっているように、Hペースになりやすいです。Hペースにならない場合は、道中半ばから一気にレースが動く展開になりやすいです。

大臣 小倉は向正面が下り坂なので、芝中距離の中盤で流れが速くなりやすいんですよね。だからスローになりにくい。

キムラ よって、どちらに転んだとしても、長く脚を使う持続力とスタミナが問われるレースになるので、意外な程に長距離実績馬が走る傾向があります。

　過去10年を遡っても、長距離GⅠレースで3着以内、または長距離重賞で2着以内の長距離実績馬は、12年2着トーセンラー（菊花賞・3着）、14年1着サトノノブレス（菊花賞・2着）、18年2着サトノクロニクル（阪神大賞典・2着）、20年11着サトノルークス（菊花賞・2着）で、連対率は75%。

大臣 もうステイヤー向きのレースと言ってもいいぐらいだね。

キムラ また、レース格を問わずに芝距離2400m以上のレースで勝利実績がある馬は、21年は該当馬3頭で1～3着を独占（逆に言えば勝利実績がない馬は全て4着以下）、20年も該当馬2頭の内のサトノガーネットが6番人気2着、19年も該当馬2頭の内のノーブルマーズが5番人気3着など、高確率で走るパターンになっています。

大臣 去年の1～3着、モズナガレボシ、ヒュミドール、スーパーフェザーが揃って出走してきたね。

キムラ 今年の真格言該当馬は、その去年の1〜3着馬3頭と、強力に要件を満たすタガノディアマンテ(万葉S1着、ステイヤーズS2着)の計4頭だけです。前者の3頭は前年好走馬ということで、既に適性は証明&認知されているので魅力度半減ですが、長距離馬というイメージのせいで中距離戦では人気しないタガノディアマンテは、むしろ長距離実績が物を言う小倉記念では絶好の買い時になり得る1頭と見ます。

それからピースオブエイトは危険な人気馬だと思ってます。この時期の3歳馬が古馬と対戦した時、一番ハードルが高いカテゴリーが「牡馬」「中距離」なんですよ。「今年の3歳はレベルが高い」とよく言われてますけど、重賞で好走してるのはみんな「牝馬」の「短距離」。これは毎年のことです。

大 臣 そうだね。

キムラ それぐらいこの時期、3歳の「牝馬」の「短距離」は有利なんです。逆に「牡馬」の「中距離」は古馬の壁が厚い。GI級じゃないと重賞で活躍するのは難しい。だからピースオブエイトは厳しいと思います。

2022年8月14日 小倉11R
小倉記念（GⅢ） 芝2000m良 15頭立て

着	馬名	性齢	斤量	タイム	前走	位置取り	人気
1	1② マリアエレーナ	牝4	54	1.57.4	マーメイドS(G3)4人2着	5-4-3-2	2
2	6⑫ ヒンドゥタイムズ	セ6	56.5	1.58.2	中日新聞杯(G3)11人7着	11-11-11-9	10
3	2④ ジェラルディーナ	牝4	54	1.58.2	鳴尾記念(G3)4人2着	9-9-11-9	1
9	8⑯ ヒュミドール	セ6	56	1.59.1	七夕賞(G3)3人5着	8-9-8-12	7
10	3⑤ ダブルシャープ	牡7	56	1.59.6	中京記念(G3)9人14着	13-14-3-3	11
11	3⑥ タガノディアマンテ	牡6	56	1.59.7	天皇賞春(G1)9人17着	2-3-3-5	5
12	6⑪ ショウナンバルディ	牡6	57	1.59.7	七夕賞(G3)9人11着	2-2-2-5	12
13	7⑬ モズナガレボシ	牡5	55	2.00.2	中京記念(G3)13人12着	11-11-11-14	13
15	8⑮ スーパーフェザー	セ7	54	2.00.5	中京記念(G3)15人9着	4-6-6-14	14

単勝500円 複勝170円 670円 140円 枠連4,200円 馬連8,140円
ワイド2,480円 340円 2,020円 馬単13,320円 三連複6,690円 三連単49,140円

亀谷競馬サロン❸

回顧　小　倉　記　念　　　*2022/08/18 掲載*

高速馬場なら芝2200m実績でもOK

大　臣　今年の小倉記念は、残念ながら芝2400m以上に実績のある馬たちが全滅してしまいました。結果的に稍重だった去年の1 ～ 3着馬は高速馬場に対応できなかった感じがしたけど。

キムラ　それもあったとは思いますが、去年の1 ～ 3着馬だけでなく、4、5着馬のダブルシャープ、ショウナンバルディまで二桁着順に沈みました。去年の小倉記念は輸送トラブルがあった馬も多く、極端にレースレベルが低かったという点をもう少し踏まえるべきでした。

大　臣　ただ、真格言「小倉記念は長距離実績が物を言うレース」の該当馬をもう少し広げて、「芝2200mで勝ち鞍があるか、芝2200m以上の重賞で好走歴のある馬」とすれば、勝ったマリアエレーナと3着のジェラルディーナは拾える。

キムラ　そうですね。今年のように超高速馬場の時は「芝2200mで勝ち鞍があるか、芝2200m以上の重賞で好走歴のある馬」で良かったですね。そこは反省します。

　ただ、小倉記念はマイラーよりも芝2000m以上の長めの距離で実績のある馬を狙うレースだというのは間違いないと思います。その上で、ここ3年のように馬場や展開の一押しがあれば、一気に2400m以上の長距離実績馬に有利になり得るということだと思います。

大　臣　2着のヒンドゥタイムズはずっと2000mばかり使われてる馬だけど、これは小倉記念とハービンジャー産駒の相性の良さに尽きるでしょう。これで2着が4回目（15、16年のベルーフ、17年のサンマルティン）。ただ、ヒンドゥタイムズは去勢初戦で大幅馬体減だったので買えなかった。

PICKUP DATA

小倉記念の前走距離別成績(12〜21年)

ローテ	着別度数	勝率	連対率	複勝率	単回収	複回収
同距離	8-4-7-58/77	10.4%	15.6%	24.7%	129	82
延長	1-4-2-33/40	2.5%	12.5%	17.5%	24	63
短縮	1-2-1-9/13	7.7%	23.1%	30.8%	37	72
500m以上延長	0-0-0-2/2	0%	0%	0%	0	0
500m以上短縮	1-1-0-4/6	16.7%	33.3%	33.3%	81	58

※長距離実績馬と共に前走距離別でも短縮馬（特に大幅短縮馬）の好走率が高い

ここも
大事

小倉記念の特注血統
ハービンジャー

2022/09/08 掲載

セントゥルS 真格言

中京芝1200mの上級戦は
スプリンターよりも
マイラーを狙うべし

中京芝1200m

キムラ　通常の阪神競馬場で行われていたセントゥルSは、スプリンターによるスプリンターのためのレースであるのに対して、中京競馬場で行われるセントゥルSについてはスプリンターよりも、寧ろマイラーのためのレースだと言えます。

大　臣　今回の真格言は中京芝1200mの他の重賞にも当てはまる話だね。

キムラ　そうです。高松宮記念やCBC賞はもちろん、他の上級条件のすべての中京芝1200mのレースに当てはまります。

　このようなことになる要因は主に2点で、1点目は国内の芝スプリント路線のレベルの低さ（相対的なマイル路線のレベルの高さ）で、2点目は中京芝1200mの特殊なコース形態にあると見られます。

　このコースの最大の特徴は最後の直線の長さ（412.5m）にあり、それに伴って前半勝負よりも後半勝負のペースになりやすいので、他場の芝1200mよりもスタミナと末脚の性能の確かさが強く求められます。

大　臣　中京芝1200mはスタート直後が緩やかな上りなので、他の芝1200mに比べてテンのスピードが上がりにくい。だからマイラーでも追走しやすいし、直線で切れる脚を使いやすい。

キムラ　逆に逃げ馬には厳しいコースですね。下級条件だと少し話が違ってきますが。

大　臣　12年に中京が今のコースになってから、芝1200mの重賞を

逃げ切った馬はまだいないんだよね。20年高松宮記念の勝ち馬モズスーパーフレアは2着入線の繰り上がりだった。

キムラ というわけで他場の芝1200mを得意とする馬(スプリンター)にとって、中京芝1200mは一筋縄ではいかないコースとなっており、逆に芝1400m以上を得意とする馬(マイラー)にとって中京芝1200mは敷居が低いコースになっているというわけです。

実際に阪神施行の近6回(14〜19年)の3着内好走馬18頭中16頭は、前走でも1000〜1200mのレースを走っていた本職スプリンターが占めていました。それが中京競馬場で施行された近2年は様相が一変して、20年の上位3頭は全て前走で1600mのレースを走っていた馬で、尚且つ全て1400mの重賞好走実績の持ち主でした。

大 臣 1着ダノンスマッシュ、2着メイショウグロッケ、3着ミスターメロディね。

キムラ 21年の上位3頭は、1着レシステンシアが前走1600m、3着クリノガウディーが前走1400m。2着ピクシーナイトは前走1200mでしたが、この3頭はみな1600mでの重賞連対実績の持ち主でした。

近2年のセントウルSは、コース以外は全て同じ条件でも、コースが変わるだけで好走馬の属性がガラリと異なる決着が生まれたというわけです。

大 臣 高松宮記念だと芝1200mが初めての馬がよく馬券になるよね。19年1着のミスターメロディ、20年1着入線のクリノガウディー、去年の2着レシステンシア、3着インディチャンプなど。

キムラ 中京芝1200mで行われる上級レースでは、スプリント路線を歩み続けてきた本職スプリンターよりも、目に見えて元々はマイル路線で成果を挙げていた元マイラーの活躍が目立っているということが分かります。

今年のセントウルSもコース適性と相対的に高い能力が見込める距離短縮ローテ組(マイル実績馬)こそ狙うべき存在と見ますが、残念ながらそれにストレートで該当する馬は上位人気3頭(ジャングロ・ソングライン・メイケイエール)となってしまいます……。(ジ

ャングロは捻挫のため回避)

大　臣　その3頭の中ではソングラインが初の芝1200mになるけど、中京だったら距離は気にする必要がないだろうってことね。

キムラ　そこは全然、問題ないと思います。心配があるとしたら、海外GⅠ遠征前の一戦ということで仕上がりがどうなのか、そちらのほうじゃないですか。

大　臣　メイケイエールは、ファンタジーS、チューリップ賞、シルクロードS、京王杯SCの勝ち馬で、GⅠのトライアルでは非常に強い。ここも信頼性は高いと思う。問題は本番の取捨だよね。

キムラ　僕もメイケイエールは堅いと思うので、この馬に本命を打つと思います。

2022年9月11日 中京11R
セントウルS（GⅡ）　芝1200m良 13頭立て

着		馬名	性齢	斤量	タイム	前走	位置取り	人気
1	4⑤	メイケイエール	牝4	55	1.06.2	京王杯SC(G2)1人1着	5-5	1
2	8⑫	ファストフォース	牡6	56	1.06.6	北九州記念(G3)8人10着	2-2	6
3	5⑦	サンライズオネスト	牡5	56	1.06.8	鞍馬S(OP)2人4着	6-8	4
5	7⑪	ソングライン	牝4	56	1.06.9	安田記念(G1)4人1着	9-9	2

単勝170円　複勝110円 340円 250円　枠連1,660円　馬連1,610円
ワイド600円 450円 2,040円　馬単2,080円　三連複4,120円　三連単13,980円

回顧　セントウルS　　　　　　　　　　　　　2022/09/15 掲載

スプリンター向きのHペースでも
1400m実績馬が優勢

大　臣　セントウルSのメイケイエールは期待通りの強さでした。単勝で勝負していたキムラ君も安心して見てられたんじゃないですか？

キムラ　そうですね。いろいろ条件にも恵まれましたし。まず、今年のセントウルSはメイケイエールが完全に折り合えるほどペース

が速かった。それから道中、周りに馬がいなかったでしょう。

大　臣　そうだね。4頭を先にやって、5番手のポケットのような位置に収まってた。

キムラ　メイケイエールは他馬を気にするので、ああいう形になると力を存分に発揮できますよね。逆に他馬にプレッシャーを掛けられる形の課題は持ち越されたわけですが、他の馬にとっても、時に暴走しかねないメイケイエールに近付くというのは桜花賞の例からもリスクなので、結局この先も同様に恵まれるだろうという意味では必然だったと言えるかもしれません。

　それからレース全体に関しては、セントウルSは距離1400m以上から距離短縮の馬、もしくは距離1400m以上に実績のある馬が狙い、という真格言でしたが、掲示板に載った5頭中4頭はこれに該当。2着のファストフォースはずっと芝1200m路線を使われている馬でしたが、先ほど言ったように今年はペースが速かったです。

大　臣　テン3Fが32秒5。これは中京が現コースになってから最速ラップ。ちなみに21年のこのレースは32秒9、20年は33秒0だった。

キムラ　今年のセントウルSは、コース設定的にはマイラーでも走れるけど、ペース的にはスプリンター向きの流れだった、という結果だったのだと思います。

大　臣　通常の中京芝1200m重賞よりは、マイラーが差しにくい競馬になったということだね。少しスタートが悪くて、中団より後ろからの競馬になったソングラインが届くような競馬ではなかった。

中京芝1200mの重賞レースの前走距離別成績

(13〜22年セントウルS前週まで／GIと世代限定戦は除く)

PICKUP DATA

ロ ー テ	着別度数	勝率	連対率	複勝率	単回収	複回収
同距離	4-6-6-93/109	3.7%	9.2%	14.7%	21	41
延長	0-0-1-6/7	0%	0%	14.3%	0	27
短縮	7-5-4-46/62	11.3%	19.4%	25.8%	58	86

※1400m以上実績馬と共に前走距離別でも短縮馬の期待値が高い

神戸新聞杯 真格言　　*2022/09/22 掲載*

多頭数or上級条件の中京芝2200mでは、逃げ先行馬は軽視⬌追い込み馬が特注

中京芝2200m

大　臣　今回は中京芝2200mの攻略の話だね。

キムラ　中京芝2200mコースの最大のポイントとしては、JRAの中でも屈指の差し&追い込み有利条件という点にあります。

　一般的にはあまりそういうイメージを持たれていないかもしれませんが、それもそのはずで同コースにて行われるレースは極端に少頭数立てのレースが多いために（※22年に同コースで行われた28レース中18レースは11頭立て以下）、大局的には早々に隊列が決まって、道中もゆったり流れるという"ヌルい"レースになり、単調な前有利決着が目立つという現実も確かにあります。

　ただし、それは本質的なコースの特性を表しているワケではなく、頭数が増えれば増えるほど加速度的にペースが上がりやすいというコース形態からして、少頭数立て以外のレースか、上級条件クラスのレースなどで最低限"ヌルい"レースにならない可能性が高い局面においては、様相がガラリと一変して差し&追い込みが決まるレースばかりになります。これこそが本質的なコースの特性を反映している結果だと見るべきです。

　実際に、過去に同コースで行われた重賞レース（最上級条件クラスのレース）の全6レースは、軒並み差し&追い込み馬ばかりが上位を占める決着となっています。

　逆に人気に応えられないのも軒並み先行競馬をした馬ばかりで、20年神戸新聞杯で唯一先行して掲示板に残って4着だったディープ

競馬"真"格言

中京芝2200mで行われた重賞の好走馬と道中(2角)通過順位

20年神戸新聞杯(18頭立て)

着	馬名	人気	道中(2角)通過順位
1着	コントレイル	1人気	7番手
2着	ヴェルトライゼンデ	3人気	14番手
3着	ロバートソンキー	14人気	12番手

※20年神戸新聞杯で2番人気ながらも大敗したグランデマーレは道中2番手追走

21年日経新春杯(16頭立て)

着	馬名	人気	道中(2角)通過順位
1着	ショウリュウイクゾ	7人気	3番手
2着	ミスマンマミーア	13人気	16番手
3着	クラージュゲリエ	4人気	6番手

※21年日経新春杯で揃って人気を裏切る大敗を喫した上位人気3頭のヴェロックス、アドマイヤビルゴ、ダイワキャグニーは全て道中2～3番手追走

21年京都新聞杯(11頭立て)

着	馬名	人気	道中(2角)通過順位
1着	レッドジェネシス	3人気	8番手
2着	ルペルカーリア	1人気	1番手
3着	マカオンドール	2人気	9番手

21年神戸新聞杯(10頭立て)

着	馬名	人気	道中(2角)通過順位
1着	ステラヴェローチェ	2人気	8番手
2着	レッドジェネシス	5人気	8番手
3着	モンテディオ	8人気	2番手

22年日経新春杯(16頭立て)

着	馬名	人気	道中(2角)通過順位
1着	ヨーホーレイク	3人気	9番手
2着	ステラヴェローチェ	1人気	6番手
3着	ヤシャマル	9人気	7番手

※22年日経新春杯で2番人気ながらも大敗を喫したフライライクバードは道中4番手追走

22年京都新聞杯(12頭立て)

着	馬名	人気	道中(2角)通過順位
1着	アスクワイルドモア	8人気	8番手
2着	ヴェローナシチー	7人気	11番手
3着	ボルドグフーシュ	5人気	1番手

※22年京都新聞杯で揃って人気を裏切る大敗を喫した上位人気3頭は全て道中2～5番手追走

ボンドが、その後に大出世を果たす馬だったというのも、やはり同コースで先行して残すのは相当な力量馬でないと至難であるという証左と言えるでしょう。

大　臣　今年の日経新春杯で、中京芝2200m巧者のフライライクバードが凡走したのが不可解だったけど。そういうことだったのか！　一つ謎が解けた（笑）。

　僕は、中京芝2200mは過去にこのコースで好走歴のある馬、つまりリピーターを黙って狙うコースだと思ってて。だから、ここも中京芝2200mで行われた京都新聞杯の1～4着馬のどれかに本命を打てばいいというのが第一感。去年の神戸新聞杯もステラヴェローチェの2着は京都新聞杯の勝ち馬レッドジェネシスだったし。

　ただ、今年の京都新聞杯は1000m通過が58秒2と超Hペースだったでしょ。前半、後方から行ってた1～3着馬のアスクワイルドモア、ヴェローナシチー、ボルドグフーシュは思いっきり展開がハマった感があったんだけど。

キムラ　確かにそういう面はありますけど、それはこのコースにおいては必然なので、また同じことが起こる可能性のほうが高いかもしれません。

大　臣　となると、僕なんかは京都新聞杯で先行して4着だったリカンカブールを高く評価したくなるんだけど、京都新聞杯ほど流れが速くならなかったとしても、先行馬のリカンカブールは狙わないほうがいいってことだね。

キムラ　そうですね。それぐらい後ろから行った馬が恵まれやすいコースだということです。ただ、今年の神戸新聞杯は上位人気馬の多くが同コースで狙うべき差し追い込み脚質で、逆に下位人気馬の多くが同コースで嫌うべき逃げ先行脚質だけに、波乱決着を狙い辛いというシチュエーションです。

　それでも、上位人気馬の中で言えば、断然人気が想定されるプラダリアが最も先行脚質にカテゴライズできる点で死角が見出せます。とにかく位置取りが後ろであればあるほど恵まれて、一発の可能性

が高まるという観点からは、最も後方脚質にカテゴライズできるアスクワイルドモアにその魅力が見出せます。

大　臣　セントライト記念の結果を見たら、今年の3歳牡馬は、皐月賞組は5着以内と6着以下の間にけっこう力の差があり、ダービー組は4着以内とそれ以下の間に力の差がありそうな感じがするんだけど。

キムラ　その線引きは正しそうな気がします。

大　臣　そこでプラダリアのダービー5着というのはまた評価が難しい。僕は、この真格言を読むまでは、プラダリアがいちばん手堅いのかなと思ってた。京都新聞杯の1〜3着馬は脚質的にどうも危なっかしい気がしてしまう。その点、プラダリアはもう少し前で競馬できるので安心……と思ったけど、中京芝2200mならそうとも言えないってことね。

2022年9月25日　中京11R
神戸新聞杯（GⅡ）　芝2200m良 17頭立て

着	馬名	性齢	斤量	タイム	前走	位置取り	人気
1	4⑦ ジャスティンパレス	牡3	56	2.11.1	東京優駿(G1)10人9着	4-5-4-3	5
2	3⑥ ヤマニンゼスト	牡3	56	2.11.7	藻岩山特別(2勝C)3人6着	13-13-13-11	12
3	1② ボルドグフーシュ	牡3	56	2.11.8	一宮特別(2勝C)1人1着	15-15-13-16	4
5	3⑤ ヴェローナシチー	牡3	56	2.11.9	白百合S(L)1人2着	13-13-13-13	3
6	1① リカンカブール	牡3	56	2.12.0	足立山特別(1勝)1人1着	1-1-1-1	11
8	7⑭ プラダリア	牡3	56	2.12.2	東京優駿(G1)5人5着	7-7-8-7	2
10	8⑯ アスクワイルドモア	牡3	56	2.12.5	東京優駿(G1)13人12着	17-17-17-16	7

単勝1,100円　複勝380円 1,570円 280円　枠連4,110円　馬連37,540円
ワイド8,570円 1,420円 6,260円　馬単63,220円　三連複70,330円　三連単453,670円

晩成型のジャスティンパレスが覚醒

大　臣　神戸新聞杯は1000m通過が60秒0、上がりが34秒7。1000m通過が58秒2で上がりが35秒6だった京都新聞杯よりペースがかなり遅かったけど、京都新聞杯と同様に、前に行ったリカンカブールが残れず、追い込んだボルドグフーシュとヴェローナシチーが先着。12番人気2着と穴を出したヤマニンゼストも追い込み。「多頭数or上級条件の中京芝2200mは差し追い込み有利条件」という真格言通りの結果になりました。

キムラ　そうですね。京都新聞杯の勝ち馬アスクワイルドモアは、異常に人気していなかったように、状態がそんなに良くなかった感じで、ほとんど伸びなかったのは残念でしたけど。

大　臣　しかし、先行し3馬身半差の楽勝したジャスティンパレスの強さはどういうことなの!?

キムラ　実は、皐月賞でジャスティンパレスに本命を打ってました。その時のレースぶりを見て、この馬はまだまったく完成してないなと思いました。ちょっと不利を受けただけでフラフラと走る気をなくしたり。ホープフルS2着という実績があったとはいえ精神的にも肉体的にもまだまだ未熟だなと。

　兄のアイアンバローズや、アメリカで走ったパレスマリスの成績を見ても晩成タイプの血統のようなので、当時「3歳秋以降に改めて期待」と書いたんですけど、ひと夏越えてやっと馬が良くなったんでしょうね。

大　臣　鮫島駿騎手も「なんの不安もなく自信を持って乗った」みたいなコメントをしてるから、それだけ状態は良くなってたんだろうなあ。

キムラ　ジャスティンパレスと同じく、前で競馬をして4、6着に残ったジュンブロッサムとリカンカブールも強いと思いますよ。

スプリンターズSは、その年のスプリント界の流行が反映される頂上決戦

スプリンターズSは、Hペースだとスプリンター向き、Sペースだとマイラー向きになる

中山芝1200m

キムラ　秋の芝スプリント路線における頂上決戦の位置付けたるスプリンターズS。この一戦が果たしてどのようなレースになるのかについては、その年の芝スプリント界の"時流"が色濃く反映されてきた歴史となっています。

　ひと昔前に、主に芝中距離のレースに対してスローペース症候群という言葉がよく言われましたが、実は、ほんの数年前はこの芝短距離のレースこそ、それが顕著に起こっているカテゴリーでした。

　このスプリンターズSでも、GⅠに格上げされた初年度の90年は「前半3F32秒4→後半3F35秒4（3.0秒前傾ラップ）」、2年目の91年は「前半3F32秒2→後半3F35秒4（3.2秒前傾ラップ）」となっていたように、当初は前半3Fが32秒台前半で流れて後半3Fは35秒以上かかるという、今の尺度から見れば超前傾ラップがデフォルトでした。

大臣　最近の芝1200m重賞で、3秒以上の前傾ラップのレースというのは良馬場だとほとんどないよね。道悪でちらほら出るぐらい。

キムラ　そうですね。月日の流れと共に段々と、前半突進型から後半勝負型へと騎手の乗り方が変化している、というのが大まかな歴史的な経緯です。

　その中でも数年単位で傾向の進行と揺り戻しが起こっており、15

〜17年までは、歴史のなかでも最も後半勝負型の戦法が好まれていました。その前年の馬場改修に伴ってという側面もあるかもしれませんが、その期間では頂上決戦のスプリンターズSでも、3年中2年で異例中の異例ともいえる後傾ラップ戦が繰り広げられていました。

大　臣　15年の前半3Fは34秒1。これはスプリンターズSが今の時期に行われるようになってから最も遅いラップ。この年の勝ち馬はストレイトガール。前半3Fが2番目に遅い年が17年で33秒9。16年もけっこう遅いほうで33秒4。この16、17年と連覇したのがレッドファルクス。

キムラ　そこからの揺り戻しが始まったのが18年で、以降のスプリンターズSでは4年中3年で前傾度の強いレースになったワケです。

大　臣　20年は前半3Fが32秒8、後半3Fが35秒5。これはスプリンターズSが今の時期に行われるようになってから、良馬場では最も遅い上がり。前後半3Fの差が2秒7というのも良馬場では最も前傾でした。勝ち馬はグランアレグリアでしたが、この年はスプリンターズSとしては珍しい外差し馬場の助けがありました。

キムラ　例年の馬場なら、後半勝負型の前傾度の弱いレースとなっ

中山芝1200mのレースの [年間平均前半3Fラップ（1勝クラス以上/良馬場）]と [スプリンターズS前半3Fラップ]

年	年間平均	スプリンターズS
13年	33.6	32.9（1.4前傾）
15年	34.0	34.1（0.1後傾）
16年	34.0	33.4（0.8後傾）
17年	34.0	33.9（0.2後傾）
18年	33.7	33.0（2.3前傾）
19年	33.7	32.8（1.5前傾）
20年	33.7	32.8（2.7前傾）
21年	33.9	33.3（0.5前傾）

※双方は連動傾向があるので、その年のスプリント戦の潮流を反映するのがスプリンターズSと言えます。14年は新潟開催なので除外

た年では、スプリンターの追走力がスポイルされてマイラーの後半力が幅を利かすことになり、前半突進型の前傾度の強いレースとなった年では、マイラーが追走力不足に陥ることでスプリンターが幅を利かすことになります。好走馬の顔触れが全く異なるというのが大きなポイントです。

大 臣 要は、スプリンターズSはSペースだとマイラー向き、Hペースだとスプリンター向きになると。今年のスプリンターズSはどういう流れになると予測してるの？

キムラ 今年の中山芝1200mのレース平均前半3F（1勝クラス戦以上／良馬場のみ）は33秒4。実はこれ、近年では最も速いペースを刻む傾向となっています。

大 臣 へえ、そうだったんだ。

キムラ 馬場の速さ自体は昨年のほうが速かったので、純粋に騎手が前半から飛ばすレースが流行しているという見方ができます。ですので、その延長線上にあるスプリンターズSでも同様に前傾、もしくは超前傾ラップ戦となるはずです。そこではマイルを守備範囲としていないような、"生粋のスプリンター"こそ買うべき存在といえるでしょう。

大 臣 要は「シュネルマイスターは危ないぞ」と言ってるわけね（笑）。

キムラ 今年はマイラーが追い込めるレースにはならないのでは。シュネルマイスターはグランアレグリアのようにはいかないと思います。

2022年10月2日 中山11R
スプリンターズS（GI）　芝1200m良 16頭立て

着	馬名	性齢	斤量	タイム	前走	位置取り	人気
1	**1**②ジャンダルム	牡7	57	1.07.8	北九州記念(G3)9人17着	3-2	8
2	**4**⑦ウインマーベル	牡3	55	1.07.8	キーンランドC(G3)2人2着	8-9	7
3	**3**⑥ナランフレグ	牡6	57	1.08.0	安田記念(G1)12人9着	13-12	5
5	**5**⑨ナムラクレア	牝3	53	1.08.0	北九州記念(G3)1人3着	7-6	2
9	**8**⑮シュネルマイスター	牡4	57	1.08.3	安田記念(G1)2人2着	11-12	3
14	**7**⑬メイケイエール	牝4	55	1.08.7	セントウルS(G2)1人1着	4-4	1

単勝2,030円　複勝470円 510円 560円　枠連3,430円　馬連15,340円
ワイド3,100円 3,550円 2,960円　馬単36,640円　三連複50,590円　三連単468,950円

回顧　スプリンターズS　　　　　　　　2022/10/06 掲載

中山芝は最終週がいちばん
内有利な馬場だった!

大　臣　スプリンターズSは、キムラ君も僕も◎ジャンダルムで馬券もばっちりだったね。枠の並びを見たら、真ん中より外の馬は道中ずっと外を回されそうで、いまの中山芝では厳しいなと思った。

キムラ　この結果は中山芝が内有利な馬場だったというのが非常に大きかったですね。今開催の中山で最終週の先週がいちばん内有利な馬場でした。それは昨年も同様で2年連続です。

大　臣　スプリンターズSは、グランアレグリアが勝った20年が外差し馬場だったけど、この年は芝が深く開幕週から時計がかかっていて例外。今年、21年、19年、18年とずっと超高速で内有利な馬場。「スプリンターズSは内枠の先行馬有利」というのはもうデフォルトと言っていいのではないか。

キムラ　そうですね。

大　臣　ジャンダルムは中山の内枠巧者で、最近の成績を見れば休み明けをひと叩きして2戦目が勝負というのが明らかな馬。それが1

枠2番の絶好枠を引き、あとは真ん中より内の枠で前に行きそうな
テイエムスパーダ、ダイアトニック、ウインマーベルの3頭に黙っ
て流した。

キムラ　メイケイエール、ナムラクレア、シュネルマイスターの人
気3頭がみな真ん中より外の枠に入ったのも大きかったですね。

2022/10/06 掲載

京都大賞典 真格言

京都長丁場はディープ系とステゴ系↔阪神長丁場はディープ系とキンカメ系（特にキンカメ直仔）

阪神芝2400m

大臣 京都大賞典は23年から京都に戻るけど。ここは阪神芝2400mで狙うべき血統は、というテーマだね。

キムラ 今の日本競馬の芝長距離路線において、二大勢力を形成するのはディープインパクト系とステイゴールド系。それに次いでキングカメハメハ系とハーツクライ産駒、ハービンジャー産駒が続くという構図となっています。

それらの中で、施行コース替わり（京都→阪神）が総じてプラスに働くのはキングカメハメハ系とハーツクライ産駒で、逆にマイナスに働くのはステイゴールド系とハービンジャー産駒。どちらでも問題なく優位は揺らがないのがディープインパクト系と見ています。

大臣 要するに、芝長距離戦では京都でも阪神でも中心はディープ。阪神ではステイゴールド系、ハービンジャーを下げ、キンカメ系、ハーツクライを上げると。

キムラ 京都と阪神の芝長距離戦で好走血統がガラリと入れ替わる要因としては、坂に対する適性が挙げられます。総じて下り坂での走りが苦手なハーツクライ産駒は、下り坂の攻略が鍵になる京都が最も相性の悪いコースになっており、逆に下り坂での走りが得意なステイゴールド系とハービンジャー産駒は、京都が最も相性の良いコースになっています。また、急坂が得意なキングカメハメハ系は、直線急坂の阪神が相性の良いコースになっており、それぞれのコース適性が如実に反映されているものと考えられます。実際に、昨年

京都芝2400m以上の種牡馬別成績 (19〜22年京都大賞典前週まで)

種牡馬	着別度数	勝率	連対率	複勝率	単回収	複回収
ディープインパクト	13-7-7-44/71	18.3%	28.2%	38.0%	81	80
オルフェーヴル	5-2-3-14/24	20.8%	29.2%	41.7%	60	147
ハービンジャー	3-5-5-3-10/21	14.3%	38.1%	52.4%	480	190
ステイゴールド	3-3-4-15/25	12.0%	24.0%	40.0%	46	114
ダンカーク	3-0-0-3/6	50.0%	50.0%	50.0%	140	61
ハーツクライ	2-3-2-29/36	5.6%	13.9%	19.4%	50	58
キングカメハメハ	1-1-3-16/21	4.8%	9.5%	23.8%	7	32
ルーラーシップ	0-5-1-18/24	0%	20.8%	25.0%	0	50

阪神芝2400m以上の種牡馬別成績 (19〜22年京都大賞典前週まで)

種牡馬	着別度数	勝率	連対率	複勝率	単回収	複回収
ディープインパクト	10-13-12-70/105	9.5%	21.9%	33.3%	80	81
ハーツクライ	8-7-9-61/85	9.4%	17.6%	28.2%	88	65
オルフェーヴル	8-6-5-37/56	14.3%	25.0%	33.9%	72	59
ルーラーシップ	7-4-7-58/76	9.2%	14.5%	23.7%	71	67
エピファネイア	6-3-4-19/32	18.8%	28.1%	40.6%	370	115
キングカメハメハ	5-8-5-30/48	10.4%	27.1%	37.5%	62	102
ハービンジャー	1-3-5-33/42	2.4%	9.5%	21.4%	2	36

※同じ関西圏の芝中長距離でも走る血統は大違いで "出し入れ" が有効

から阪神の長丁場コースで代替施行された天皇賞春と菊花賞と京都大賞典は、阪神で評価が上がるキンカメ系と、両刀使いのディープ系ばかりが上位入線馬に名を連ねています。

- ▶21年天皇賞春＝1着ディープ産駒、2着ディープ系、3着ディープ産駒、4着母父ディープ
- ▶21年京都大賞典＝1着ディープ産駒、2着母父ディープ、3着キンカメ系×母父ディープ

- ➼ 21年菊花賞＝1着キンカメ系、2着母父ディープ、3着母父ディープ、4着母父ディープ、5着ディープ産駒
- ➼ 22年天皇賞春＝1着キンカメ系、2着ディープ系、3着キンカメ系、4着キンカメ産駒

キムラ 特に、22年の天皇賞春では、例年の京都開催時には危険血統とされるキンカメ系が猛威を振るって、逆に激走血統とされるステイゴールド系が軒並み下位に沈みました。これぞまさに京都と阪神で好走血統がガラリと変わるという証左です。

またキンカメ産駒については、かつては短めの距離を主戦場としており今でもそのイメージが残っているかと思いますが、実は晩年の産駒の芝平均勝利距離はゴールドシップ産駒やハービンジャー産駒など長距離砲と言われる種牡馬よりも更に長い距離となっています。

2022年10月10日 阪神11R
京都大賞典（GⅡ） 芝2400m稍重 14頭立て

着	馬名	性齢	斤量	父	母父	位置取り	人気
1	6 ⑩ ヴェラアズール	牡5	56	エイシンフラッシュ	クロフネ	10-10-11-10	2
2	2 ② ボッケリーニ	牡6	57	キングカメハメハ	ダンスインザダーク	5-5-6-7	1
3	7 ⑪ ウインマイティー	牝5	54	ゴールドシップ	カコイーシーズ	7-7-8-7	3
4	3 ④ ヒンドゥタイムズ	セ6	56	ハービンジャー	ディープインパクト	7-7-6-4	5
5	5 ⑧ ディアスティマ	牡5	56	ディープインパクト	Street Sense	2-2-2-2	9

単勝740円 複勝230円 140円 230円 枠連960円 馬連1,250円
ワイド510円 1,170円 560円 馬単2,890円 三連複3,000円 三連単14,890円

競馬 "真" 格言

キンカメも強いが
父か母父ディープも強い阪神芝2400m

大　臣　京都大賞典は人気馬同士の決着だったけど、阪神芝2400m
で評価を上げるべきと推奨したキンカメ産駒のボッケリーニが2着。
1着はキンカメと同じキングマンボ系のヴェラアズールでした。

キムラ　ディープは阪神でも京都でも芝2400mで狙い目という話も
しました。4着は母父がディープ、5着は父がディープ。上位5頭中3
頭が推奨した血統でした。

大　臣　ボッケリーニは日経賞、目黒記念に続いてまた内をロスな
く回って来るという立ち回りのうまさで好走。

キムラ　ボッケリーニってそういう馬ですよね。全兄のラブリーデ
イもよく展開に恵まれてるなと思ってるうちにいつの間にか強くな
ってましたけど。その点はボッケリーニも似ています。よく恵まれ
るというのは、いつも良いポジションを取れる器用さがあり、それ
も能力の一部になりますので。

大　臣　そういう器用さがキンカメ産駒の強みでもあるよね。

ここも
大事

いまやキングカメハメハは
長距離血統

エリザベス女王杯 真格言

牝馬の中距離重賞の特注血統が阪神だと更に激走率UPで単穴を量産

阪神芝2200m

キムラ 以前にも取り上げましたが、近年(17年以降)の距離2000m以上における牝馬限定重賞の種牡馬別成績を見ての通り(※P19、22年秋華賞の回を参照)、現代のトップに君臨する種牡馬(つまり一般的なレースで強い種牡馬)であるディープインパクトの産駒は意外にもトップ10圏外にとどまっており、それに次ぐ立ち位置のハーツクライとロードカナロアの産駒については、ともに回収率10%台という極端に振るわない成績になっています。

　逆に、この距離条件で強い特注血統としては、ステイゴールド系種牡馬の産駒、キンカメ産駒、ハービンジャー産駒とキズナ産駒が挙げられます。

大　臣 2000m以上の牝馬限定重賞の特注血統は「ステゴ系・キンカメ系・ハービンジャー・キズナ」。これはもうセットで暗記しておこう。

キムラ 実際に、ローズSでは人気2頭に次いで、人気薄ながら3着に食い込んだエグランタインはキズナ産駒でした。秋華賞を勝ったスタニングローズはキングカメハメハ産駒で、2着ナミュールはハービンジャー産駒。そして超人気薄ながらも4着に食い込んだメモリーレゾンはオルフェーヴル産駒でした。

　ここまではおさらい的な話でしたが、特にタフさが問われる阪神においては、さらに特注血統の威力が増すという話を追加します。

大　臣 「ステゴ系・キンカメ系・ハービンジャー・キズナ」が阪神

だと更に猛威を振るうわけね。

キムラ 阪神で行われた21年のエリザベス女王杯はキズナ産駒のアカイイトが10番人気1着。同じくキズナ産駒のステラリアが7番人気2着。通常の年に、唯一阪神コースで行われる牝馬中長距離重賞のマーメイドSでは、17年はキンカメ産駒のマキシマムドパリが3番人気1着、19年はオルフェーヴル産駒のサラスが7番人気1着、20年はハービンジャー産駒のサマーセントが7番人気1着、21年はキズナ産駒のシャムロックヒルが10番人気1着、22年はゴールドシップ産駒のウインマイティーが10番人気1着でした。唯一、勝ち馬を輩出できなかった18年にしても、ステイゴールド産駒のワンブレスアウェイが9番人気2着&ミエノサクシードが4番人気3着でした。

　つまり、17年以降の阪神コースの牝馬中長距離重賞では、全10レース中8レースで特注血統馬が勝利しており、しかもその半数超が7番人気以下の人気薄馬でした。

大　臣 ただ、今年のエリザベス女王杯は、除外対象の5頭を除いても、ステゴ系が4頭、キンカメ系が4頭、ハービンジャーが1頭、キズナが1頭で計10頭もいるじゃないか！

キムラ 最近の牝馬中長距離重賞で激走し、賞金を加算してきた特注血統馬が集結した、まさに集大成のレースとなり、該当馬が多すぎるという事態になって困っちゃいました（笑）。

大　臣 該当馬の中から特にオススメというと、どの馬になるの？

キムラ 秋華賞の時と同じになりますけど、内回りに強い高野厩舎というのも加味してスタニングローズになりますね。

大　臣 スタニングローズの唯一の心配はここが秋3戦目ってことだと思うんだけど。通常の秋華賞→エリザベス女王杯は京都→京都だから、秋3戦目でもそんなに気にしないけど、GIで急坂→急坂の連戦になると、かなりきついのでは？

キムラ スタニングローズは紫苑Sでそんなに仕上がってなかったと思うので、まだ余力はあると思います。同じく高野厩舎でもナミュールは間隔を詰めて使うとあまり良くないタイプですね。

2022年11月13日 阪神11R
エリザベス女王杯（GI） 芝2200m重 18頭立て

着	馬名	性齢	斤量	騎手	父	位置取り	人気
1	8 18 ジェラルディーナ	牝4	56	C.デムーロ	モーリス	11-12-11-9	4
2	7 13 ウインマリリン	牝5	56	レーン	スクリーンヒーロー	6-6-5-2	5
2	7 15 ライラック	牝3	54	M.デムーロ	オルフェーヴル	16-17-14-13	12
4	7 14 アカイイト	牝5	56	幸英明	キズナ	18-18-18-15	11
5	6 11 ナミュール	牝3	54	横山武史	ハービンジャー	8-10-8-11	3
14	5 10 スタニングローズ	牝3	54	坂井瑠星	キングカメハメハ	5-5-5-6	2

単勝810円　複勝330円 370円 1,160円　枠連1,410円　馬連1,920円 15,500円
ワイド1,570円 9,180円 8,380円　馬単3,520円 23,140円
三連複90,210円　三連単206,260円 289,250円

回顧　エリザベス女王杯 *2022/11/17 掲載*

重の阪神芝2200mで、
特注血統より外国人騎手が爆発!

大　臣　エリザベス女王杯は、12番人気のオルフェーヴル産駒ライラックが2着同着。11番人気のキズナ産駒・アカイイトが4着。5着は人気だったけどハービンジャー産駒ナミュールで、上位5頭中3頭が特注血統馬。しかも2頭は人気薄だったね。ところでこのレース、キムラ君は外国人騎手狙いで、特注血統じゃない同士のジェラルディーナとウインマリリンの馬連を獲ったんでしょ?

キムラ　あ、すいません。

大　臣　的中したんだから謝ることじゃないよ(笑)。

キムラ　実は木曜の夜に多少葛藤もありつつ、予想を変えたんです。今年のエリザベス女王杯は特注血統馬がたくさんいるという話はしましたよね。だから、そこにあまりこだわり過ぎるのは良くないんじゃないかと思いました。

　特注血統ではない実績馬も結構いた中で、これだけ特注血統の馬が多いと威力も半減するんじゃないかと。それに加えてGIレース

なので、特注血統馬以外でも、実績面で距離適性については証明している馬ばかりでした。牝馬の中長距離レースの集大成と言えるエリザベス女王杯だからこそ特注血統馬と言ってしまいましたが、実際にはその逆で、実績が半端で適性が不明瞭な馬が多く集結する3歳世代限定戦や、古馬でもGⅢ以下のレースでこそ、より効力を発揮するというのが真理だったと思います。

　そこで本格的に雨も降りそうな予報に変わったので、阪神芝2200m（特に渋化馬場時）における外国人騎手の成績の良さに注目して、そちらを重視した予想に変更しました。

大　臣　この連載の第1回で取り上げたのがエリザベス女王杯と同じコースの宝塚記念で、実はその時に外国人騎手の話をしたね。

キムラ　その宝塚記念と似たシチュエーションのレースになるはずと見ました。

大　臣　スタニングローズは14着と大敗。敗因はなんだろう？

キムラ　大臣が危惧していた通り、秋3戦目のローテーションが厳しかった、ということぐらいしか思いつきません。

PICKUP DATA

阪神芝2200mの騎手所属別成績
（15〜22年エリザベス女王杯前週まで）

騎手所属	着別度数	勝率	連対率	複勝率	単回収	複回収
美浦	4-4-3-74/85	4.7%	9.4%	12.9%	43	50
栗東	74-75-78-684/911	8.1%	16.4%	24.9%	81	76
外国	5-3-2-12/22	22.7%	36.4%	45.5%	133	95

※阪神芝2200mでは外国人騎手をベタ買いOK

ここも大事

阪神芝2200m
（特に渋化馬場時）は
外国人騎手が特注

2022/11/17 掲載

マイルCS 真格言

安田記念と非直結の京都マイルCS、安田記念と直結する阪神マイルCS

阪神芝1600m

キムラ 本来、春の安田記念と秋のマイルCSは東京芝1600m⇔京都芝1600mという舞台設定の違いによる要求適性の食い違いから、好走する馬の顔触れはガラリと入れ替わるという"非直結"の傾向がありました。09〜19年までの安田記念で3着以内に好走した馬の同年マイルCS成績は【2-1-1-13】（複勝率23.5%）。同期間のマイルCSで3着以内に好走した馬の翌年安田記念成績は【0-1-2-19】（複勝率13.6%）。ハイレベルな母集団であることも踏まえれば明らかに物足りない成績となっていました。

大 臣 だから、19年にインディチャンプが安田記念とマイルCSの両方を勝った時にはけっこうビックリした。

キムラ 過去10年、同一年にこの両GⅠを勝った馬は、他にモーリスしかいません。

大 臣 00〜08年の間でもダイワメジャーしかいないんだよね。

キムラ 逆に、安田記念で4着以下に凡走した馬の中から同年のマイルCSで連対した馬が、同期間内に下記の通り大挙11頭も誕生しているというのも、非直結性を裏付ける顕著な現象です。

大 臣 マイルCSは23年から京都に戻るからこのことは重要。忘れずにおこう。

キムラ 20〜22年のマイルCSは、京都競馬場の改修工事によって阪神での施行となり、上述した非直結傾向は一転して、直結傾向へと様変わりしました。例えば、これまでに阪神芝1600mの重賞レースで1分32秒台以下の高速時計で勝利した馬は20頭いますが、当該馬の東京芝1600mのGⅠレースでの成績は【4-5-4-23】（複勝率36%）

競馬 "真" 格言

安田記念4着以下で
同年の京都マイルCSを連対した馬 (09〜19年)

年	馬名	安田記念	マイルCS
09年	カンパニー	4着	1着
10年	エーシンフォワード	10着	1着
12年	サダムパテック	9着	1着
13年	ダイワマッジョーレ	9着	2着
14年	フィエロ	8着	2着
14年	ダノンシャーク	4着	1着
15年	フィエロ	4着	2着
16年	イスラボニータ	5着	2着
17年	エアスピネル	5着	2着
18年	ペルシアンナイト	6着	2着
19年	ダノンプレミアム	16着	2着

※マイルCSでは安田記念好走馬よりも安田記念凡走馬のほうが高好走率という逆転現象が狙い所

と好成績を残しているのに対して、京都芝1600mのGⅠレースでの成績は【0-0-0-9】と壊滅的でした。

このことからも、阪神芝1600mを高速時計で乗り切るという資質は、京都芝マイルよりも東京芝マイルのほうに通じるモノがあると言えます。つまりは、マイルCSが京都芝1600mから阪神芝1600mへと舞台設定が変わったことで、東京芝1600mで行われる安田記念に一気に近づいたという見方ができます。

いわば「東京の安田記念≒阪神のマイルCS≠京都のマイルCS」という構図で、その後の阪神のマイルCSと東京の安田記念では、上位の顔触れが極端に似かよるという決着が続いています。

➡ **20年マイルCS**
　1着　グランアレグリア／安田記念1着
　2着　インディチャンプ／安田記念3着

➡**21年マイルCS**
　1着　グランアレグリア／安田記念2着
　2着　シュネルマイスター／安田記念3着

大　臣　ということは、今年は安田記念1着のソングラインの出走がないので、2着シュネルマイスター、3着サリオスが繰り上がってワンツー、という確率が高いのかな？

キムラ　そうですね。安田記念の上位勢をそのまま評価するというのが、阪神マイルCSの的中への最短ルートになると見ます。

　また、安田記念に限らずとも、東京芝1600mのGⅠレースの上位勢についてもポジティブな評価をすべきということになります。となると、NHKマイルC勝ち馬のダノンスコーピオン、ヴィクトリアマイル勝ち馬のソダシも加えた4頭が有力。人気馬ばかりになってしまうんですが、マイルCSは有力馬を絞って獲れるレースだと思います。

大　臣　NHKマイルCで2、4着のマテンロウオリオンとセリフォスはどう？　富士Sのセリフォスはダノンスコーピオンより斤量が2キロ軽かったので、同斤量の今回は逆転される可能性が高そうだけど。

キムラ　富士Sのセリフォスは、ダノンスコーピオンより後ろから行って追い込みが見事に決まりましたよね。今の東京芝は、とにかく速い上がりの使える追い込み馬の激走がよく見られます。ただ、そうやって好走した馬は、他の競馬場に替わると二番が利かないんですよ。エリザベス女王杯でも、府中牝馬Sを追い込んで勝ったイズジョーノキセキが凡走しましたよね。NHKマイルCを追い込んで2着だったマテンロウオリオンもスワンSで凡走しました。東京芝1600mのGⅠで好走歴があっても、セリフォスとマテンロウオリオンの追い込み馬2頭は、阪神では危ないと思います。

2022年11月20日 阪神11R

マイルCS（GI） 芝1600m良 17頭立て

着	馬名	性齢	斤量	騎手	同年の安田記念	位置取り	人気
1	5 ⑩ セリフォス	牡3	56	レーン	5人4着	14-13	6
2	2 ③ ダノンザキッド	牡4	57	北村友一	7人6着	7-9	8
3	3 ⑥ ソダシ	牝4	55	吉田隼人	–	4-4	2
5	2 ④ シュネルマイスター	牡4	57	ルメール	2人2着	9-9	1
10	1 ① マテンロウオリオン	牡3	56	横山典弘	–	11-12	10
11	8 ⑮ ダノンスコーピオン	牡3	56	川田将雅	–	6-6	4
14	3 ⑤ サリオス	牡5	57	ムーア	8人3着	11-13	3

単勝920円 複勝330円 520円 220円 枠連1,410円 馬連11,870円
ワイド2,980円 1,170円 2,240円 馬単19,920円 三連複20,530円 三連単142,650円

回顧 マイルCS　　　　　　　　　*2022/11/24 掲載*

中内田厩舎でも異質のセリフォスが レーン騎手で快勝!

大　臣　マイルCSはセリフォスが鮮やかな追い込みを決めました。4角まで最後方でじっとして直線で末脚爆発。なるほどこういう乗り方で勝ち切るのか、と唸ったけど、この快勝は外国人騎手に乗り替わったのが大きかったのかね?

キムラ　そう思いますね。前任騎手(福永騎手、藤岡佑介騎手)からの鞍上強化の幅が大きかったです。レーン騎手は、芝重賞でディープインパクト産駒以外に乗ると【10-6-2-12】で複勝率が6割。ほとんど持ってきています。先週のエリザベス女王杯2着・ウインマリリンもそうでしたね。ディープインパクト産駒だと人気馬ばかりなのに【0-1-1-10】と勝ちがなくて複勝率が2割もないんですが。

大　臣　そこはレーン騎手の大事なポイントだね。

キムラ　それとセリフォスは中内田厩舎の馬としてもちょっと異質なんですよ。この厩舎の馬は、休み明け(前哨戦)に強くて、2戦目(本

番)で着順を落とすケースが大半でした(2歳戦を除く、重賞レースの3着内好走馬の次走連戦時で上昇した例は過去に一度も無かった)。その理論を優先して軽視してしまいましたが、確かにセリフォスは2歳秋も3歳春も3歳秋も、3シーズン続けて休み明け初戦よりも2戦目でパフォーマンスを上げているので。そういう個体と見るべきでしたね。あとは中内田厩舎が休み明けや前哨戦で強かったのは、開業当初からそういう方針をとっていたからに過ぎませんので、確固たる地位を築いた今後はそういう傾向は薄れていくはずですし、現時点でもかつてほどは極端ではなくなっています。

レーン騎手は重賞で
ディープインパクト産駒
騎乗時は全く振るわず。
逆にそれ以外に乗ると
驚異的な好走率

ここも
大事

競馬 "真" 格言

ジャパンCの外国馬の取捨は "中立地"での実績の有無がポイント

東京芝2400m

キムラ　ジャパンCは、その創設当初は外国馬が圧倒的優勢でしたが、98年からは形勢一変して日本馬が優勢となりました。そして09年にウオッカが日本の牝馬として初優勝して以降は、牝馬の活躍が顕著となり、14年にエピファネイアが6年振りに牡馬として1位入線を収めて以降は、牡馬のやや優勢に揺り戻されて今に至る、というのが大まかな歴史的な流れです。

　牝馬が09年から5年連続で1位入線していた時期のジャパンCは、軒並み上がり3F33秒台→上がり1F11秒台の決め手比べになり、"牝馬のキレ"が物を言う決着になっていました。その風向きが変わったのが14年で、それ以降、レースの上がり3Fと勝ち馬の上がり3Fは1秒以上かかるようになりました。また、上がり1Fタイムもほぼ毎年12秒台までかかるようになり、それが体力と馬力で勝る牡馬の巻き返しに繋がっているものと考えられます。

　体力と馬力も問われるようになっているというレースの方向性からは、外国馬にとっても数年前よりはノーチャンスではないジャパンCになっている、という見方もできます。

大　臣　でもジャパンCで外国馬はもう10年以上、馬券になってないよね。

キムラ　06年にウィジャボードが3着したのが最後ですね。勝ったのは05年のアルカセットが最後です。

大　臣　だったら単純に「ジャパンCで外国馬は黙って消し」というのはちょっと乱暴?

キムラ　そうですね。

大　臣　じゃあ、どういう馬なら買いなの？

キムラ　05年以降の外国馬の出走は全61頭いましたが、その中で日本競馬と親和性の高い地域（アメリカ・香港・ドバイ）でのGⅠ連対実績有りの馬は15頭のみ。さらに、その中でダート競馬が主流で、芝馬のレベルが低いアメリカ産馬とカナダ産馬を除くと9頭のみ。ヨーロッパ生産馬でありながら、日本競馬と親和性の高い地域でのGⅠ連対実績有りという、能力と適性を兼ね備えた出走馬は、全9頭中4頭が掲示板内入線を果たしています（好走パターン）。逆にそれに該当しない馬は、52頭中2頭しか掲示板内入線を果たせていません（凡走パターン）。

日本競馬と親和性の高い地域（アメリカ・香港・ドバイ）でのGⅠ連対実績があった馬のジャパンC成績（05年以降）

年	馬名	着順	年	馬名	着順
05年	ウィジャボード	5	09年	インターパテイション	14
05年	ベタートークナウ	12	09年	マーシュサイド	17
05年	キングスドラマ	16	11年	ミッションアプルーヴド	14
06年	ウィジャボード	3	13年	ドゥーナデン	5
06年	フリードニア	7	14年	アップウィズザバーズ	16
07年	アルティストロワイヤル	8	21年	ジャパン	8
09年	コンデュイット	4	21年	ブルーム	11
09年	ジャストアズウェル	7			

⇒該当馬は15頭中4頭が掲示板内入線　⇒非該当馬は52頭中2頭が掲示板内入線
※馬名白抜きはヨーロッパ生産ではない馬（アメリカ産、カナダ産）。ヨーロッパ生産の該当馬に限れば9頭中4頭が掲示板内に入線している

　今年の外国馬の出走予定はオネスト、グランドグローリー、シムカミル、テュネスの4頭ですが、全てそれをクリアしておらず掲示板外率94%の凡走パターンに属する馬になります。

大　臣　要は、今年もジャパンCの外国馬は消しでいいよと。最後に一つキムラ君に聞きたいんだけど、最近の東京芝は極端に内有利な馬場になることはほとんどないと言ってるよね。でも、ジャパンCは相変わらず内枠が圧倒的に有利なんだよね。これはどういうこと？

キムラ　それは偶然に強い馬が内枠に入ってるからじゃないですか？　例えば過去5年、1、2枠で3着以内に来た馬を挙げると、シュヴァルグラン、レイデオロ、キタサンブラック、アーモンドアイ（2回）、カレンブーケドール、ワグネリアン、そして去年のコントレイルとシャフリヤール。このメンツを見ると内枠有利な馬場とはどうしても思えないんですよ。

大　臣　なるほど。じゃあ、ジャパンCで1枠か2枠に入った人気薄で無理やり穴を狙わなくてもいいんだね。

2022年11月27日　東京12R
ジャパンC（GI）　芝2400m良 18頭立て

着		馬名	性齢	斤量	タイム	父	位置取り	人気
1	3⑥	ヴェラアズール	牡5	57	2.23.7	エイシンフラッシュ	11-9-10-10	3
2	7⑮	シャフリヤール	牡4	57	2.23.8	ディープインパクト	12-14-14-12	1
3	2③	ヴェルトライゼンデ	牡5	57	2.23.8	ドリームジャーニー	5-5-5-4	4
6	3⑤	グランドグローリー	牝6	55	2.24.3	Olympic Glory	8-10-12-12	14
7	1②	オネスト	牡3	55	2.24.4	Frankel	8-6-7-10	6
9	4⑦	テュネス	牡3	55	2.24.7	Guiliani	15-15-16-16	7
15	1①	シムカミル	牡3	55	2.25.3	Tamayuz	4-3-3-4	11

単勝450円　複勝160円 140円 240円　枠連470円　馬連940円
ワイド380円 560円 530円　馬単1,920円　三連複2,360円　三連単9,850円

回顧　ジ　ャ　パ　ン　C　　　　　　　*2022/12/01 掲載*

鞍上ムーア騎手で、エイシンフラッシュ産駒がまさかのGI制覇

大　臣　ジャパンCは真格言通り、今年も外国馬は馬券にならず、6、7着まで。まったく勝負にはなってなかった。

キムラ　毎年、5～7着まではよく来るんですよね。しかも一旦置かれて直線でジリジリ盛り返すというレースぶりもだいたい同じ。

大　臣　香港、ドバイ、北米の芝で好走歴のない欧州のGI馬が日

本の馬場で走ると、ここらへんが限界なのかね。それから、キムラ君の本命はシャフリヤールだったんだね。

キムラ 買いの状況証拠が揃ってましたよね。藤原調教師は秋天よりジャパンCを狙っていると公言していました。シャフリヤールは2000mより2400m向きという見解で、賞金を考えてもジャパンCのほうに軸足があるのは当然ですよね。天皇賞秋は余裕残しの仕上げだったと思うんですけど、今回はひと叩きで馬体も絞れて良化していました。ただ、勝ったヴェラアズールは買ってませんでした。一応4番手評価だったので、そこまで軽視したつもりではないのですが、『競馬予想TV!』では「エイシンフラッシュ産駒がGⅠで来るわけがない」というような見解を言ったら、思いのほか盛り上がってしまい。

大 臣 僕も同じ理由で消しました。

キムラ 実は、エイシンフラッシュ産駒は、繁殖牝馬にもけっこう恵まれた時期があったんですよ。ダイワスカーレットに付けられたりしましたし、その年の種付け頭数の多さが3位だったこともありました。それでも産駒の成績が振るわなくて、ヴェラアズールが出るまでは芝重賞レースで【1-1-1-75】とかなり不振でした。ヴェラアズールは、エイシンフラッシュ産駒が芝重賞で馬券になった4頭目の馬で、それがGⅡ→GⅠと一気に連勝してしまったんです。

大 臣 やっぱり今回はムーア騎手の力が大きかったのかね？

キムラ それが正解だと思います。

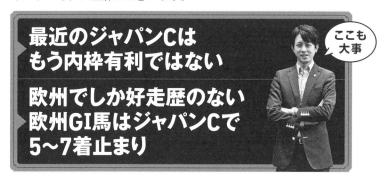

最近のジャパンCは
もう内枠有利ではない

欧州でしか好走歴のない
欧州GI馬はジャパンCで
5〜7着止まり

ここも
大事

21年秋以降の中京と地方以外の ダート中距離重賞は、全て差し有利・ 外有利決着に。中京と地方⬌ それ以外の出し入れがポイント

中京ダ1800m

キムラ　ダートレースは基本的に先行有利と言われていますが、実際に、18年の中央ダート中距離重賞では、9レース中8レースで4角4番手以内の馬が勝利。19年は8レース中5レースで4角4番手以内の馬が勝利。20年も8レース中5レースで4角4番手以内の馬が勝利。21年は10月シリウスSまでの6レース中6レースで4角4番手以内の馬が勝利。やはり強い馬にとっては前目の位置取りから押し切る形というのが最も勝ちやすい戦法でした。

　しかし、21年秋を境に地殻変動が起こり、特に中京コース以外のレースでは急激に逃げ先行馬が残りづらくなり、差し追い込み馬の上位進出が際立っているというのが最新トレンドとなっています。

大臣　あ、ホントだね。21年秋以降の「中京以外」の中央ダート中距離重賞レースでは差し馬の勝ちが目立ってきた。

キムラ　その一方で、JRAで唯一その限りではなく、先行有利のパターンと差し有利のパターンが混在しているのが中京であり、また、依然として多くのケースで先行有利のパターンとなっているのがNAR（地方競馬）となっています。

　そこで有効となってくるのが、中京以外のレースでの先行失速馬を中京 or 地方コースで狙い撃つという手法です。

　実際に、昨年のチャンピオンズCでは、前走みやこSで逃げて3着止まりだったアナザートゥルースが先行し14番人気3着に激走。今年の平安S（中京開催）では、前走アンタレスSで早め先頭から5着止

ダート中距離重賞勝ち馬と脚質の一覧(21〜22年チャンピオンズC前週まで)

年	レース名	開催	距離	馬名	2角	3角	4角
21年	東海S	中京	1800	オーヴェルニュ	3	2	2
	マーチS	中山	1800	レピアーウィット	3	3	3
	アンタレスS	阪神	1800	テーオーケインズ	6	5	2
	平安S	中京	1900	オーヴェルニュ	3	2	2
	レパードS	新潟	1800	メイショウムラクモ	3	2	2
	シリウスS	中京	1900	サンライズホープ	3	2	2
	みやこS	阪神	1800	メイショウハリオ	10	9	9
	チャンピオンズC	中京	1800	テーオーケインズ	5	6	6
22年	東海S	中京	1800	スワーヴアラミス	10	7	8
	マーチS	中山	1800	メイショウハリオ	14	11	8
	アンタレスS	阪神	1800	オメガパフューム	12	12	11
	平安S	中京	1900	テーオーケインズ	3	4	4
	レパードS	新潟	1800	カフジオクタゴン	8	7	5
	シリウスS	中京	1900	ジュンライトボルト	7	7	7
	みやこS	阪神	1800	サンライズホープ	12	11	8

※差し有利が最近のダート中距離重賞のトレンド

まりだったケイアイパープルが先行し7番人気2着に激走。地方のマーキュリーCでは、アンタレスSで先行して15着大敗だったバーデンヴァイラーが再度先行する形で2番人気1着。浦和記念では、前走みやこSで先行して15着大敗だったアイオライトが逃げる形で7番人気3着に激走しました。

大　臣　中京のダートは1400mだと差しもけっこう決まるけど、1200mも1800mも1900mも基本的に前が有利だよね。

　差し・追い込み馬の好走はだいたい内々をロスなく回って来た馬。ずっと外々を回らされると直線で伸びを欠いてしまう。だから、チャンピオンズCの好走馬も、逃げ・先行馬か、内枠から内をロスなく回ってきた差し・追い込み馬がほとんど。今年の出走馬だと3歳のハピが内をロスなく回って来れる差し馬だよね。

キムラ　そうですね。レパードSでもシリウスSでもみやこSでも、

ずっとそういう競馬をしていました。

大　臣　去年のチャンピオンズCは、1着テーオーケインズ、2着チュウワウィザードで、現・左回り2ターンの最強馬と、前・左回り2ターンの最強馬によるワンツーだったと思ってるんだけど、3、4着はアナザートゥルース、インティで人気薄の先行馬。ちなみに、インティは20年も2頭並走で逃げて10番人気3着。19年は単騎逃げで3着。インティに限らずチャンピオンズCの逃げ馬は人気薄でも毎年のように好走してる。

キムラ　ただ、今年はこれといった逃げ馬がいないんですよね。

大　臣　でも先行馬は多いから外枠に入ってしまうと好位を取るのに苦労しそう。狙ってる馬は真ん中より内の枠に入って欲しいところ。テーオーケインズが8枠に入るとか、よっぽどのことがない限り、今年も軸は堅いと思うけど。

キムラ　う～ん……。

大　臣　何かよっぽどのことがある？

キムラ　この馬、状態を整えるのが難しいみたいで。今回は1週前追い切りの段階で陣営が「状態が上がってきている状態」という、1番人気が予想される馬としてはちょっと心もとないコメントです。

大　臣　なるほど。

キムラ　今回はちょっと危うさを感じてます。それと中京ダートについて注意しておきたいことがあって。もしかすると今開催は内有利の馬場ではない可能性もあることです。

大　臣　なぜか1年前の冬から今年の春にかけて急に外差し有利な馬場になってたよね。

キムラ　そうなんですよ。去年のチャンピオンズCの日も普段の中京ダートに比べれば差しがけっこう決まっていました。

大　臣　東海Sをスワーヴアラミスが大外から差し切った時も、外差しがよく決まる馬場だった。

キムラ　秋にはいつも通りの馬場に戻ってたんですけどね。

大　臣　冬～春にかけては、楽な手応えで直線を向いた逃げ・先行

馬がバタバタ止まっていた。あれは内の砂が深かったとしか思えなかったけど。

キムラ それ以外に考えられないですよね。今年も冬場になって、またああいう馬場になってなければいいんですが。

2022年12月4日 中京11R
チャンピオンズC（GI）　ダ1800m良 16頭立て

着	馬名	性齢	斤量	騎手	タイム	位置取り	上がり	人気
1	③⑤ ジュンライトボルト	牡5	57	石川裕紀人	1.51.9	9-9-8-10	36.2	3
2	⑤⑩ クラウンプライド	牡3	56	福永祐一	1.51.9	2-2-2-2	36.7	4
3	②③ ハピ	牡3	56	横山典弘	1.52.1	3-3-4-4	36.7	6
4	⑥⑫ テーオーケインズ	牡5	57	松山弘平	1.52.2	6-6-4-4	36.8	1

単勝790円　複勝260円 360円 400円　枠連2,180円　馬連4,850円
ワイド1,330円 1,290円 1,920円　馬単10,130円　三連複14,020円　三連単81,360円

回顧 チャンピオンズC　　　　　　　　*2022/12/08 掲載*

1番人気テーオーケインズは
外枠と重い馬場にも苦戦

大臣 単勝1.5倍の圧倒的1番人気だったテーオーケインズは4着。キムラ君から本調子にないのではという指摘があったけど、有力馬の中でいちばん外目の枠に入ったのを見て本命は打たなかったよ。

キムラ それと先週の中京ダートは時計がかかってましたね。テーオーケインズは軽い馬場が得意ですからそれもマイナスでした。

大臣 他のレースも軒並み時計が遅くて。チャンピオンズCは去年より勝ち時計が2秒2も遅かった。前半のペースも遅かったんだけど、それでも前半4Fまでは去年より0秒5しか遅くなかった。これ以降、去年よりどんどんペースが遅くなったのに、上がりも去年より0秒9も遅かったのが不思議だったけど、それぐらい時計のかかる馬場だった。

キムラ 1年前に比べたらかなり時計のかかる馬場でした。

大　臣　結局、テーオーケインズはあまりスタートが良くなくて、6枠からずっと外を回されると最後にタレる。あれが中京ダートのデフォルト。ハピのように内枠の利を活かして、内をロスなく回っての好走も中京ダートではよく見られるものだし。まあ、先行するとは思わなかったけど。結局、2〜5着はみな先行馬、真格言もそんなに間違ってなかったよね。

キムラ　そうですね。最近のダート中距離重賞では差し馬と外を通った馬の好走が多いのがトレンドですが、相変わらず中京では先行馬と内を通った馬の好走が多いですね。

ここも
大事

21年の12月以降、
冬の中京ダートは
外差し有利な馬場に

2022/12/08 掲載

阪神マイルGIレースでは 東京マイル実績に着目

阪神芝1600m

キムラ　阪神JFは2歳牝馬にとって、(事実上)唯一最大の栄誉ある頂上決戦たるレースという位置付けで、その時点で出走可能な収得賞金を獲得した馬は軒並み歩を進めてくるのが一般的です。それ故に、早期に賞金を積みやすい短距離実績馬の出走割合が高くなり、レースも前走までに短い距離で先行していたようなスピードに秀でた短距離系馬の先導によりペースが流れがちです(近10年でHペース3回、Mペース6回、Sペース1回)。

　一口に阪神芝1600mコースと言っても様々。前哨戦というレースの立ち位置からSペース率が高いチューリップ賞などではまた話が違ってきますが、一貫してペースが流れてスピード持続力勝負の色合いが強い阪神JFの場合には、真格言の通り、東京芝1600mコースでのパフォーマンスとの相関関係が強く働く可能性が高いと言えます。

大　臣　阪神芝1600mのGIは東京芝1600mのGIと直結する、という話はマイルCSの時にもしたよね(P90参照)。

キムラ　今年の阪神マイルCSは、単純に阪神マイルGI好走実績馬のワンツースリー決着でしたが、昨年と一昨年の阪神マイルCSの好走馬6頭中5頭は、安田記念 or NHKマイルCの東京マイルGI好走実績馬でした。この通り、阪神芝1600mコースを高いレベルの高速時計で乗り切るという資質は、東京芝1600mコースで求められるモノと通じる部分が大きく、両コースで行われるレースは直結しやすいということが言えます。

　14年から阪神で施行されるようになった朝日杯FSについても、

13年以前は振るわなかったものの、14年以降からは前走東京芝1600m組(好走馬)が一大勢力を築いています。そして、この阪神JFにおいても、近8年だと前走東京芝1600m組(好走馬)が好走馬のちょうど半数を占めるに至っています。

大　臣　東京芝1600m組を具体的に言うと、アルテミスSの連対馬。これが阪神JFでは圧倒的に強いってことだよね。14年にアルテミスSがGⅢになって以降、連対馬が阪神JFで馬券にならなかったのは19年のみ。ただ、この年は、同じく東京芝1600mのサウジアラビアロイヤルCの連対馬クラヴァシュドールが馬券になってた。

キムラ　19年は、アルテミスSを勝ったリアアメリアが阪神JFで1番人気6着だったんですけど、実はこの年のアルテミスSは9頭立ての少頭数で、前半3Fが36秒3と遅いペースでした。今年のアルテミスSは35秒8、アルテミスSとしてはそんなに速くもないけど、19年ほど遅くない。少なくとも今回のメンバーが出走していた東京芝1600mのレースの中では、これでも最も速いペース(前後半ラップ差)のレースでした。

大　臣　今年の阪神JFの登録馬には、東京芝1600mの勝ち馬が7頭いる。その7レース中、もちろんアルテミスSは勝ち時計が最速で、前半3Fも最速。ちなみに、赤松賞は前半3Fが37秒3、勝ち時計が1分36秒8。今年はレベルが高くなさそう。

キムラ　ということで、アルテミスSの連対馬のラヴェルとリバティアイランドは信頼できると思います。

2022年12月11日 阪神11R
阪神JF（GI） 芝1600m良 18頭立て

着	馬名	性齢	斤量	タイム	前走	位置取り	人気
1	**5** ⑨ リバティアイランド	牝2	54	1.33.1	アルテミスS(G3)1人2着	8-8	1
2	**2** ③ シンリョクカ	牝2	54	1.33.5	新馬4人1着	8-8	12
3	**7** ⑬ ドゥアイズ	牝2	54	1.33.5	札幌2歳S(G3)6人2着	12-12	10
5	**5** ⑩ ミシシッピテソーロ	牝2	54	1.33.8	アルテミスS(G3)5人9着	10-10	16
11	**8** ⑱ ラヴェル	牝2	54	1.34.8	アルテミスS(G3)3人1着	17-17	4
12	**3** ⑤ モリアーナ	牝2	54	1.34.8	コスモス賞(OP)1人1着	6-7	2

単勝260円　複勝140円 910円 560円　枠連3,920円　馬連7,550円

ワイド2,540円 1,580円 15,800円　馬単9,980円　三連複64,960円　三連単178,460円

回顧 阪 神 J F　　*2022/12/15 掲載*

大穴の2着馬は、東京芝1600mの
新馬戦を楽勝していた

大　臣　阪神JFの真格言はばっちりだったね。勝ったのが東京芝
1600mのアルテミスSで2着だったリバティアイランド。2着は東京
芝1600mの新馬戦を楽勝してきたシンリョクカ。とはいえ過去10年、
前走で新馬戦を勝ったばかりの馬は一頭も馬券になっていなかった
ので、この馬をここで買うのは難しかったけど。

キムラ　僕もちょっとシンリョクカは買えなかったです。ただ、確
かにこの馬の新馬勝ちは強かったですよね。

大　臣　中団から行き33秒4の上がりを使って、2着を3馬身半ちぎった。

キムラ　それに加えて、16番人気ながら5着に食い込んだミシシッ
ピテソーロも、前走東京芝1600mのアルテミスSこそ太目残りで凡
走を喫していましたが、新馬戦では東京芝1600mで勝ち上がってい
た馬でした。私自身は数少ないハズレのモリアーナ(東京芝1600m
の新馬戦で勝ち上がり)を引いてしまったのですが……一応は真格
言に沿った結果になったとは言えますね。

　それから、アルテミスS2着馬のリバティアイランドが勝ったことで、今年のアルテミスSはハイレベルレースだったという評価も正しかったのではないでしょうか。アルテミスSを勝ったラヴェルが出遅れて凡走したのは残念でしたけど、姉のナミュールが1番人気4着、母のサンブルエミューズも2番人気8着と阪神JFを人気で凡走しているので、ちょっとこのレースと相性の悪い血統なのかもしれません。

大臣　そのナミュールも8枠だったんだけど。最近の阪神JFは8枠がさっぱりなんだよね。17年以降【0-0-0-17】。この中に1番人気が3頭、3番人気が2頭も含まれている。外々を回される不利が大きい。

キムラ　特に今年の阪神芝はその傾向が強いですよね。ロングラン開催ということで、内の荒れにくい馬場を作っているからだと思いますけど、外有利な馬場はここまで年間を通して3日間しかありませんでした。

阪神JFの前走コース別成績（12～21年／最少機会数5／連対実績あり）

前走コース	着別度数	勝率	連対率	複勝率	単回収	複回収
東京芝1600	4-3-6-36/49	8.2%	14.3%	26.5%	31	82
京都芝1400外	3-0-1-37/41	7.3%	7.3%	9.8%	53	23
東京芝1400	1-1-2-8/12	8.3%	16.7%	33.3%	81	138
中山芝1600	0-2-0-3/5	0%	40.0%	40.0%	0	168
新潟芝1600	0-1-0-6/7	0%	14.3%	14.3%	0	17
京都芝1400内	0-1-0-5/6	0%	16.7%	16.7%	0	405
京都芝1600内	0-1-0-9/10	0%	10.0%	10.0%	0	18

※前走東京芝1600mが一大勢力で、その中でも好走馬に限れば好成績を収めている

最近の阪神芝重賞は8枠の馬がさっぱり。外々を回される不利が大きい

ここも大事

107

2022/12/22 掲載

有 馬 記 念 真格言

1. 有馬記念の上位人気馬の命運を分ける最大のポイントは余力の有無にアリ

2. 有馬記念の穴激走馬を見抜く最大のポイントはコース適性にアリ

3. 再び内有利に回帰した有馬記念週の馬場バイアス

中山芝2500m

キムラ グランプリ有馬記念は、"中央競馬の中で最も大きなレース"と言っても差し支えないでしょう。ただし、"中央競馬の中で最高峰のレース"というわけではありません。

現代競馬でトップに位置する馬にとっては、東京の大レースと比べると紛れが生じる余地の大きい特殊なレース条件である有馬記念は敬遠しがち、という実情があります。その紛れを生む要素の一つである「余力の有無」こそ、危険な人気馬を生み出す最たる要素となります。

大 臣 有馬記念のポイント①。まずはローテの問題だね。

キムラ 近年の有馬記念で1、2番人気で馬券外に飛んだ馬のほとんどは、間隔が詰まる前走ジャパンC組となっています。

少し前まではジャパンC組が有馬記念に大挙参戦するのがデフォルトでした。しかし、昨年においては、ジャパンC組が不振というデータの蓄積と知見も反映されてか、上位人気馬は全て「余力の有無」では問題にならない、一定の間隔が空いたローテを踏んで有馬記念へと歩を進めていました。それが1～5番人気馬がそのまま1～5着

に入線するという順当決着を生んだものと考えられます。

　今年は、ヴェラアズールが鬼門と言うべきジャパンC組ですが、同馬を除く上位人気馬は全てその観点はクリアしていますので、それらが順当に上位入線を果たす"穏当決着"が見込まれます。

　逆に穴激走馬を生み出す最たる要素は「コース適性」です。

大　臣　有馬記念のポイント②は中山適性の問題だね。

キムラ　過去11年で7番人気以下の人気薄ながらも馬券内に食い込んだのは20年サラキア、18年シュヴァルグラン、17年クイーンズリング、15年ゴールドアクター、14年トゥザワールド、12年オーシャンブルー、11年エイシンフラッシュ、11年トゥザグローリーの8頭。その内の4頭は過去に中山コースでの重賞勝利実績、またはGI好走実績馬でした。残る4頭はそもそも同重賞出走歴自体がない馬。それでも後から振り返ってみれば中山巧者と言える馬ばかりでした。

　ただし、上述の通り、今年は上位人気馬に死角は小さい年だと見られますし、コース適性的に強調できる人気薄馬が手薄という点からも、上位人気馬の中から絞って勝負すべきレースだと考えます。

大　臣　そもそも今年は有力馬の中に中山巧者が少ないよね？　まず1番人気が予想されるイクイノックスが中山より東京向きでしょ。喜んで消しそうだけど(笑)。

キムラ　僕も東京向きだと思います。ただ、今年の3歳馬はレベルが高いですし、前走が天皇賞秋というローテもいいので、ヒモには押さえます。

大　臣　ローテで引っかかったヴェラアズールも中山不向きでしょ。

キムラ　この馬も東京のほうが合ってると思います。

大　臣　上位人気馬で中山巧者は、タイトルホルダー、ディープボンド、ジェラルディーナ、ジャスティンパレスぐらいでしょ。あ、エフフォーリアも中山巧者か。ただ、この馬はコース適性以前の問題が大きそうなので。

キムラ　上位人気馬選別の最後の決め手としたいのは枠順です。

大　臣　有馬記念のポイント③は枠順の問題だね。

キムラ 枠順と馬場バイアスの話になります。この有馬記念では枠順抽選会で内枠を引いた陣営が歓喜し、その一方で外枠を引いた陣営が落胆するというのが毎年の光景となっていますが、実際には、2〜4年前においては内枠よりも外枠のほうが有利なのに内枠を喜ぶ（外枠を嘆く）、という奇妙な現象が起こっていました。それも無理もない話で、2〜4年前は全て有馬記念の前週までは外有利馬場ではありませんでした。しかし、有馬記念週に入ってから馬場が堪え切れずに外有利に傾くという馬場バイアスの推移となっていたからです。

　ただし、馬場の耐久性保持を重視してエアレーション作業が実施されていなかった昨年については、有馬記念週でも外有利に傾かずに、以前みたく内有利の馬場バイアスのままになっていました。その昨年の馬場整備を踏襲した今年についても、2〜4年前のイレギュラーとは異なり、一般的なイメージ通りに内有利のレースになる可能性が高いと見ます。今年も人気馬の中でも内有利を活かせるタイプ、または内枠を引いた馬を重視すべきと見ます。

2022年12月25日 中山11R
有馬記念（GI）　芝2500m良 16頭立て

着	馬名	性齢	斤量	タイム	前走	位置取り	人気
1	5 ⑨ イクイノックス	牡3	55	2.32.4	天皇賞秋(G1)1人1着	8-9-6-3	1
2	2 ③ ボルドグフーシュ	牡3	55	2.32.8	菊花賞(G1)7人2着	14-14-15-6	6
3	3 ⑤ ジェラルディーナ	牝4	55	2.33.1	エリザベス女王杯(G1)4人1着	14-14-11-12	3
7	5 ⑩ ジャスティンパレス	牡3	55	2.33.5	菊花賞(G1)4人3着	3-3-4-5	7
8	8 ⑯ ディープボンド	牡5	57	2.33.6	凱旋門賞(G1)10人18着	3-3-2-2	8
9	7 ⑬ タイトルホルダー	牡4	57	2.34.1	凱旋門賞(G1)1人11着	1-1-1-1	2
10	3 ⑥ ヴェラアズール	牡5	57	2.34.1	JC(G1)3人1着	11-11-11-9	4
11	7 ⑭ ボッケリーニ	牡6	57	2.34.5	JC(G1)9人17着	5-5-6-6	14

単勝230円　複勝120円 270円 200円　枠連1,150円　馬連1,320円
ワイド500円 340円 1,030円　馬単1,770円　三連複2,520円　三連単9,740円

外差し馬場で
イクイノックスのマクリが炸裂!

大　臣　有馬記念の真格言、「余力」「コース適性」「馬場バイアス」を検証しながら回顧していこう。

　まずは「余力」。これはローテの話だけど、1着馬の前走が天皇賞秋、2着馬の前走が菊花賞、3、4着馬の前走がエリザベス女王杯。いまの有馬記念は、前走がこの3レースだった馬が買い。そして、間隔が詰まったジャパンC組が危ない。ローテだけが敗因だとは思わないけど、ジャパンC組が10着、11着と凡走した。本当ならこれに凱旋門賞組も買いに加えたいところだけど、タイトルホルダーとディープボンドはどうしたんだろう?

キムラ　タイトルホルダーに関しては、結果的にはですが、仕上がりが万全ではなかったんだと思いますね。調教時計は好調時のものではなかったですし。

大　臣　4角でさっと後続を突き放せなかったのを見て、僕も本調子じゃなかったなと思ったけど、前に行った他の馬もみんな潰れた。これは前に行った馬には展開が厳しかったということはないよね? ペースもそんなに速くなかったし。

キムラ　これは「馬場バイアス」の話にも関わってくると思いますが、今回の有馬記念は内有利な馬場ではなかったですね。超外差し決着になった有馬記念後のキャンドルライト賞を見ても明らかでした。

大　臣　キャンドルライト賞は、後ろから行って大外をぶん回した馬のワンツーだったよね。

キムラ　ええ。明らかに外を回したほうが伸びる馬場でしたよね。逃げたタイトルホルダー、その後ろにいたジャスティンパレス、番手のディープボンドは、スタートからゴールまでずっと馬場の悪い内目を前々で立ち回っていました。ペースは厳しくなくても地味にスタミナを削られたんじゃないかと思います。

亀谷競馬サロン③

大臣 最後に「コース適性」に関して。イクイノックスが東京向きと言ったけど、これははっきり大間違い。皐月賞もそうだったけど、持ったままあれだけ楽に勝負所でさっと上がって来れる馬が、中山が合ってないわけがない。

キムラ 以前は違ったと思いますが、成長に伴って今ならば中山が不向きではないというところだと思います。

大臣 あと今回の有馬記念は3歳馬のワンツーだった。これは94年の1着ナリタブライアン、2着ヒシアマゾンのとき以来らしいけど。キムラ君は「今年の3歳馬はレベルが高い」と言ってきたよね。そのことが有馬記念でも証明された。

キムラ まあ、有馬記念は斤量的に3歳馬が有利なレースではあるんですよね。3歳12月というタイミングで古馬と2キロ差ありますから。これがたった3か月後の大阪杯では同斤になるのに。とはいえ、今回のイクイノックスの強さはちょっと抜けていたと思います。

大臣 そうだけど、重賞勝ちのないボルドグフーシュが2着に来てるところに、3歳馬のレベルの高さ、層の厚さを感じるよね。それから今回の有馬記念は、1着がルメール騎手で3着がCデムーロ騎手。これも「グランプリレース×外国人騎手」は買いという話をしてきた通り。

PICKUP DATA

有馬記念のレース間隔別成績(12～21年)

間隔	着別度数	勝率	連対率	複勝率	単回収	複回収
連闘	0-0-0-1/1	0%	0%	0%	0	0
2週	0-0-0-2/2	0%	0%	0%	0	0
3週	0-2-0-24/26	0%	7.7%	7.7%	0	30
4週	2-2-5-47/56	3.6%	7.1%	16.1%	18	33
5～9週	7-5-3-52/67	10.4%	17.9%	22.4%	63	67
10～25週	1-1-2-3/7	14.3%	28.6%	57.1%	22	97
半年以上	0-0-0-1/1	0%	0%	0%	0	0

※年々レース間隔が空いている馬のほうが好成績を収めている傾向

大型馬と中距離歴戦馬が 2大激走パターンのフェアリーS

中山芝1600m

キムラ 3歳を迎えたばかりで、体力的に未完成なこの時期の牝馬にとってはやや酷とも言える、冬場のタフ馬場、かつ急坂の中山マイルという舞台条件だけあって、パワーとスタミナの担保がある"馬格のある馬(馬体重480キロ超)"と"中距離歴戦馬(前走で最も長い距離を走っていた馬)"の好走が目立つレースとなっています。

まず距離面については、15年は前走で最も長い距離(2000m)を走っていたローデッドが8番人気2着激走。16年も前走で最も長い距離(2000m)を走っていたダイワドレッサーが10番人気2着激走。17年は前走で最も長い距離(2000m)を走っていたアルミューテンが12番人気5着健闘。それに次いで2番目に長い距離(1800m)を走っていたモリトシラユリが7番人気3着激走。21年も前走で最も長い距離(1800m)を走っていたホウオウイクセルが8番人気2着激走。22年も前走で最も長い距離(2000m)を走っていたライラックが5番人気1着激走でした。

それ以外の年についても、18年はそもそも前走距離1800m以上組が1頭もおらず、19年は前走距離1800m組が2頭、20年も前走距離1800m組が二桁人気馬の2頭のみで、それぞれ中距離歴戦馬の激走が生まれなかっただけで、そういうワケ有りの年以外は毎年のように、ほんの一握りの同該当馬が激走を果たしています。

大 臣 フェアリーSのチェックポイントその①は、前走の距離が1800m以上の馬ね。今年該当するのは特別登録段階で、サノノエスポ(ダート)、ディヴァージオン、マジカルワード、ミタマの4頭。

キムラ そして馬格面については、16年、17年、18年、21年と、

113

近7年中4年で480キロ超の馬格有り馬が勝利しています。ちなみに480キロ超の馬の出走割合は例年3頭程度で2割未満の少数派です。

　それ以外の年についても、19年は馬体重1位のグレイスアンが5番人気3着、20年は馬体重2位のポレンティアが5番人気3着、22年も馬体重2位のスターズオンアースが1番人気2着でしたので、こちらも毎年のように、ごく一部の馬格に秀でた馬が激走を果たしています。

大　臣　フェアリーSのチェックポイントその②は、馬体重が480キロ以上。前走から馬体重が増えてることも考慮して、前走で475キロ以上あった馬を特別登録段階でピックアップすると、イコノスタシス、ヒップホップソウル、ブルーイングリーン、マイレーヌの4頭。

キムラ　21年と22年はこの二つのポイントで浮かび上がる馬のワンツー決着でしたので、23年もまずは同該当馬から狙い撃つというのが得策だろうと考えます。

大　臣　去年の勝ち馬ライラックは420キロと小柄な馬だったけど、前走が2000mの京都2歳S。一昨年2着のホウオウイクセルも420キロだったけど、前走が1800mで未勝利勝ち。チェックポイントその①を満たしていれば、480キロ以下でもOKってことね。

キムラ　そうですね。最終的には抽選で各チェックポイントを満たす馬はもっと絞れるはずですが、ここは馬格有り馬であり、前々走が1800mのイコノスタシスを第一注目馬と見ます。

大　臣　僕は、この真格言を聞く前にマイレーヌに重い印を打とうと思ってたんだけど。馬格有り馬で、前走は1600mの白菊賞3着だったけど、2走前に1800mの未勝利を勝ってるから、この馬も面白いでしょ。

　ここは逃げ・先行馬が少なくて前に行けるマイレーヌに展開利もありそう。

競馬"真"格言

2023年1月9日 中山11R
フェアリーS（GⅢ） 芝1600m良 16頭立て

着	馬名	性齢	斤量	馬体重	前走	位置取り	人気
1	7 ⑭ キタウイング	牝3	55	432(0)	阪神JF(G1)8人14着	15-15-9	11
2	5 ⑩ メイクアスナッチ	牝3	54	436(+6)	1勝クラス1人1着	13-10-9	7
3	1 ① スピードオブライト	牝3	54	402(-12)	京王杯2歳S(G2)5人3着	1-2-2	6
4	6 ⑫ ブラウンウェーブ	牝3	54	424(-10)	福島2歳S11人7着	13-12-12	15
8	4 ⑧ イコノスタシス	牝3	54	480(+4)	未勝利2人1着	4-4-3	5
9	2 ③ マイレーヌ	牝3	54	494(+2)	白菊賞(1勝C)6人3着	2-1-1	12
11	3 ⑤ ヒップホップソウル	牝3	54	492(-8)	ベゴニア賞(1勝C)1人2着	7-7-6	1
12	8 ⑮ ミタマ	牝3	54	464(+2)	未勝利・牝2人1着	11-12-13	13
15	6 ⑪ ディヴァージオン	牝3	54	428(+8)	新馬1人1着	7-12-16	8
16	8 ⑯ ブルーイングリーン	牝3	54	466(-10)	新馬15人1着	4-7-15	14

単勝3,580円　複勝920円 430円 470円　枠連7,540円　馬連21,140円
ワイド6,640円 6,890円 2,400円　馬単48,190円　三連複68,150円　三連単517,430円

回顧　フェアリーS　*2023/01/12 掲載*

フェアリーSとしては異質の
超Hペースで異質な結果に

大 臣 マイレーヌが本命だったけど、2頭雁行の逃げでガリガリやって。途中のラップタイムを見た時に「何をそんなにムキになってHペースで行ってるんだ!?」と思った（1000m通過が58秒2）。重賞実績のない騎手に乗り替わったことをもっと重く考えるべきだったと後悔したね。せっかく真格言で馬体重や1800m以上の距離経験について語ってもらったけど、結果は追い込み馬のワンツーで、馬体重の軽い馬がゴソッと上位に来て、展開がすべてというレースになってしまった。

キムラ さらに、1〜4着はみな芝1200mの経験がある馬でした。

大 臣 とても皮肉な結果に（笑）。Hペースでタフさよりスピード

115

が問われちゃったのかな？ ただ、これはフェアリーSとしてはかなり異例な結果と言っていいんじゃないの。

キムラ フェアリーSは過去10年、前傾ラップで流れたのは1年だけで、基本的にHペースになることがないレースですからね。僕はフェアリーSの真格言に関してはかなり自信があって、3年連続で馬券を当ててたんですけど、過去と違うレースになると走る馬も違ったと振り返るしかないですね。ただ、今回こういう流れになったのは馬場の変化も背景にあったと思うので、今後も速い流れや速い決着が見込まれる状況であればむしろ「短距離歴戦馬」に注意を払いたいですし、以前みたく遅い流れや遅い決着が見込まれる状況であれば「中距離歴戦馬」が狙いになると思います。

PICKUP DATA

フェアリーSの馬体重別成績(13〜22年)

馬体重	着別度数	勝率	連対率	複勝率	単回収	複回収
〜399kg	0-0-0-2/2	0%	0%	0%	0	0
400〜419kg	0-0-2-9/11	0%	0%	18.2%	0	60
420〜439kg	3-2-3-30/38	7.9%	13.2%	21.1%	60	63
440〜459kg	3-4-1-44/52	5.8%	13.5%	15.4%	235	98
460〜479kg	0-2-2-24/28	0%	7.1%	14.3%	0	43
480〜499kg	4-2-2-16/24	16.7%	25.0%	33.3%	220	109
500〜519kg	0-0-0-3/3	0%	0%	0%	0	0
520〜539kg	0-0-0-2/2	0%	0%	0%	0	0

フェアリーSの前走距離別成績(13〜22年)

ローテ	着別度数	勝率	連対率	複勝率	単回収	複回収
同距離	8-6-6-70/90	8.9%	15.6%	22.2%	206	91
延長	1-1-3-44/49	2.0%	4.1%	10.2%	11	32
短縮	1-3-1-16/21	4.8%	19.0%	23.8%	33	110

※馬体重480キロ以上の大型馬と距離短縮馬が穴パターン

東京新聞杯　真格言　*2023/02/02 掲載*

冬開催の東京芝は春秋開催よりも内有利競馬になる

東京芝1600m

キムラ　東京芝1600mコースで行われる牡馬牝馬混合の古馬重賞は、安田記念と富士Sとこの東京新聞杯の合わせて3レースあるのですが、それらの中でもこの東京新聞杯だけが異質な特性を持つレースとなっています。

大　臣　最近の東京芝は上がり特化馬場というか、とにかく決め手のある馬が大外を回してでも届く、という話をここでも何度かしてきたよね。

キムラ　そういう瞬発力が物を言う馬場なのは春開催と秋開催で。それと比較すると、2月の冬開催は厳冬期で生育状況が良いとは言えない芝の状況と、幅員が狭くコーナー部分が拡大されるDコース使用という背景から、瞬発力の要求度が多少落ちて、より位置取り（前有利）やコース取り（内有利）という要素も問われる馬場になりやすい傾向があります。

大　臣　え、そうなの!?

キムラ　具体的には、私の手元のデータ上では、18〜21年までの4年間で内有利バイアスが発生した週の割合は、冬開催では42%、春開催では25%、秋開催では19%でした。逆に、外有利バイアスが発生した週の割合は、冬開催では0%、春開催では22%、秋開催では22%でした。

大　臣　確かに1回東京の芝だけちょっと異質な馬場だね。

キムラ　同コースで行われる上記の3重賞もそれを反映する決着傾向となっており、春の安田記念と秋の富士Sでは、外目の枠順から直線では馬場の中〜外に持ち出して末脚を伸ばしてくるタイプが主

な好走馬のパターンになっています。それに対して冬の東京新聞杯では、前に行くにしても差すにしても、内目の枠順から馬場の内〜中を通って上手く立ち回るタイプが主な好走馬のパターンになっています。

ただし、22年については例外的にそうではなく、開催を通して外枠有利の傾向が出ており、この東京新聞杯においても先行した6頭が10〜15着まで下位を独占して、外から差してきた馬ばかりが上位入線を果たすという外有利決着となっていました。

大臣 でも先週の開幕週の芝は、圧倒的に内有利な馬場になってたよね。ラチ沿いピッタリを回って来た馬がガンガン馬券になってた。

キムラ う〜ん、どうなんでしょう。歯切れが悪くなってしまいますが、見た目から受ける印象ほど極端に内有利だったとは解釈していなくて。実際にラチ沿いピッタリを回って好走したのはほとんど人気馬でしたよね。

大臣 あれ、そうだった!? 節分Sのルーカスやアオイシンゴなどは、明らかに内枠から内有利な馬場の恩恵を受けた激走だったよね。

キムラ 穴はその2頭と、土曜5Rのクインズカムイぐらいでしたよね。あとは1〜3番人気の馬が内をうまく立ち回って馬券になることが多く、外から伸びて来て最後に止まった馬の多くは人気薄の馬でした。馬場の内外のどこを通ったかより、実力通りの決着が多かったです。ですから、今週の東京芝も基本的に力があって決め手のある馬ならどこからでも差せる馬場だとは思うんです。ただ、春、秋の開催に比べれば、立ち回りのうまさも問われる馬場になっている、とは言えるかなと。

大臣 大外から差して来る馬がほとんどいなかったのは、スローのレースが多かった影響も大きかったかな。

キムラ とにかく今年についてはまだ1週行われただけで、東京新聞杯が去年のような馬場で行われる可能性もまだ排除できないタイミング（断定はできない状況）なのですが……。開幕週の結果だけを

競馬"真"格言

頼りにして言えば、今年は、昨年よりは2年前までのほうに近い馬場と見ます。

2023年2月5日 東京11R
東京新聞杯（GⅢ）芝1600m良 16頭立て

着	馬名	性齢	斤量	騎手	タイム	位置取り	上がり	人気
1	**1**②ウインカーネリアン	牡6	58	三浦皇成	1.31.8	1-1	34.7	4
2	**8**⑮ナミュール	牝4	56	横山武史	1.31.8	5-5	34.0	2
3	**8**⑯プレサージュリフト	牝4	55	ルメール	1.31.9	8-8	33.7	6

単勝950円　複勝310円 180円 320円　枠連1,510円　馬連2,360円
ワイド930円 1,970円 730円　馬単5,290円　三連複8,120円　三連単45,900円

回顧　東　京　新　聞　杯　　　　　　　*2023/02/09 掲載*

ウインカーネリアンは
冬の東京芝だからの好走

大　臣　東京新聞杯はウインカーネリアンが1枠から勝ちました。これは真格言通り。

キムラ　そうですね。ただ、2、3着には8枠の馬が来ました。

大　臣　先週、「開幕週の東京芝は圧倒的に内有利な馬場だったよね」と僕が言ったら、キムラ君はそうとも言えないと答えたよね。さすがだなと思ったのは、2週目のレースを見たら、確かにそんなに内有利な馬場ではなかったでしょ。

キムラ　土曜日は若干、内有利かなと思いましたけど、日曜日はそうでもなかったですね。でも内有利かそうじゃないかと検討すること自体が、冬の東京芝だからこそと言えます。あと東京新聞杯については、外に良い馬が揃っていたというのも大きかったですが。

大　臣　ほぼフラットな馬場だったよね。枠順を見た瞬間、ハービンジャー産駒2頭は8枠に入ったから消しだと思ったけど。土日のレースを見て、この馬場なら8枠だからって消さないほうがいいなと思ったら案の定、2頭とも好走して。まあ、春秋の東京芝ならナ

119

ミュールが大外から差し切れたのかもしれないけど。

キムラ そうですね。最近の春秋における大半の東京芝は、決め手のある馬が大外を回しても届く馬場がデフォルトなんですが、冬の東京芝の1か月間だけは比較的、内が有利になる。確かに今回のウインカーネリアンは1枠から逃げて強い競馬をしましたけど、春秋の東京だとこうはいかない。逆にナミュールとプレサージュリフトは春秋の東京で楽しみだと思います。

（この後、ウインカーネリアンは春の安田記念と秋の毎日王冠で凡走。翌年の東京新聞杯で2着と巻き返した。ナミュールは秋の富士S、プレサージュリフトも秋のキャピタルSでそれぞれ連対）

PICKUP DATA

東京新聞杯の枠順別成績(13～22年)

枠番	着別度数	勝率	連対率	複勝率	単回収	複回収
1枠	1-1-1-13/16	6.3%	12.5%	18.8%	48	48
2枠	2-2-0-13/17	11.8%	23.5%	23.5%	53	77
3枠	2-1-0-16/19	10.5%	15.8%	15.8%	58	40
4枠	3-2-1-13/19	15.8%	26.3%	31.6%	187	88
5枠	1-1-2-15/19	5.3%	10.5%	21.1%	61	49
6枠	1-2-3-13/19	5.3%	15.8%	31.6%	27	120
7枠	0-1-2-17/20	0%	5.0%	15.0%	0	60
8枠	0-0-1-18/19	0%	0%	5.3%	0	8

※枠順は内～中枠有利&上がり最速馬が10年間で1勝のみで非差し追い込み馬有利

2023/02/16 掲載

フェブラリーS　真格言

フェブラリーSは 前年武蔵野S組の取捨がポイント

東京ダ1600m

キムラ　フェブラリーSで好走馬を数多く出している前走のレース は、過去10年だと根岸Sが【3-2-3-49】で8頭、チャンピオンズCが 【3-3-2-9】で8頭、東海Sが【3-1-1-17】で5頭という順になってます。 ただ、前走レースに限らなければ、GⅢ競走でありながらも好走馬 を大挙11頭も出している前年秋の武蔵野S組こそが、実は最も有力 なフェブラリーSのステップレースであるという見方ができます。

　ただし、武蔵野Sの「好走馬」がフェブラリーSでもそのまま「好走 馬」にならない点がとても大事なポイントになります。

大　臣　フェブラリーS好走馬の中に前年の武蔵野Sに出走してい た馬がたくさんいるけど、その両レースの結果は非直結なのね。

キムラ　そうです。そうなる最たる要因は両レースの時計面の差異 にあると見ます。両レースを比較すると、GⅠ競走であるフェブラ リーSのほうがハイレベルなレースになることは言わずもがなです。 しかし、馬場が軽い秋開催と馬場がタフな冬開催という馬場差を背 景にして、実は決着時計についてはGⅢ競走である武蔵野Sのほう が時計一つ二つ速くなるのが通常時のパターンとなっています。求 められる適性が食い違うことから、好走馬の顔ぶれが入れ替わるこ とが往々にして起こっています。

　ただし、フェブラリーSが雨の影響などで軽い馬場で行われた年 は、武蔵野Sに近い速い決着時計ということになりますので、自ず と武蔵野SとフェブラリーSの好走馬の顔ぶれが一致する、という 傾向に様変わりします。または武蔵野Sが時計の掛かる決着だった 場合にも同様のことが言えます。

大　臣　なるほどね。

キムラ　過去10年間で武蔵野SとフェブラリーSの決着時計の差が0.8秒以内だった年は14年、16年、18年、20年、21年の計5回あり、当該年の武蔵野S好走馬のフェブラリーS成績は12頭中5頭好走。武蔵野Sの結果がそのまま引き継がれる可能性が高いと言えます。

　逆に、決着時計の差が0秒9以上だった年は13年、15年、17年、19年、22年の計5回で、当該年の武蔵野S好走馬のフェブラリーS成績は11頭中2頭好走で、武蔵野Sの結果がそのまま引き継がれない可能性が高いと言えます。

大　臣　武蔵野SとフェブラリーSの関係はわかった。この真格言は来年以降も使える大事な話だと思うけど、この真格言を語る以前の問題として、今年のメンバーはちょっとひどくない？

キムラ　フェブラリーSは以前のレースとはちょっと変わってきていますよね。20年から同じ時期にサウジCという高額賞金レースが行われるようになりました。過去3年はまだどういうレースになるか未知の部分もあったのでちょっと様子見な部分もあり、出走頭数も少なかったんですけど、今年は、カフェファラオ、ジオグリフ、ジュンライトボルト、テーオーケインズなど、当初サウジCには11頭が登録しました。これからはトップホースがみなサウジCに向かう流れが加速する可能性は高いと思います。

大　臣　サウジCの影響でフェブラリーSが地盤沈下しているのか。

キムラ　ここ2年、フェブラリーSの内容も変わってきていると思うんですよ。3年前までは実力のある馬がしっかり上位に来るレースでしたが。一昨年は内を回って来た馬同士の決着に。そして去年は前残りの決着でした。ここ2年は馬場や展開に恵まれた馬が好走しちゃうレースになってきています。

2023年2月19日 東京11R
フェブラリーS（GI）ダ1600m良 16頭立て

着	馬名	性齢	斤量	タイム	前年の武蔵野S	位置取り	上がり	人気
1	**4** ⑦ レモンポップ	牡5	58	1.35.6	1人2着	4-4	36.3	1
2	**8** ⑮ レッドルゼル	牡7	58	1.35.8	－	14-14	35.7	3
3	**3** ⑥ メイショウハリオ	牡6	58	1.36.2	－	16-16	35.8	4

単勝220円 複勝130円 230円 260円 枠連1,140円 馬連970円
ワイド450円 470円 1,180円 馬単1,420円 三連複2,630円 三連単7,700円

回顧 フェブラリーS　　　　　　　*2023/02/23 掲載*

中距離向きの格上馬は
東京ダート1600mのGIを苦にしない

大　臣　フェブラリーSの好走馬は前年の武蔵野Sに出走した馬の中にいる。そしてこの両レースの勝ち時計が近い時は直結、勝ち時計が離れている時は非直結、というのが真格言だったけど。奇しくもフェブラリーSのレモンポップは、去年の武蔵野S2着時とまったく同じ時計で走っての快勝だった。

キムラ　同じ時計というか、似た時計になるというのは予想していました。例年、秋の武蔵野Sは時計の速い馬場で行われ、冬のフェブラリーSは時計がかかる馬場で行われます。ただ、昨年の武蔵野Sはこのレースとしては時計のかかる馬場で行われ、勝ち時計は過去10年で最も遅く、先週のフェブラリーSは週半ばの雨も残って、このレースとしては少し速めの馬場。双方が寄せ合う格好で、この2レースの勝ち時計が合致しました。

大　臣　実は、アドマイヤルプスも去年の武蔵野Sと先週のフェブラリーSをまったく同じ時計で走った。それで武蔵野Sが7着でフェブラリーSが5着だから、GIのフェブラリーSよりGⅢの武蔵野Sのほうがメンバーは揃っていたのでは？ それで2、3着には、1600mがベストではないけど交流GI勝ちがあり底力上位のレッドルゼルとメイショウハリオが来たのかなと。

キムラ　メイショウハリオに関しては、やっぱりフェブラリーSって、ダート1800m以上の交流重賞を含めたGIで強い競馬をしていた馬が強いんですよ。いかにも東京のダート1600mがベストじゃないようなタイプでも。例えば、20年に16番人気で2着に来たケイティブレイブがその典型だと思います。

大臣　ケイティブレイブはまったく東京ダート1600mに向くタイプではないと思ってたから、あの激走はビックリした。

キムラ　ホッコータルマエやベルシャザール、インカンテーションもそうですが、中長距離型だと思われていた実績馬が、フェブラリーSで1600mをこなせなかったほうがむしろ少ない。だから、メイショウハリオは買うべき一頭だと思っていました。ただ一点、左回りがどうかという所で4番手までにしかできませんでしたが。

両レースの決着時計の差が0秒9以上だった年の武蔵野S好走馬のフェブラリーS成績

年	馬名	武蔵野S	フェブラリーS
12→13	イジゲン	1着	12着
	ガンジス	2着	10着
	ダノンカモン	3着	8着
14→15	ワイドバッハ	1着	6着
	グレープブランデー	3着	4着

年	馬名	武蔵野S	フェブラリーS
16→17	ゴールドドリーム	2着	1着
	カフジテイク	3着	3着
18→19	サンライズノヴァ	1着	7着
	クインズサターン	2着	11着
21→22	ソリストサンダー	1着	4着
	エアスピネル	2着	9着

※時計の速い年の武蔵野S好走馬は
時計の遅いフェブラリーSでは危険人気馬に

サウジCができてフェブラリーSのメンバーは地盤沈下。レース内容もこれから変わっていく

ここも大事

競馬 "真" 格言

中 山 記 念 真格言 *2023/02/23 掲載*

GⅡレースは先行有利が基本

中山芝1800m

キムラ 基本的には、出走してくる人馬は誰もが勝利を目指して、力の限りを尽くし合う地力勝負の色合いが濃いのがGⅠレースであるのに対して、特に有力視される馬であればあるほどに、目の前の勝利よりもその先のGⅠレースに向けての調整的な色合いも少なからずあるのがGⅡレースです。GⅠレースとGⅡレースとでは格付け的には近い位置にあるレースですが、そういう面では実際には正反対の顔を持っているレースであるというわけです。

そんな独特な性格を持っているGⅡレースでの馬券的な狙い方としては、基礎中の基礎的な話になりますが「逃げ先行有利」という点が挙げられます。

GⅡレースは主に開催序盤の馬場が良い時期に行われる点、この先に本番レースが控えているので馬を消耗させたくない(消耗戦を演じたくない)という騎手意識、同じく本番レースでの操縦性を高めるために位置取りよりも折り合い重視の競馬をさせたいという騎手意識から、馬場的にもペース的にも展開的にも自ずと「逃げ先行有利(差し追い込み不利)」が形成されがちというわけです。実際にこの中山記念でも過去10年では4角5番手以下から差してきた馬は1頭も勝てていません。

大　臣 決め手が武器の馬より、淀みない流れを先行し踏ん張れるタイプ向きのレースだよね。

キムラ 22年の中山記念は同レースとしては異例の低調メンバーと大逃げ馬パンサラッサの存在により例外的に差し追い込み決着となりましたが、一昨年のように多少速いペースで逃げる馬がいたとし

125

中山記念の勝ち馬と通過順(13〜22年)

年	馬名	2角	3角
13年	ナカヤマナイト	5	4
14年	ジャスタウェイ	4	4
15年	ヌーヴォレコルト	3	3
16年	ドゥラメンテ	5	5
17年	ネオリアリズム	2	2
18年	ウインブライト	4	4
19年	ウインブライト	4	4
20年	ダノンキングリー	3	3
21年	ヒシイグアス	4	4
22年	パンサラッサ	1	1

ても馬群全体としてはそれを追走せずに折り合い重視の競馬をするのが通常のパターンで、その結果として中団以降にいた馬は間に合わなくなる(先団に位置した馬だけで決まる)というのが典型的な決着パターンとなっています。昨年のパンサラッサのような存在が不在の今年ならば、例年の傾向通りに"中山記念ポジション"と言うべき4角1〜4番手までの好位置を確保する馬が恵まれる可能性が高いと見ます。

　それがどの馬なのかについては、冒頭で述べた通りGI前哨戦でもあるGII中山記念だけあって、騎乗する騎手の意思や意向という部分も重く見る必要があります。というのも、GIに軸足を置く騎手であればあるほどGIIでは位置を取る競馬をさせたくないものですし。例えばルメール騎手がGIIで先行させて勝った馬は次走GIではよく人気で飛んでいます。

大　臣　へえ。それはいま初めて知ったよ。それはルメール騎手のけっこう大事なデータだよね。

キムラ　本番で脈がある馬は、前哨戦でもしっかり脚を溜める競馬をすることが多いと思うんですよ。もしここで結果が出なくても降ろされる心配もほぼないですし。GIでは足りないような馬だと先行して手堅く勝ちにいくと。

ルメール騎手がGⅡで先行して勝利した馬の 次走GI成績(18〜22年中山記念前週まで)

年	レース名	人気	着順	馬名
18年	秋華賞	3	3	カンタービレ
19年	天皇賞秋	2	6	サートゥルナーリア
20年	マイルCS	2	5	サリオス
20年	朝日杯FS	4	10	モントライゼ
20年	有馬記念	7	14	オーソリティ
21年	オークス	6	14	クールキャット
21年	スプリンターズS	2	2	レシステンシア
21年	ジャパンカップ	3	2	オーソリティ

※前哨戦でいわゆる勝ちに行く競馬をした馬は翌本番で振るわず

大　臣　なるほど。

キムラ　そうではない騎手であればGⅡは先行しやすくて残りやすいという他を出し抜くことができる絶好の稼ぎ場になり得るわけです。

　その観点から中山記念でプッシュしたいのが横山典騎手と川田騎手だったのですが今回は騎乗予定がありませんのでそのネタはまたの機会として、単純に先行意識が高い騎手として、今年先行する競馬をする率が高い松山騎手と横山武騎手と武豊騎手が強調できます。

　松山騎手は元からそうでしたが今年は更に先行意識が強まっているように見受けられます。データでも全体の騎乗数に対して4角3番手内で競馬をしている率は5割近くという中々驚異的な数字です。それに次いで横山武騎手はイメージ通りと思いますが、本来はそうではなかった武豊騎手は今年に入ってから後方から競馬をすることがめっきり減って逃げ先行競馬が多くなっており、現状それで成績も出ていますのでポジティブに捉えて良いと思います。

　有力馬の中でも上記3騎手が騎乗して"中山記念ポジション"が確保できる率が期待できるソーヴァリアントとヒシイグアスとドーブネには要注目です。

大　臣　スタニングローズを有力馬に入れてないのはなぜ？　GI勝

ちのある先行馬で、小回りの鬼・高野厩舎の馬だけど。

キムラ 気がかりなことが3点あって。一つ目、この馬は使って良くなるタイプだと思ってます。昨秋の始動戦の紫苑Sも勝ちはしましたが、+14キロで仕上がり途上だったし、パフォーマンスも低調でした。今回もここを勝ちにきっちり仕上げてきてるか疑問です。二つ目、主戦の坂井騎手がいまサウジに遠征中で今回は乗れません。三つ目、昨年の3歳牝馬はオークスの上位3頭のレベルが高かったですけど、それでも3歳牡馬ほどレベルは高くなかったでしょう。だからここで重い印は打たないと思います。

2023年2月26日 中山11R
中山記念（GⅡ）　芝1800m良 14頭立て

着	馬名	性齢	斤量	騎手	タイム	位置取り	上がり	人気
1	7 ⑪ ヒシイグアス	牡7	57	松山弘平	1.47.1	10-9-8-8	34.6	5
2	8 ⑬ ラーグルフ	牡4	56	菅原明良	1.47.2	11-11-8-8	34.7	8
3	3 ④ ドーブネ	牡4	56	武豊	1.47.3	1-1-1-1	35.6	7
5	7 ⑫ スタニングローズ	牝4	55	吉田隼人	1.47.3	3-3-3-3	35.4	3
9	4 ⑥ ソーヴァリアント	牡5	57	横山武史	1.47.9	5-5-4-5	35.8	1

単勝920円 複勝290円 430円 430円 枠連1,810円 馬連5,340円
ワイド1,520円 2,000円 2,280円 馬単10,280円 三連複20,170円 三連単129,610円

回顧　中　山　記　念　*2023/03/02 掲載*

ヒシイグアスが
人気にならなかった理由は？

大　臣 中山記念は予想外の差し決着になったけど、推奨した3頭の内2頭、ヒシイグアスとドーブネが馬券になったので、結果オーライということで(笑)。

キムラ 推奨したもう一頭のソーヴァリアントを本命にして自分は予想をハズしたので、結果オーライとは言えないんですが(笑)。

大　臣 特にドーブネは、最近の武豊騎手の積極騎乗を評価して推

した馬。期待通りのレースぶりだったね。

キムラ ドーブネは一完歩目が遅かったんですよね。それでもハナに行っちゃうのがいまの武豊騎手だと思います。

大臣 ヒシイグアスは中山巧者なんだろうけど、単純にGⅡでは格上でしょ。国内GⅠでも5、4、2着と崩れたことがないんだし。だけど順調に使えないからか、なかなか人気にならないよね。国内の直近4レースでは⑦⑤⑤⑤番人気だよ。

キムラ ヒシイグアスがあまり人気にならない要因の一つは堀厩舎だからだと思います。情報があまり出てこないケースが多い。かと思えば情報を出す時には、非常に細かい情報を出してくる。

　実はヒシイグアスも去年の宝塚記念の後、熱中症になったらしいですね。でも、中山記念のレース直前までそんな話はいっさい出てなくて、なぜ休養していたのか知っている人はほぽいなかったはずです。でも、急に"熱中症で生死を彷徨う"というワードが出てきて、それが過剰に受け止められた。他の厩舎だったら恐らく出さない情報だと思いますし、それに慣れている競馬ファンはそういう過激な情報に対する耐性がありません。今回はそれも人気を下げた一つの要因になったんじゃないかと思います。

ここも大事

堀厩舎の刺激的な
ネガティブコメントは
気にしすぎない

チューリップ賞　真格言

1 Hペースになる阪神JF⟷
Sペースになるチューリップ賞の
ギャップがポイント

2 春の3歳牝馬戦は
遅れてきた上がり馬よりも
2歳秋時点の序列が大事

阪神芝1600m

キムラ　チューリップ賞と桜花賞に加えて、それに先立って行われる2歳GIの阪神JFまで含めた一連の2〜3歳牝馬トップ戦線の3戦について、それらは全て阪神芝外回り1600mコースという同じ舞台条件で行われるものの、実はそれぞれのレースの性格は三者三様で全く別物になっているのが実情としてあります。よって必然的に狙うべき馬のタイプもガラリと異なってくるというのが大きなポイントになりますので、まずはそれらを整理します。

　阪神JFは2歳牝馬にとって唯一最大とも言える頂上決戦たるレースなので、早期に賞金を積みやすい短距離戦線での実績馬の出走割合が高くなります。レースでも前走までに短い距離を先行していたようなスピードに秀でた短距離系馬の先導により、ペースが流れやすく、差しが届きやすい傾向があります。実際に過去10年のレースペースは「前傾ラップ戦8回・後傾ラップ戦2回」＆「Sペース1回・Mペース6回・Hペース3回」という分布でした。

　それに対してチューリップ賞は、あくまでも複数ある桜花賞前哨戦の一つであり、短距離系馬は1400mで施行される翌週のフィリーズレビューや、翌々週のファルコンSに歩を進めるのが一般的なので、阪神JFのように短距離系馬がレースをかき乱すということには

なりません。ペースが落ち着きやすく、前が残りやすい傾向があります。実際に過去10年のレースペースは「前傾ラップ戦3回・後傾ラップ戦7回」&「Sペース6回・Mペース4回・Hペース0回」という分布でした。

　ちなみに、桜花賞の過去10年のレースペースは「前傾ラップ戦5回・後傾ラップ戦5回」&「Sペース2回・Mペース4回・Hペース4回」で、再び短距離系馬が供給されてペースが流れやすくなります。

大　臣　チューリップ賞も今年はだいぶメンバーが落ちたよね。22年は阪神JFの1、3、4着馬のサークルオブライフ、ウォーターナビレラ、ナミュールが出走し、この3頭が1〜3番人気だったけど、今年は阪神JFの1〜5着馬が不在。

キムラ　チューリップ賞は一昨年のメンバーがひどかったんですよね。阪神JF組がメイケイエールのみで。この年はチューリップ賞史上過去最低のメンバーだったと思うんですけど、今年はその時ほどではないですが、レベルが低いのは確かですね。

大　臣　チューリップ賞の過去10年の勝ち馬11頭（21年は1着同着）の内、9頭が前走阪神JF4着以内なんだけど、今年は該当馬が不在ってことだよね。

キムラ　過去10年のチューリップ賞で前走阪神JF組は勝率32%、複勝率57%という圧倒的な成績を収めています。その理由は、単純に最もレベルが高いレースだからという一言で大体は片付くわけですが、それと共に牝馬の成長曲線の違いという要素も見逃せません。

　基本的に牝馬のほうが牡馬よりも早期に完成するものです。つまりは2歳時のGⅠレースである阪神JFというレースの時点で、既に確度の高い序列が出来上がっています。

大　臣　なるほど。では阪神JF上位馬不在の今年はどの馬を狙えばいいのだろう？

キムラ　過去のチューリップ賞で阪神JF組以外の好走馬の主な顔ぶれは、2歳10月頃までに勝ち上がってその後休養入りしていたか、阪神JFのトライアルレースでギリギリの所で阪神JF出走を逃して

いたなど「ほんの少し運命やレース起用が異なれば阪神JF組だった（つまり2歳秋時点の確度の高い序列に加わることもできたはず）」という馬ばかりでした。

　逆に3歳から頭角を現した、いわゆる遅れてきた上がり馬というのは信頼できないパターンになっています。

大　臣　となると、注目のエフフォーリアの半妹ペリファーニアは、去年の12月に新馬戦を勝ち上がったばかりなので狙い目ではないってことだね。

キムラ　そうですね。2歳11月以降に新馬戦を勝ったばかりの馬がチューリップ賞で馬券になった事例はほとんどないんですよ。狙い目なのは、アルテミスS3着で阪神JF出走を逃したアリスヴェリテ、2歳8月に新馬勝ちも萩S回避で2歳秋は全休して阪神JF出走を逃したコナコーストです。

大　臣　アリスヴェリテは、2走前のつわぶき賞がメンバーの揃ったレースだったよね。

キムラ　つわぶき賞は、阪神JFと同じ週に行われるんですけど、阪神JFに間に合わなかった1勝馬がこちらに回ってきて「残念阪神JF」みたいな位置づけになっているので、いいメンバーが揃う年がありますよね。

大　臣　つわぶき賞3着のモズメイメイは次走でこぶし賞を逃げ切っている。これがまた武豊騎手なんだよね。

キムラ　ここも積極的な騎乗で好走を期待していいのでは。

2023年3月4日 阪神11R
チューリップ賞（GⅡ） 芝1600m良 17頭立て

着	馬名	性齢	斤量	タイム	前走	位置取り	人気
1	5 ⑨ モズメイメイ	牝3	54	1.34.0	こぶし賞(1勝C)1人1着	1-1	7
2	7 ⑬ コナコースト	牝3	54	1.34.0	エルフィンS(L)4人2着	6-6	6
3	8 ⑰ ペリファーニア	牝3	54	1.34.0	新馬1人1着	4-3	2
4	2 ③ ルミノメテオール	牝3	54	1.34.1	つわぶき賞(1勝C)7人1着	3-3	3
6	3 ⑤ ダルエスサラーム	牝3	54	1.34.3	紅梅S(L)4人1着	6-6	8
8	5 ⑩ アリスヴェリテ	牝3	54	1.34.3	菜の花賞(1勝C)1人4着	4-5	10

単勝1,620円 複勝370円 360円 250円 枠連3,540円 馬連6,890円
ワイド2,240円 2,120円 1,880円 馬単14,950円 三連複20,280円 三連単155,330円

回顧 チューリップ賞 *2023/03/09 掲載*

1着は阪神JF登録馬＆
つわぶき賞勝ち馬

大　臣 チューリップ賞は、キムラ君が推奨した2頭の内の1頭、コナコーストが6番人気2着。もう1頭のアリスヴェリテに関連して、去年のつわぶき賞はレベルが高かったという話をしたけど、そのつわぶき賞組の1頭、モズメイメイが7番人気1着。けっこういい配当の単勝、馬連になったね。そして、モズメイメイはまた武豊騎手の積極的な騎乗が光っていた。

キムラ 武豊騎手は、いま重賞で5レース連続で4角2番手以内、3レース連続で逃げてるんですよ。

大　臣 先々週の中山記念、そして先週は弥生賞でも逃げてたね。

キムラ チューリップ賞の真格言は二つ挙げましたが、真格言①の「Sペースになりやすい」、これはそうなりました。その結果、コナコースト以外の入着馬はみな4角3番手以内の馬でした。真格言②は「2歳秋の序列が大事」ということでしたが、実は、1着のモズメイメイ、4着のルミノメテオールも阪神JFに登録していた馬でした。

大　臣　そこを除外になったから、残念阪神JF的な位置づけのつわ
ぶき賞に回ったわけだよね。

キムラ　そうです。新馬戦を勝ったばかりのペリファーニアが3着
に来たことは予想外でしたが、1、2、4着馬は阪神JFを目指せるよ
うな馬たちでした。

PICKUP DATA

チューリップ賞の脚質別成績(13〜22年)

脚質	着別度数	勝率	連対率	複勝率	単回収	複回収
逃げ	1-0-4-6/11	9.1%	9.1%	45.5%	59	92
先行	5-3-4-25/37	13.5%	21.6%	32.4%	59	79
中団	4-3-2-47/56	7.1%	12.5%	16.1%	87	66
後方	2-4-1-40/47	4.3%	12.8%	14.9%	14	35

桜花賞の脚質別成績(13〜22年)

脚質	着別度数	勝率	連対率	複勝率	単回収	複回収
逃げ	1-0-1-9/11	9.1%	9.1%	18.2%	92	90
先行	3-4-1-34/42	7.1%	16.7%	19.0%	113	47
中団	4-3-8-73/88	4.5%	8.0%	17.0%	47	56
後方	3-4-1-47/55	5.5%	12.7%	14.5%	18	62

阪神JFの脚質別成績(13〜22年)

脚質	着別度数	勝率	連対率	複勝率	単回収	複回収
逃げ	1-0-0-10/11	9.1%	9.1%	9.1%	101	28
先行	3-2-1-38/44	6.8%	11.4%	13.6%	19	84
中団	6-6-8-60/80	7.5%	15.0%	25.0%	56	78
後方	1-3-2-55/61	1.6%	6.6%	9.8%	4	39

※ペース傾向通りチューリップ賞>桜花賞>阪神JFの順で先行有利

ここも
大事

つわぶき賞は"残念阪神JF"でメンバーが揃う

競馬 "真" 格言

"前残り"が波乱パターンの 天皇賞春⟷"前崩れ"が 波乱パターンの阪神大賞典

阪神芝3000m

キムラ 京都芝3200mの舞台条件で施行されるGⅠ天皇賞春と、阪神芝3000mの舞台条件で施行されるGⅡ阪神大賞典とでは、距離や格付けなどは近いレースとはいえども、実際のレースの中身やレースの性格についてはまるで異なってくるというのが大きなポイントです。

近10年の京都で行われた天皇賞春で、2桁人気の人気薄ながらも好走したのは、20年2着スティッフェリオ(4角通過順3番手)、16年2着カレンミロティック(同3番手)、15年3着カレンミロティック(同1番手)、14年3着ホッコーブレーヴ(同10番手)、12年1着ビートブラック(同1番手)の延べ5頭ですが、その内4頭は"前残り"のパターンでした。

大臣 しかもその4頭中、スティッフェリオ以外は1枠か2枠。要は京都の天皇賞春は、人気薄の内枠先行馬が狙い目なんだよね。

キムラ 対してこの阪神大賞典では、例年2桁頭数が揃うのがやっとという少頭数で行われる為に、2桁人気での好走馬自体がほぼ皆無。ですので同じ形での比較はできませんが、例えば3年前は10頭立てで、1〜3着馬は「道中通過順9番手(ブービー追走)→10番手(最後方追走)→7番手」という極端な追い込み有利決着に。2年前も13頭立てで、1〜3着馬は「道中通過順4番手→12番手(ブービー追走)→13番手(最後方追走)」という同様の極端な追い込み有利決着になるなど、多くの年で"前崩れ"のパターンになっています。

その背景としては、阪神大賞典は天皇賞春と比較してもスタミナ要素が極めて強く要求されるレースということが言えます。逆に言えば立ち回り要素があまり問われないレースになる為に、一般的にはメリットになる位置取りの高さも、むしろ追走によりスタミナを削ぐデメリットとして作用する側面のほうが大きくなるということが考えられます。

過去にさかのぼって振り返ってみても、阪神大賞典を4角4番手以内の先行する形で好走した馬は、次走の天皇賞春において、近13年で23頭中8頭が馬券内に好走しています。その一方、4角5番手以下から差す形で好走した馬は天皇賞春において、近13年で13頭中1頭（ディープボンド）しか馬券に絡めていないというのも、後方有利の阪神大賞典と前有利の天皇賞春の関係性を如実に表しています。

もちろん、モノには「限度」というモノと、原理原則には「例外」というモノもありますので、近10年で前半1000mが63秒台以上かかる超Sペースで流れた14年と22年の2度だけはイレギュラー的な前残りの決着となりましたが、あくまでも山を張るべき大多数の回は"前崩れ"のほうということです。

大　臣　今回、ボルドグフーシュには川田騎手が乗るんだね。

キムラ　川田騎手は長距離戦はそんなに得意ではないですけど、ボルドグフーシュは川田騎手でもさすがに前には行けないと思うので、脚質的に川田騎手の長距離戦でも問題ないと思っています。

それからジャスティンパレスは、前走はマーカンド騎手だから先行しましたけど、本来は差し馬だと思ってます。今回はルメール騎手に乗り替わり。ルメール騎手は長距離戦で先行することが本当にないんですよ。だから今回、差す競馬をするのは間違いないはずです。真格言から脚質的に4歳の2頭を狙いたいですね。

2023年3月19日 阪神11R
阪神大賞典（GⅡ） 芝3000m良 14頭立て

着		馬名	性齢	斤量	騎手	タイム	位置取り	上がり	人気
1	3 ③	ジャスティンパレス	牡4	57	ルメール	3.06.1	3-3-2-2	34.2	2
2	1 ①	ボルドグフーシュ	牡4	56	川田将雅	3.06.4	6-6-6-2	34.4	1
3	5 ⑦	ブレークアップ	牡5	58	松山弘平	3.06.4	5-5-4-5	34.3	5
5	8 ⑬	ディープボンド	牡6	58	和田竜二	3.06.6	2-2-2-2	34.7	3
7	5 ⑧	アイアンバローズ	牡6	57	岩田望来	3.07.4	8-8-8-7	35.1	4

単勝310円　複勝130円 110円 290円　枠連230円　馬連230円

ワイド150円 710円 550円　馬単540円　三連複1,360円　三連単3,860円

回顧　阪　神　大　賞　典　　　*2023/03/23 掲載*

歴史的超スローで前残りに

大　臣　阪神大賞典はスローだった去年から更に遅いペースになって、有力馬がみな前に付けたので、位置取りどうこうという競馬にはならなかったね。

キムラ　阪神大賞典が差し有利だという傾向があるのは間違いないんですが、モノには限度があるので、稀に1000m通過が63秒台のスローになった時は前残りもある、という話もしました。

　今年は1000m通過が64秒9。これは異例の超スローですよね。こういう騎手サイドの意識次第でどうにでもなり得る傾向については覆されることも当然あると思いますし、そういうのが増えている辺りは騎手の工夫が窺える最近の競馬だと思います。

　ジャスティンパレスはルメール騎手なので差す競馬をするはず、という話もしましたけど、結果的に内枠からさっと逃げ馬の後ろに付けました。ただ、ペースを考えたらかなり抑える競馬はしてるんですよ。前走の有馬記念とは大体同じ3番手の位置取りでしたが、当時とは対照的にきちんと馬の脚を溜める競馬はできていたので、ルメール騎手らしい騎乗だなと思いました。

大　臣　確かにそうだね。それでしっかりジャスティンパレスの末脚を活かしていた。

キムラ　ボルドグフーシュは、今回、もし下手な騎手が乗っていたら、まず位置取りありきで後方から競馬をして脚を余す危険もあったと思うんですけど、ペースを判断して6番手につけた川田騎手はさすがだなと思いました。

大　臣　ボルドグフーシュは、この馬としてはいつもよりかなり前で競馬をしたけど、勝負所でマクって行くというのはいつも通りの競馬ではあったよね。

キムラ　今年の阪神大賞典は超スローで、有力馬がみな前に付けはしましたが、ジャスティンパレスとボルドグフーシュは自分の持ち味を活かす競馬ができていたと思います。

PICKUP DATA

阪神大賞典の初角位置取り別成績(13〜22年)

初角位置	着別度数	勝率	連対率	複勝率	単回収	複回収
1番手	0-1-1-9/11	0%	9.1%	18.2%	0	23
2番手	1-1-3-8/13	7.7%	15.4%	38.5%	13	149
3番手	0-0-1-9/10	0%	0%	10.0%	0	13
4番手	1-0-1-11/13	7.7%	7.7%	15.4%	79	72
5番手以下	9-9-5-49/72	12.5%	25.0%	31.9%	48	99

※序盤は前に行き過ぎずに中団以降に位置していた馬のほうが好成績

天皇賞春の初角位置取り別成績(13〜22年)

初角位置	着別度数	勝率	連対率	複勝率	単回収	複回収
1番手	2-0-0-9/11	18.2%	18.2%	18.2%	85	31
2番手	2-0-1-9/12	16.7%	16.7%	25.0%	1348	370
3番手	0-2-1-8/11	0%	18.2%	27.3%	0	220
4番手	0-3-1-10/14	0%	21.4%	28.6%	0	47
5番手以下	7-6-8-115/136	5.1%	9.6%	15.4%	28	64

※阪神大賞典とは対照的に序盤から前に位置していた馬のほうが好成績

京都改修で最も恩恵を受けた
キンカメ系は新装京都で過信禁物

京都芝1600m外

大臣　いよいよ今週から京都競馬場が再開。馬場は路盤から改修され、芝はまだ1度も使われてないわけだから、絶好のコンディションで超高速馬場になるのかね。今週末は晴れるみたいだし。

キムラ　芝の状態はめちゃくちゃいいと僕もいろんなところから聞いていますし、速い時計が出る確率は高いんじゃないですか。ただ、和田騎手はそんなに速くならないというコメントもされていました。こればかりは蓋を開けてみなければというところもあるので、決めつけないほうが良いかもしれません。

大臣　で、京都が工事中の2年半の間、京都芝1600m外の重賞の内、マイラーズC、マイルCS、デイリー杯2歳Sは阪神芝1600mで代替されてきた。

キムラ　以前から何度か取り上げている通り、阪神芝1600mを高いレベルの高速時計で乗り切るという資質は、東京芝1600mで求められるモノと通じる部分が大きく、両コースで行われるレースは直結しやすいということが言えます。

昨年の阪神で行われたマイルCSは、単純に阪神芝1600mのGI好走実績馬のワンツースリー決着でしたが、2年前と3年前の阪神でのマイルCSについては、好走馬6頭中5頭が東京芝1600mで行われる安田記念 or NHKマイルCの好走実績馬から輩出されていました（京都のマイルCS時代は、安田記念の好走馬が走らずに凡走馬のほうが走るという非直結のレース傾向となっていました）。

また、昨年の朝日杯FS（阪神芝1600m）でも、1着ドルチェモアは前走東京芝1600mの重賞レース勝ち馬で、2着ダノンタッチダウン

は前走阪神芝1600mの重賞レース連対馬。3着レイベリングは前走東京芝1600mの新馬戦勝ち馬でした。

　そして、昨年の阪神JF(阪神芝1600m)では、1着リバティアイランドは前走東京芝1600mの重賞レース連対馬で、2着シンリョクカも前走東京芝1600mの新馬戦勝ち馬。これで実に近9年の好走馬の過半数を前走東京芝1600m組(ほぼ全て好走馬)が占めるに至っています。

　それらの例からも分かる通り、京都競馬場が改修工事中の芝マイル戦線は、GIレースは全て東京 or 阪神の施行で、またGⅡ～GⅢレースについても過半数のレースが東京 or 阪神で施行。必然的にニアリーイコールの関係性にある、阪神芝1600m&東京芝1600mに適性がある馬の独壇場という状況と化していました。

　逆に言えば、阪神芝1600m&東京芝1600mに適性がない馬にとっては勝負できるGIレースがなく、さらには適鞍のGⅡ～GⅢレースすらもかなり限られてしまうという"冬の時代"と言っても過言でない状況に置かれていました。

大　臣　やっと京都を得意としていた馬が巻き返せる舞台が整ったぞ、と言いたいところだけど、ざっと特別登録馬だけチェックしてみると、京都で走ったことがある馬ってかなり少ないね。

キムラ　この度の京都競馬場のリニューアルオープンというのは、ただ単に一つの競馬場が再び加わるというよりも、東京芝1600m&阪神芝1600mへの適性の有無だけで作り上げられていた勢力図(序列関係)を、ガラリと一変し得るという"エポックメイキング"となることも想定されます。

　具体的には京都競馬場の改修工事の恩恵を最も受けていたキングカメハメハ系(22～23年の東京芝1600m&阪神芝1600mにおける重賞レースの成績上位種牡馬の大半が同系統)と、逆に迷惑を最も受けていたディープインパクト系(22～23年の東京芝1600m&阪神芝1600mの重賞レースで、ディープインパクト直仔は25頭出走で0連対など)については、それぞれの立ち位置が大きく変動する可能性

があります。

大　臣　京都の芝1600mの重賞と言えば黙ってディープを買えと思っていたけど、今年はディープが不在なんだよね。

キムラ　そうなんですよ。4歳以上のオープン馬はまだたくさん残っているんですけどね。マイラーズCに1頭も登録がないのは、ディープインパクト産駒が得意な京都芝1600mの重賞が2年半行われなかった影響があるんじゃないですか。

　そして、出走予定の有力馬の多くがキングカメハメハ系であることからも分かる通り、上述の状況がキングカメハメハ系の一極集中を生んでいたという面では、ディープインパクト系に限らずキングカメハメハ系以外の全てにとっても相対的にプラスに働くという見方ができます。

　ちなみに、今年のキングカメハメハ系の登録馬は、エアロロノア（父キングカメハメハ）、キングエルメス＆グランデマーレ（父ロードカナロア）、シャイニーロック（父ベルシャザール）、ソウルラッシュ（父ルーラーシップ）になります。

大　臣　超高速馬場で1分31秒台の決着になったら、シュネルマイスター、ジャスティンスカイ、ソウルラッシュの人気3頭の争いになりそうだけど。

キムラ　ただ、ソウルラッシュは2走前の富士Sを1分32秒1という好時計で2着でしたが、本質的に渋った馬場のほうが得意だと思うんですよ。ルーラーシップ産駒ですし。

大　臣　確かに、去年のマイラーズC勝ちが稍重で、その前の3勝クラス、2勝クラス勝ちも道悪。高速決着の安田記念は13着と大敗してたね。

キムラ　僕も超高速決着に対応できるのはシュネルマイスターとジャスティンスカイだと思います。

2023年4月23日 京都11R
マイラーズC（GⅡ） 芝1600m外良 15頭立て

着		馬名	性齢	斤量	父	前走	位置取り	人気
1	6⑩	シュネルマイスター	牡5	58	Kingman	中山記念(G2)4人4着	12-11	1
2	4⑦	ガイアフォース	牡4	58	キタサンブラック	AJCC(G2)1人5着	8-9	4
3	8⑮	ソウルラッシュ	牡5	58	ルーラーシップ	マイルCS(G1)5人4着	7-5	3
4	7⑬	シャイニーロック	牡7	57	ベルシャザール	大阪城S(L)6人8着	1-1	11
7	7⑫	キングエルメス	牡4	57	ロードカナロア	睦月S(OP)5人1着	4-3	6
8	8⑭	エアロロノア	牡6	57	キングカメハメハ	東京新聞杯(G3)7人5着	8-7	5
9	2③	ジャスティンスカイ	牡4	57	キタサンブラック	洛陽S(L)1人1着	11-11	2

単勝250円 複勝130円 230円 150円 枠連1,050円 馬連1,170円

ワイド440円 250円 630円 馬単1,940円 三連複1,420円 三連単7,370円

回顧 マイラーズC　　　　　　　　　　*2023/04/27 掲載*

新装京都の開幕週で
高速馬場実績馬がワンツー

大　臣　まず、新装京都の芝コースはどう見た？

キムラ　京都芝は改修直前の19、20年と少し時計のかかる馬場になっていました。マイラーズCで言うと14年と18年にレコードが出ているんですね。この年まではかなり速い時計の出る馬場でした。だから、18年以前の速い時計の出る馬場に戻ったのかなと思いましたね。

大　臣　開幕週の結果を見ると、ざっくり言えば、内回りは逃げ・先行有利。外回りはけっこう外差しも決まってて、速い上がりを使える馬が有利なのかなと思ったんだけど、やたらHペースのレースが多かったよね。だから差しがけっこう決まったのは展開が大きかったのかなとも思ったんだけど、それほど内有利でもなかったし、とりあえずあまり極端なバイアスのないフラットな馬場のようにも思えた。

キムラ まだ1週目が終わったばかりで、割と開催1週目と2週目でガラリと馬場が変わる(変えてくる)ということもあるあるなので、もう少し様子見したいです。

大臣 確かに1週見ただけで、いろいろ決めつけるのは良くないか。風の影響が大きすぎた感じもするし。ラップを見ると、向正面の追い風、直線の向かい風がかなり強力だったんじゃないの?

キムラ そうですね。土曜は風の影響が強すぎました。新装京都の芝がどうなのか、まだなんとも言えない部分は多いと思いますが、日曜のほうが真の姿に近いかもしれません。

大臣 マイラーズCは真格言通り、非キンカメ系のワンツーだった。

キムラ 勝ったシュネルマイスターは持ち時計1位の馬。2着のガイアフォースは1600mが初めてでしたけど、1勝クラス勝ちが小倉芝2000mのレコードだった馬。高速馬場に対応できる馬がきちんとワンツーしたなと思いました。

大臣 キムラ君の予想は◎ガイアフォース、○シュネルマイスターでばっちりだったね。

キムラ そもそもガイアフォースは菊花賞とAJC杯で1番人気に推されていた馬で、能力は高いはずなんです。じゃあ、なぜこの2レースで凡走したかと言うと、AJC杯は時計のかかる馬場が向いてなかった。菊花賞は、セントライト記念を勝った後、中4週で強い調教ができてなかった。

　今回は1週間前の調教で自己ベストを出していたように、しっかり攻め馬をこなせて仕上がりも良かったと思うんですね。ここから安田記念は中5週になります。この間、しっかり追えるかどうかはチェックしておきたいですね。

　3着のソウルラッシュに関しては「高速馬場は向いてない」と言いましたけど、僕が考えていた以上に高速馬場適性のある馬でした。ただ、この馬の強みがより出るのは時計のかかる馬場という見解には変わりありませんので、安田記念は、もし馬場が悪化すれば今回

の先着馬を逆転可能だと思います。

シュネルマイスターは去年の安田記念2着馬。それも強い競馬をしての2着でした。今年も有力でしょう。

大　臣　1～3着馬は安田記念で当然、人気だと思うけど、京都のマイラーズCって安田記念にまったく直結しないんだよね。実際に、これまでに京都で行われたマイラーズCの1～3着馬は同年の安田記念で1頭も連対していない。俺は3頭ともかなり危ないと思うけど。

PICKUP DATA

東京芝1600m&阪神芝1600mの重賞レースの種牡馬別成績（22～23年マイラーズC前週まで）

種牡馬	着別度数	勝率	連対率	複勝率	単回収	複回収
ドゥラメンテ	4-2-1-7/14	28.6%	42.9%	50.0%	232	103
ルーラーシップ	3-3-1-11/18	16.7%	33.3%	38.9%	98	114
ハーツクライ	3-0-1-14/18	16.7%	16.7%	22.2%	481	121
ロードカナロア	2-3-2-16/23	8.7%	21.7%	30.4%	41	87
ダイワメジャー	2-1-1-9/13	15.4%	23.1%	30.8%	88	81
ハービンジャー	2-1-1-6/10	20.0%	30.0%	40.0%	59	77
キズナ	1-2-1-15/19	5.3%	15.8%	21.1%	43	42
ディープインパクト	0-0-2-23/25	0%	0%	8.0%	0	14

※京都競馬場の閉鎖期間中の芝マイル重賞はキンカメ系の天下⇔ディープ系の不遇

競馬"真"格言

ヴィクトリアマイル 真格言 *2023/05/11 掲載*

Sペースだと中距離型の差し馬有利
⬌平均ペースだと短距離型の
先行馬有利なヴィクトリアマイル

東京芝1600m

キムラ 先週のNHKマイルCはかねてから取り上げている通り"差し有利傾向が顕著な今の東京芝GIレース"らしく、道中2桁通過順位の追い込み馬がワンツースリー決着となりました。

となれば、それと同じコースで行われる今週のヴィクトリアマイルも同じくと言いたいところですが、差し有利が基本形となっている東京芝GIレースの中でも、ヴィクトリアマイルだけは特有のレース傾向があると見ています。

ズバリ「Sペースだと差し有利⬌平均ペースだと先行有利」ということです。

もちろん、「Sペースだから先行有利⬌非Sペースだから差し有利」という一般論自体が間違いというワケではありません。しかし、ヴィクトリアマイルにおいては「Sペースは瞬発力を活かしたいクチの差し馬にとって都合が良いペース」であり、「平均ペースはペース耐性に乏しいタイプが少なくない牝馬の差し馬にとっては歓迎ではなく、スピードと持続力を活かしたいクチの逃げ先行馬にとって都合が良いペース」という側面のほうが強く出るというワケです。

大　臣 平均ペースでは先行馬を、Sペースでは差し馬を狙えと。

キムラ そして、脚質面以外にも問われる距離適性（前走出走レース距離）についても、Sペースで流れるか平均ペースで流れるか次第で左右されることになります。

過去10年のレースを前後半4F差で見て、極端に後半が速い17、

13～22年のヴィクトリアマイルの前後4F差順

年	1着入線馬名	馬場状態	1着タイム	4F差	前4F	後4F
17年	アドマイヤリード	稍	1.33.9	-1.9	47.9	46.0
18年	ジュールポレール	稍	1.32.3	-1.3	46.8	45.5
21年	グランアレグリア	良	1.31.0	-1.0	46.0	45.0
20年	アーモンドアイ	良	1.30.6	-0.6	45.6	45.0
22年	ソダシ	良	1.32.2	-0.4	46.3	45.9
13年	ヴィルシーナ	良	1.32.4	-0.2	46.3	46.1
14年	ヴィルシーナ	良	1.32.3	-0.1	46.2	46.1
16年	ストレイトガール	良	1.31.5	0.1	45.7	45.8
15年	ストレイトガール	良	1.31.9	0.9	45.5	46.4
19年	ノームコア	良	1.30.5	0.9	44.8	45.7

※マイナスが大きい=後半が速くて前半が遅い年ほど中距離実績馬が優位に

18、21年の3年をSペース。残りの7年を平均ペースと区分けすると
別表の通り。

　Sペースで流れた3年の馬券内好走馬9頭は、全て前走で1600m以
上のレースに出走していた馬で、特に2桁人気の超人気薄ながらも
激走を果たした17年11番人気2着デンコウアンジュと21年10番人気
2着ランブリングアレーは、共に前走で1800mの長めのレースに出
走していた馬でした。

　逆に前走で1400m以下のレースに出走していた馬は、17年3番人
気11着レッツゴードンキや21年2番人気6着レシステンシアなど総じ
て振るわない結果となっていました。

　それに対して平均ペースで流れた7年の馬券内好走馬21頭中6頭は、
前走で1400m以下のレースに出走していた馬で、しかもその全てが
5番人気以下の人気薄激走馬でした。

　逆に前走で1800m以上のレースに出走していた馬は22年1番人気
12着レイパパレや20年3番人気7着ラヴズオンリーユーなど人気を
裏切るケースが散見される結果となっていました。

　つまり、Sペースだと前走中距離組が安定して走って前走短距離

競馬"真"格言

組は危険パターンに。平均ペースだと前走短距離組が穴パターンで前走中距離組が危険パターンになるというわけです。

大臣 まとめると、平均ペースなら距離延長の先行馬を、Sペースなら距離短縮の差し馬を狙えと。

俺は、王様からもっとシンプルに「ヴィクトリアマイルはGI勝ちがある格上馬でも2000〜2400m向きの中距離型が人気で危ないレース」と教わってきた。具体的に馬名を挙げると、ヌーヴォレコルト、ショウナンパンドラ、ルージュバック、ミッキークイーン、ラッキーライラック、ラヴズオンリーユー、レイパパレ。こういう馬たちが人気になっていたら疑ってかかれと。特に1600mが久々な馬は、マイルの流れに戸惑って生粋のマイラーにやられるぞ、と。

キムラ 過去10年でもSペースは3回しかなかったように、ヴィクトリアマイルは牝馬限定戦でも意外にSになりにくいんですよね。平均ペースがデフォルト。確かに「ヴィクトリアマイルは中距離型が人気で危ない」と言って良さそうですね。

大臣 今年はどういうペースになるんだろう? 逃げ馬が不在なんだけど。

キムラ いま言ったように、ヴィクトリアマイルは意外とSペースにならないので、平均ペースになるんじゃないかと思っています。

大臣 ここが大事なところだけど、1番人気が予想されるスターズオンアースは中距離型なの? マイラーなの?

キムラ 中距離型でしょうね。

大臣 だよねえ。だったら王様理論ならそもそも危ないし。平均ペースならキムラ理論でもなおさら危ないよね。

キムラ 強い馬ですけど、そんなに信用はできないですよね。平均ペースでいちばん信用できるのはソダシだと思います。

大臣 東京芝1600m適性ならソングラインも負けてないと思うんだけど。

キムラ ソングラインは差し馬ですよね。平均ペースなら先行馬のソダシのほうを買いたいです。かなり乗り込まれていて状態も良さ

そうですし。

大　臣　ナミュールもコース適性は高いけど差し馬か。

キムラ　穴ならサウンドビバーチェだと思います。

大　臣　先行馬だからね。

キムラ　ちょっと折り合いの難しい馬なので、僕はこの馬が平均ペースで行ってくれるんじゃないかと思っています。あと、陣営からは何もコメントは出ていませんが、2走前の洛陽Sは舌を括っていたのが外れたことが響いた印象の敗戦でしたので、マイルの距離でキチンと括れていれば底を見せていないという見方もできます。

2023年5月14日 東京11R
ヴィクトリアマイル（GI）　芝1600m良 16頭立て

着	馬名	性齢	斤量	タイム	前走	位置取り	人気
1	3⑥ ソングライン	牝5	56	1.32.2	1351ターフS(G3)1人10着	8-6	4
2	8⑯ ソダシ	牝5	56	1.32.2	マイルCS(G1)2人3着	2-2	3
3	1② スターズオンアース	牝4	56	1.32.3	大阪杯(G1)1人2着	5-3	1
5	2③ サウンドビバーチェ	牝4	56	1.32.7	阪神牝馬S(G2)6人1着	3-5	8
7	6⑪ ナミュール	牝4	56	1.32.8	東京新聞杯(G3)2人2着	10-9	2

単勝760円　複勝200円 170円 120円　枠連1,320円　馬連1,960円
ワイド640円 390円 340円　馬単4,170円　三連複1,720円　三連単12,830円

回顧 ヴィクトリアマイル　*2023/05/18 掲載*

東京芝1600mのGI勝ちの実績馬同士のワンツーで馬連20倍!

大　臣　ヴィクトリアマイルは、去年の東京芝1600mのGI勝ちのあったマイラーの2頭、ソングラインとソダシのワンツー。やっぱり餅は餅屋だったね。マイラー2頭がちゃんと上に来たという意味で、今年は非常にヴィクトリアマイルっぽいレースだったと思ったけど、まずは真格言で推奨したソダシが順当に2着に来て良かった。

キムラ　そうですね。

大　臣　スターズオンアースに関しては東京芝1600mのGⅠで不利な1枠に入ったので、僕は消しやすくなったけど、キムラ君は『netkeiba.com』の予想コラムで「地力は一枚抜けているので、多少不向きなレースでも軽視はできない」と書いていた。まさにマイルは適性外だけど地力で来た3着って感じ。だから僕のように馬連で勝負していると、スターズオンアースが3着で「ほらね、やっぱり飛んだ」となるし、キムラ君のように三連複を取った人にとっては「ほらね、やっぱり3着に来た」となる。

キムラ　確かにそういう結果でしたね。

大　臣　ヴィクトリアマイルはとにかく中距離型が危ないレースだという話をしたけど、中距離型は直線でギアチェンジがうまくいかずに凡走するパターンが多いんだよね。スターズオンアースもまさにそうだった。スタート良く好位に付けて、直線を向いた時もいい手応えだったのに「あれ!?」みたいな。

キムラ　牝馬の主要路線は、桜花賞以降、ここまでマイル戦がないですからね。久々のマイル戦でその流れに戸惑うというか、対応できなくなるんでしょうね。

大　臣　しかし、ソングラインとソダシの馬連が20倍近くもつくとは笑いが止まらなかった（笑）。

キムラ　僕もサウンドビバーチェと人気サイド4頭の馬連＆三連複ボックス買いで完全に取りガミかと思いましたけど、これだけついたので、かろうじてほぼトントンになりました（笑）。ポイントはソダシが3番人気だったことだと思うんですよ。

大　臣　スターズオンアースとソダシの2頭が抜けた人気かなと思っていたけど、ソダシは大外枠で少し嫌われたかな？

キムラ　それも多少はあったかもしれないですけど、実はソダシって人気しづらい馬なんですよ。

大　臣　え、そうなの!?

キムラ　みんなアイドル・ホースだから人気先行だと思い込んでますけど、そんなことはなくて、去年のヴィクトリアマイルだって

4番人気でしたからね。

大臣 ああ、確かに。去年も3番人気のファインルージュとの組み合わせで馬連がほぼ20倍だったんだね。

キムラ アイドル人気を嫌って、玄人層があえてソダシを嫌うパターンが多いと感じるんですよね。実際にオッズを動かしているのも玄人層なので。

大臣 なるほど。

キムラ それと最後に触れておきたいのは牝馬の世代レベルの話です。牝馬は6歳春に引退する馬が多いので、古馬の牝馬限定重賞は、だいたい4歳馬対5歳馬の構図になります。ここでも何度か話してきたように、現4歳は牡馬が強くて牝馬はレベルが低い世代。ヴィクトリアマイルは4歳世代より5歳世代のほうが強かった、という結果でもあったと思います。

大臣 そのレベルの低い4歳馬でもスターズオンアースは抜けて強いと思うけど。

キムラ そうですね。

大臣 23年に入ってから、古馬の牝馬限定重賞で4歳馬が勝ったのは、愛知杯のアートハウスと阪神牝馬Sのサウンドビバーチェだけなんだよね。4歳馬がワンツーしたのは阪神牝馬Sだけ。中山牝馬Sは1着が5歳馬で2着が4歳馬。京都牝馬S、福島牝馬S、ヴィクトリアマイルは5歳馬のワンツー。23年の牝馬限定重賞は5歳馬が優勢ということは頭に入れておきたいね。（※ヴィクトリアマイル以降、23年の古馬の牝馬重賞で、4歳馬は未勝利）

ここも大事

牝馬は24年5歳世代（19年生）のレベルが低い

2023/05/18 掲載

オークス 真格言

1 距離ギャップが大きい
桜花賞➡オークスの連続好走は
名牝の証で至難の業

2 桜花賞は大型馬が、
オークスは小型馬が活躍しやすい

東京芝2400m

キムラ　オークスに出走する牝馬にとって2400mというのは、後にも先にもほぼ経験することがない過酷で長すぎる距離に分類できます。

その上、前走までに1600m近辺の速い流れのレースを使われてきた出走馬が大半を占めており、それらの馬が一気の距離延長でも距離に適したペースを刻むのは容易ではありません。よって、長距離にしてはペースが流れやすいという背景から"脱落戦(バテ合い)"になりがちで、好走に至るためには確かな地力と長距離をこなせるスタミナが備わっている必要があります。

スタミナ勝負になりがちなオークスと、スピード勝負になりがちな桜花賞とでは、本質的にギャップが大きいレースだと考えるべきです。近年でオークスと桜花賞の両方を好走したのは、以下の通り。

➡22年 ➡ スターズオンアース
➡20年 ➡ デアリングタクト
➡19年 ➡ クロノジェネシス
➡18年 ➡ アーモンドアイ・リリーノーブル・ラッキーライラック
➡17年 ➡ ソウルスターリング

➡16年 ➡ シンハライト
➡15年 ➡ クルミナル
➡14年 ➡ ヌーヴォレコルト・ハープスター
➡12年 ➡ ジェンティルドンナ・ヴィルシーナ

　計13頭と少なからずいますが、故障馬（早期引退馬）を除けば、ほぼ全ての該当馬がその後もGI路線で主役級の活躍を見せた馬となっています。それ程の圧倒的な地力の持ち主でない限りは、適性のギャップを超えて桜花賞とオークスを両方好走するのは至難の業ということが読み取れます。即ち、一握りの名牝を除けば、桜花賞を好走した時点でオークスでは黄色信号が灯っているという見方もできます。

大　臣　当然、リバティアイランドは名牝級と考えていいんだよね？

キムラ　う〜ん……本命は打たないです。

大　臣　え、そうなの!?

キムラ　そんなにケチをつける気はないですけどね。桜花賞とオークスの連続好走馬の中でも、オークスで桜花賞よりも着順を下げた3頭は、全て馬体重470キロ以上の中大型馬でした。逆にオークスで桜花賞よりも着順を下げなかった10頭中8頭は、馬体重460キロ台以下の小中型馬でした。

　基本的に1600mの桜花賞はグラマー体型の馬（中大型馬）が活躍しやすく、2400mのオークスはスレンダー体型の馬（小中型馬）が活躍しやすい傾向があります。両レースの好走馬の平均馬体重は20キロ程のギャップがありますが、馬体重の大小次第で桜花賞でパフォーマンスを上げるタイプと、オークスでパフォーマンスを上げるタイプとを峻別することができます。

大　臣　馬体重の話は桜花賞の時にもしたよね。

キムラ　まとめると、基本的には桜花賞好走組は疑いの目で見るべき。桜花賞好走馬で買えるのは、名牝候補か小中型馬。それ以外は

買わない。そういう戦略を取るべきです。

　ということを踏まえてリバティアイランドなんですが、この馬は名牝候補であり、馬体重も桜花賞は余裕残しで466キロでした。

　今回はもう少し絞れて出てくると思うので、今度は450キロ台になっているかもしれない。そうするとオークスの適性馬体重にも入ってきます。

大　臣　じゃあ、本命でいいんじゃないの？

キムラ　でも、リバティアイランドは危うさもありますよね。東京ではアルテミスSを取りこぼしていますし、桜花賞は世間が言うほど強い勝ち方でしたかね？　2着と0秒2差ですよ。進んでいかないなど色々ワケ有りだったとはいえ、それも含めて馬の実力なので。

大　臣　アルテミスSは不利がなければ勝っておかしくないレースだったし、桜花賞はキムラ説なら余裕残しの状態で、あの直線大外一気で勝ってしまうならかなり強い馬だと思うけどなぁ（笑）。

キムラ　それと一つ気になるのは、桜花賞が終わった時点では、オークスの時には目一杯に仕上げてくるかと思っていたんですが、今回も調教が軽いんですよ。まだそれほど調教で負荷をかけられない、未完成の馬なのかなと思って。となると未知の2400mでリスクもあるかなと。

大　臣　そこまで言われると一理あるかなという気もしないでもないけど（笑）。じゃあ、本命はどの馬になるの？

キムラ　現時点で本命を打ちたいと思っているのはシンリョクカです。

大　臣　桜花賞時が434キロの小柄な馬だね。

キムラ　そうです。馬体重的にはオークス向きな馬。桜花賞6着はけっこう頑張ったと言っていいんじゃないですか。

大　臣　サトノダイヤモンド産駒と言えば、サトノグランツが京都新聞杯を勝ったよね。直線の長い京都外回りの2200mで、長くいい脚を使った。あれがサトノダイヤモンド産駒の牡馬における上級馬のモデルになるのかなと思ったけど。

キムラ 僕もそう思います。そしてここまでの結果を見る限り、牝馬も距離が長いほうが良さそうなんですよ。

大臣 牝馬はここまで芝で5勝してるけど、1600mで1勝、1800mで1勝、2000mで3勝なんだよね。

キムラ シンリョクカは母父も芝の中長距離に強いキンカメですからね。

大臣 なるほど。シンリョクカはあまり人気がなさそうだよね。

キムラ かなり妙味のある馬だと思います。

大臣 逆に馬体重面から危ないのは桜花賞3着馬のペリファーニアだよね。桜花賞の時が490キロの大型馬。

キムラ 桜花賞好走馬がオークスで飛ぶ典型的な馬体重の馬だと思います。ちなみに桜花賞2着のコナコーストは前走が454キロ。馬体重的には問題ないんですが、2戦目以降、3戦続けて合計18キロも馬体が減ってます。

大臣 馬体重だけ見るとさすがにもう上積みはなさそうか。

キムラ そうですね。

大臣 ついでに、桜花賞4着のハーパーはいかにもオークスで巻き返しそうな馬に思えるんだけど、これはおじさんの古い見方かも（笑）。最近のオークスは、桜花賞凡走馬からオークスで巻き返しそうな馬を探すより、最初から桜花賞に見向きもしない馬に注目すべきだと思える。となるとソーダズリングかヒップホップソウルが面白そうだけど。

キムラ ハーパーはルメール騎手でかなり人気になりそうですよね。ただ、この馬とソーダズリングはハーツクライ産駒なのが気になります。いかにも距離が延びて良さそうな血統ですけど、ハーツクライ産駒は牝馬限定の芝2000〜2400mの中距離重賞であまり来ないんですよ。

大臣 【2-9-2-94】で勝率1.9%、連対率10.3%、複勝率12.1%とあまりいい数字ではないね。確かに言われてみれば、ハーツクライ牝馬の一流馬ってヌーヴォレコルトとリスグラシューぐらいしかいな

いな。

キムラ その2頭のイメージが強力ですけど、他の活躍馬が本当に少ないですからね。でもハーパーは、オークスで3着に好走したアドマイヤミヤビと同じハーツクライ産駒の友道厩舎馬という点は不気味なので、押さえ以上では買います。

大 臣 なるほどね。これも勉強になった。

2023年5月21日 東京11R
オークス（GI）　芝2400m良 18頭立て

着	馬名	タイム	前走	位置取り	馬体重	人気
1	**3** ⑤ リバティアイランド	2.23.1	桜花賞(G1)1人1着	6-6-6-6	466(0)	1
2	**6** ⑫ ハーパー	2.24.1	桜花賞(G1)3人4着	8-8-8-8	468(+6)	2
3	**7** ⑬ ドゥーラ	2.24.1	桜花賞(G1)8人14着	14-13-14-14	472(0)	15
4	**1** ① ラヴェル	2.24.2	桜花賞(G1)10人11着	3-3-3-3	444(-2)	10
5	**8** ⑰ シンリョクカ	2.24.4	桜花賞(G1)9人6着	8-8-8-8	442(+8)	7
12	**7** ⑭ ペリファーニア	2.25.9	桜花賞(G1)5人3着	10-10-10-10	496(+6)	8

単勝140円　複勝110円 180円 1,090円　枠連490円　馬連590円
ワイド300円 2,610円 8,810円　馬単680円　三連複16,840円　三連単34,140円

回顧　オ　ー　ク　ス　　*2023/05/25 掲載*

440キロ台の小型馬が人気薄で4、5着

大 臣 オークスは、ダントツ人気のリバティアイランドが2着を6馬身ちぎって二冠馬に。そして、人気なのでできれば買いたくないけど、我々がいちばん気にしていた2番人気のハーパーが順当に2着。やっぱり友道厩舎の馬にルメール騎手が乗れば、オークスでは飛ばないか（笑）。

キムラ ハーツクライ産駒は距離が延びていいイメージを持ってる人が多いと思うんですけど、オークスをそれほど得意としていないという話はしました。ただ、友道厩舎は芝2400mに強い厩舎。その友道厩舎の馬なのにハーパーはマイルの重賞（クイーンC）を勝って

ますよね。去年のダービー馬ドウデュースもそうですけど、友道厩舎でマイルの重賞を勝てるのは相当に能力が高い証拠です。そういう馬が厩舎お得意の2400mになればパフォーマンスを上げてくる確率は高くなりますよね。

大臣 そして4着のラヴェル、5着のシンリョクカは440キロ台の小柄な馬で、この2頭が桜花賞よりオークスで着順を上げたのは真格言通りだった。残念ながら馬券になるまではちょい足りなかったけど。

キムラ シンリョクカは、8枠からずっと外々を回されたのが厳しかったですね。逆にラヴェルは1枠から内をロスなく回って来れましたが、他の先行馬が総崩れの中、4着に粘ったのは評価していいと思います。2頭ともよく走ったと思いますよ。

そして、桜花賞好走馬の中では、490キロ台の大型馬ペリファーニアが危ないと言いましたが。見せ場もなく12着。これも真格言通りでしたね。ただ、8番人気と予想外に人気がなかったのは驚きました。

大臣 あまりに人気がなくて、消し甲斐がなかったのが残念だったよね（笑）。15番人気3着のドゥーラは470キロ台、馬体重的にはオークスで買いづらい馬だったけど、この馬の激走はどう見た？

キムラ この連載で何度か取り上げてきましたけど、20年以降の東京芝のGⅠで穴を出した馬は、4角10番手以下の追い込み馬が多い。オークスでは21年に16番人気のハギノピリナが4角12番手から追い込んで3着でした。この馬のその後の成績を考えると、オークスの激走は位置取りの利が大きかった。ドゥーラも4角14番手という位置取りの利が大きかった激走かなと思いました。

オークスの馬体重別成績(13~22年)

馬体重	着別度数	勝率	連対率	複勝率	単回収	複回収
400~419kg	0-0-1-14/15	0%	0%	6.7%	0	21
420~439kg	2-0-3-30/35	5.7%	5.7%	14.3%	25	28
440~459kg	2-3-1-45/51	3.9%	9.8%	11.8%	27	77
460~479kg	6-6-3-35/50	12.0%	24.0%	30.0%	99	117
480~499kg	0-1-1-15/17	0%	5.9%	11.8%	0	18
500~519kg	0-0-1-8/9	0%	0%	11.1%	0	30

桜花賞の馬体重別成績(13~22年)

馬体重	着別度数	勝率	連対率	複勝率	単回収	複回収
400~419kg	0-1-1-15/17	0%	5.9%	11.8%	0	52
420~439kg	0-3-3-32/38	0%	7.9%	15.8%	0	52
440~459kg	0-1-1-45/47	0%	2.1%	4.3%	0	24
460~479kg	8-2-3-39/52	15.4%	19.2%	25.0%	157	87
480~499kg	2-3-2-11/18	11.1%	27.8%	38.9%	127	115
500~519kg	0-0-0-5/5	0%	0%	0%	0	0
520~539kg	0-0-0-1/1	0%	0%	0%	0	0

※桜花賞とオークスでは最も好走率が高い馬体重ゾーンがひとまわり分（20キロ分）ズレる

2023/05/25 掲載

日本ダービー 真格言

ノーザンファーム勢は不振の年でも大一番ダービーで巻き返す

東京芝2400m

キムラ 21年の3歳牡馬は屈指のHレベル世代(同世代の3歳夏以降の対古馬重賞成績は、記録をさかのぼれる1986年以降で重賞勝利数・勝率・連対率・複勝率の全項目で歴代1位の超絶好成績)で、2歳重賞競走(牡馬牝馬混合戦)でノーザンファーム勢が11レース中9レースで勝利を収め、非ノーザンファーム勢はわずか2勝(内1勝は牝馬)にとどまりました。年が明けた3歳重賞競走(牡馬牝馬混合戦)においても、ノーザンファーム勢が14レース中12レースで勝利を収めていました。

　それに対して、23年はノーザンファーム勢が14レースで5勝止まりと負け越し、というイマイチ波に乗れない結果が依然として続いています。

大　臣 なぜ23年の3歳重賞ではノーザンファーム勢が不振なんだろう?

キムラ 育成の遅れからデビュー＆勝ち上がりが後ろにズレ込むなどのノーザンファーム勢自体の内的要因と共に、これまでに行われた一連の重賞競走(3歳世代牡馬戦線)がノーザンファーム勢向きのレースに中々なっていなかったという外的要因も見逃せません。

　ノーザンファーム勢向きのレースというのは最もシンプルに言えば「時計勝負の高速決着戦」です。

　高速決着戦を「芝1400mで1分20秒台以下」「芝1600mで1分33秒台前半以下」「芝1800mで1分46秒台以下」「芝2000mで1分59秒台以下」「芝2200mで2分12秒台以下」「芝2400mで2分24秒台以下」と定義すると、それに当てはまった3歳重賞競走は「きさらぎ賞」「ク

イーンC」「フィリーズレビュー」「毎日杯」「桜花賞」「フローラS」「青葉賞」「オークス」の8レースに限られて、そこではノーザンファーム勢が大半の6レースで勝利して、馬券内好走馬24頭中14頭(好走率58%)という好成績を収めています。

大 臣 高速決着だけを見れば、それほど極端にノーザンファーム勢の成績は落ちてないと。

キムラ 逆にそれ以外の非高速決着だった14レースでは、ノーザンファーム勢はわずか2レースでしか勝利しておらず、馬券内好走馬42頭中15頭(好走率36%)という凡成績にとどまっています。

　今年の桜花賞は1分32秒1という近10年の中で2番目の超高速決着となり、ノーザンファーム勢の掲示板独占でした。二冠目オークスでも2分23秒1という過去2番目の超高速決着となりノーザンファーム勢が上位4頭中3頭を占めるという決着となったのも含めて、牡馬とは対照的に牝馬のほうではノーザンファーム勢の活躍が目立っている要因の一つは、一連の牝馬重賞競走が天候に恵まれてノーザンファーム勢向きのレース(時計勝負の高速決着戦)になっていたということも後押しとなっていたはずです。

大 臣 なるほど。

キムラ それに対して牡馬のほうはこれまでの一連の重賞競走(3歳世代牡馬戦線)が天候に恵まれないことが多く、ノーザンファーム勢に不向きなレース(非時計勝負の低速決着戦)ばかりとなっていたせいで、運悪く本来出せるべき結果を出せていなかったという可能性が考えられます。

大 臣 3歳牡馬の主要芝重賞が道悪ばっかりだったことの恩恵をいちばん受けたのが道悪の鬼シルバーステート産駒だったね。

キムラ 一冠目の皐月賞も悪天に見舞われて重馬場で行われノーザンファーム勢が力を出しづらいレースとなり、勝ち馬を含めて上位4頭中3頭を非ノーザンファーム勢が占めるという決着となりました。

　ただ、二冠目ダービーは季節的にも好天と高速馬場でレースが施行される可能性が高いレースで、例年ノーザンファーム勢が無類の

強さを発揮する傾向があるレースとなっています。

今年のダービーでは、これまで散々悪天に苦しめられてきて力を出せていなかったノーザンファーム勢が、一転して他勢力に対して相対的にアドバンテージを得られる局面となる可能性が見込まれます。

実際に過去、皐月賞が低速決着でダービーが高速決着だった場合には、皐月賞で凡走したノーザンファーム勢がダービーで巻き返す例が、古くはローズキングダムや最近だとヴェルトライゼンデなど高頻度で出現しています。

大臣 道悪の皐月賞で凡走して良馬場のダービーで巻き返しそうなノーザンファーム勢というとフリームファクシぐらいしかいないよね。

キムラ そうなんですよ。そもそも皐月賞の上位馬はダービーでも好走する確率は高い。ここは桜花賞とオークスの関係と違うところです。

大臣 だからダービーの1、2着はそんなに荒れないよね。3着にはよく人気薄が突っ込んで来るけど。フリームファクシも3着の有力候補だと思う。

キムラ 今年の皐月賞好走馬で、良馬場のダービーで下げるとしたら、いま話に出たシルバーステート産駒の2頭、皐月賞4、5着のメタルスピードとショウナンバシットぐらいですかね。

大臣 皐月賞と別路線組はどう評価する?

キムラ 今年は青葉賞と毎日杯が高速決着でした。そこをノーザンファーム勢のスキルヴィングとシーズンリッチが勝ったのは順当な結果で。この2頭を人気になってるダービーで狙うのも芸がないですよね(笑)。

大臣 今年の京都新聞杯は高速決着ではなかったけど。勝ったのはノーザンファーム勢のサトノグランツ。この馬は友道厩舎のサトノダイヤモンド産駒でちょっと不気味じゃない?

キムラ でも、ハーパーやドウデュースのようにマイルで重賞勝ってる友道厩舎の馬でもないですしね。そもそも最近はダービーのト

ライアルのレベルが落ちて来てると思うんです。だから皐月賞好走馬がダービーでも好走する確率は、少し前までよりも高くなってると思います。

大臣 へえ。そうなんだ。

キムラ いま皐月賞は5着までダービーの出走権が与えられてますよね。逆にトライアルの出走権は減りました。だからいまはより皐月賞にレベルの高い馬が集まってると思います。今年も青葉賞、京都新聞杯、毎日杯、プリンシパルSは、皐月賞に比べればレベルは落ちると思ってるので、トライアルの勝ち馬を僕はあまり評価はしてません。

大臣 そうなのか。他に、最近のダービーの傾向って何かある？

キムラ 最近の東京芝の馬場の傾向から差し馬が有利になってると思います。

大臣 近3年、20年の勝ち馬コントレイルと去年の3着馬アスクビクターモア以外、馬券になってるのはみんな上がり1位か2位の差し・追い込み馬だよね。4、5年前は先行有利の競馬だったけど。それとダービーはCコース替わりの週に行われるけど、ちょっと前までのように内枠有利の傾向もなくなったよね。

キムラ そうですね。外枠も気にしなくていいと思います。

大臣 最後に。ズバリ、ソールオリエンスに本命は打つ？

キムラ まだ決めてはいませんが。キタサンブラック産駒は中山の内回りでホントに走らない。中山内回りはキタサンブラック産駒にとって鬼門のコースなんです。去年まで中山内回りで勝ったのはイクイノックスだけでした。ソールオリエンスはキタサンブラック産駒にとっての鬼門のコースで連勝してますから、只者ではないと思います。去年、中山内回り→東京替わりがプラスということでイクイノックスをダービーで本命にしました。ソールオリエンスも本命にする確率は高いと思います。

2023年5月28日 東京11R
日本ダービー（GI） 芝2400m良 18頭立て

着	馬名	タイム	前走	位置取り	生産者	人気
1	6 ⑫ タスティエーラ	2.25.2	皐月賞(G1)5人2着	4-4-4-4	ノーザンファーム	4
2	3 ⑤ ソールオリエンス	2.25.2	皐月賞(G1)2人1着	6-6-6-6	社台ファーム	1
3	6 ⑪ ハーツコンチェルト	2.25.2	青葉賞(G2)2人2着	16-14-6-6	ハシモトファーム	6
7	7 ⑬ シーズンリッチ	2.25.6	毎日杯(G3)5人1着	3-3-3-3	ノーザンファーム	14
10	4 ⑦ フリームファクシ	2.25.7	皐月賞(G1)4人9着	10-10-14-12	ノーザンファーム	12
11	8 ⑱ サトノグランツ	2.25.9	京都新聞杯(G2)1人1着	14-15-14-15	ノーザンファーム	7
12	4 ⑧ メタルスピード	2.26.0	皐月賞(G1)13人4着	4-4-4-4	タバタファーム	13
16	3 ⑥ ショウナンバシット	2.27.1	皐月賞(G1)12人5着	17-17-16-15	ノーザンファーム	11
17	1 ② スキルヴィング	2.30.3	青葉賞(G2)1人1着	12-13-6-6	ノーザンファーム	2

単勝830円　複勝200円 120円 380円　枠連560円　馬連690円
ワイド360円 1,970円 820円　馬単2,330円　三連複4,700円　三連単29,810円

回顧　日　本　ダ　ー　ビ　ー　　　　*2023/06/01 掲載*

ダービーは皐月賞好走組と
ディープとハーツ

大　臣　今年のダービー1、2着は、皐月賞の1、2着が入れ替わっただけ。キムラ君は○◎で馬連を本線で当ててたね。

キムラ　コラムでもプッシュした2頭がワンツーを決めたのは良かったのですが、ソールオリエンスの単勝をたくさん買っていましたし、ソールオリエンス→タスティエーラの順番での決着が大本線で、2点目での的中だったのでガミりました。

大　臣　先週、キムラ君は、最近のダービーは「皐月賞好走馬を重視」「別路線組は軽視」という話をしていたけど、いまダービーの大原則はこれだなと改めて思った。19年以降のダービーでは、皐月賞3着以内の内、2頭が必ず馬券になっている。だからもっと細かく言えば「皐月賞の3着以内重視」だよね。

18～22年のダービー3着以内好走馬の前走成績

年	着順	人気	馬名	種牡馬	前走
19年	1	12	ロジャーバローズ	ディープインパクト	京都新聞杯2着
	2	3	ダノンキングリー	ディープインパクト	皐月賞3着
	3	2	ヴェロックス	ジャスタウェイ	皐月賞2着
20年	1	1	コントレイル	ディープインパクト	皐月賞1着
	2	2	サリオス	ハーツクライ	皐月賞2着
	3	10	ヴェルトライゼンデ	ドリームジャーニー	皐月賞8着
21年	1	4	シャフリヤール	ディープインパクト	毎日杯1着
	2	1	エフフォーリア	エピファネイア	皐月賞1着
	3	9	ステラヴェローチェ	バゴ	皐月賞3着
22年	1	3	ドウデュース	ハーツクライ	皐月賞3着
	2	2	イクイノックス	キタサンブラック	皐月賞2着
	3	7	アスクビクターモア	ディープインパクト	皐月賞5着
23年	1	4	タスティエーラ	サトノクラウン	皐月賞2着
	2	1	ソールオリエンス	キタサンブラック	皐月賞1着
	3	6	ハーツコンチェルト	ハーツクライ	青葉賞2着

※好走馬の大多数は皐月賞組の特に好走組から供給。皐月賞が時計が掛かる決着だった場合のみ、皐月賞での凡走組がダービーで巻き返す

　そして、皐月賞4着以下、別路線組で買えるのはほぼディープインパクトかハーツクライ。それぐらいディープとハーツはダービーの特注血統。来年以降、もうディープ産駒はいないわけだから、残るダービー特注血統はハーツだけに。ハーツなら皐月賞4着以下や別路線組でもダービーで狙える。

キムラ　そういうことですね。

大　臣　逆に、皐月賞3着以内からダービーで馬券にならない馬は、みんなディープでもハーツでもない。そういう意味では、サトノクラウン産駒のタスティエーラは、皐月賞3着以内でもダービーで危ない血統だったかもしれないけど、皐月賞のレースぶりを見ると、3着以下の馬たち相手に抜けて強い競馬をしていたよね。道悪の中山→良馬場の東京替わりはあまりプラスとは思わなかったけど、ダービーでも軽視はできないなと。実は、タスティエーラとハーツ

18〜22年のダービーで、
皐月賞3着以内から馬券にならなかった馬

年	着順	人気	馬名	種牡馬	前走
19年	4	1	サートゥルナーリア	ロードカナロア	皐月賞1着
20年	6	7	ガロアクリーク	キンシャサノキセキ	皐月賞3着
21年	6	8	タイトルホルダー	ドゥラメンテ	皐月賞2着
22年	7	4	ジオグリフ	ドレフォン	皐月賞1着
23年	8	3	ファントムシーフ	ハービンジャー	皐月賞3着

コンチェルトのワイドだけ獲ったんだよね。

キムラ ああ、そのワイドは19.7倍もついたんですね。

大臣 ◎はソールオリエンスだったけど、相手はフリームファクシとハーツコンチェルトの2点だけに絞った。フリームファクシは真格言で推奨された馬。ハーツコンチェルトは父がハーツだから押さえた。過去4年、ハーツ持ちが毎年、馬券になっていたのは知ってたからね。そして先週のキムラ君の話を聞いて、別路線組はみなばっさり消すことができたよ。

キムラ それは良かったです（笑）。

大臣 ただ、ソールオリエンスの本命はオークスのリバティアイランドほど自信はなく、ひょっとしたらコケる可能性もあるかなと思って、念のためタスティエーラからもフリームファクシとハーツコンチェルトに流したんだよね。

　繰り返しになるけど、ダービーは「皐月賞3着以内を狙え」「別路線組は軽視」「ただしハーツは例外」が大原則。今年の1〜3着はこれで買えた馬。

ここも大事

最近のダービーは「皐月賞好走馬を重視」「別路線組は軽視」

道悪の春の東京芝のGIで重視すべきは「非ノーザンファーム」「非大型馬」「キンカメ系」

東京芝1600m

キムラ 春の安田記念と秋のマイルCSの関係性について、両レースは東京芝1600m↔京都芝1600mという舞台設定の違いによる要求適性の食い違いから、好走する馬の顔触れがガラリと入れ替わるという"非直結"の傾向がありました。

しかし、20〜22年のマイルCSは京都競馬場の改修工事によって阪神競馬場での施行となり、非直結傾向は一転して直結傾向へと様変わりしました。

つまり、「東京の安田記念≒阪神のマイルCS≠京都のマイルCS」という格好で、今年の安田記念までは、前年のマイルCSの上位勢をそのまま評価するというのが的中への最短ルートになるはずです。

大臣 東京芝1600mと京都芝1600mの関係で言うと、京都のマイラーズCと安田記念も非常に相性が悪い。2レースで続けて好走したのはインディチャンプぐらい。マイラーズC好走馬は安田記念でよく人気で凡走する。これは両コースの相性の悪さだけじゃなくて、マイラーズCが春の京都の開幕週に行われ、時計が速すぎて反動も出てると思うんだけど、今年もかなり時計の速い決着だったマイラーズCの1〜3着馬は安田記念でかなり怪しそう。

キムラ ただし、東京芝1600mと京都芝1600mは非直結、東京芝1600mと阪神芝1600mは直結というのは、安田記念がごく一般的な馬場状態で行われた場合の話です。台風の動き次第で週中段階では不透明ではありますが、雨中競馬（道悪）となった場合にはまた話が

ガラリと変わってきます。

　今週末の安田記念が道悪開催となった場合を想定して、もしくは梅雨時季ですので今週末が空振りだったとしても、その後の道悪開催時に注目すべきポイント＝買いパターンについて取り上げたいと思います。

　ポイントの1点目は生産牧場について。この安田記念では、近10年の好走馬30頭中15頭というちょうど半数をノーザンファーム生産馬が占めていました。これは先週のダービー展望でも扱った内容と被りますが、ノーザンファームがメインターゲットとしている芝の短中距離〜中長距離条件においては、基本的に時計の速い決着(高速決着)になればなる程に、ノーザンファーム生産馬が活躍する率が高くなります。

　逆に、近10年で唯一の不良馬場となった14年(勝ち馬ジャスタウェイ)は、ノーザンファーム生産馬の2番人気馬と3番人気馬が馬券外に沈んだ通り、時計の遅い決着(低速決着)になればなる程に、非ノーザンファーム生産馬の活躍余地が広がるということが言えます。

　過去1年の芝マイルGⅠレースでノーザンファーム生産馬が複数好走できなかったレースは、1分33秒台の低速決着となったNHKマイルCと朝日杯FSの2戦だけで、1分32秒台以下の高速決着となった安田記念、マイルCS、桜花賞、ヴィクトリアマイルでは全てノーザンファーム生産馬が複数好走しています。

　2点目は馬体重について。一般的には雨が降ってタフな馬場状態になると「力が要る＝非力な馬よりもパワーがある馬が良い＝馬体重が小さい馬よりも大きい馬が良い」と捉えられているように見受けられますが、実際には一定以上の極度の道悪となった場合には、極端に馬体重が大きい馬は全くと言って良いほどに走らなくなるという現象が発生します。

大　臣　へえ、そうなんだ。道悪でパワーのいる馬場なら大型馬が有利なイメージだけど。

キムラ　実はまったくそんなことはないんです。ただ、今年の安田

記念では極端に馬体重が大きい馬は除外対象のジャスティンスカイだけですけどね。

　3点目は血統について。近年、1分32秒5以下の高速決着だった芝マイル重賞レースの種牡馬別成績で上位に君臨しているのは、ディープインパクト、ロードカナロア、ハーツクライ、ダイワメジャー、ステイゴールドで、下位に名を連ねているのがキングカメハメハとルーラーシップです。

　それに対して(同じ時計基準だと、単純にレベルが低いレースがピックアップされてしまうので馬場状態による集計をしますが)、近年、芝良馬場以外で行われた芝マイル重賞の種牡馬別成績で上位に君臨しているのは、ドゥラメンテ、スクリーンヒーロー、ロードカナロア、キングカメハメハ。ディープインパクトとハーツクライはあまり振るわなくなります。

　端的に言えばマイルの上級条件において、高速決着を歓迎するのはディープインパクト、ハーツクライなどサンデー系全般で、低速決着を歓迎するのはキングカメハメハ系全般です。

大　臣　以上の3点から、道悪になった場合の安田記念で浮上するのは、非ノーザンファーム勢でキンカメ系ルーラーシップ産駒のソウルラッシュだよね。

キムラ　ソウルラッシュは、富士S、マイラーズCの好走を見て、キンカメ系のわりには意外と高速馬場も苦にしないことはわかりましたが、去年の安田記念前に道悪で3連勝していたように、時計のかかる馬場が得意な馬なのは間違いないですよね。

大　臣　俺はこの馬、本番よりトライアルに強いタイプで、GIだとちょっと足りない馬な気もしてるんだけどなあ。確かに道悪なら押さえたくはなるけどね。マイラーズC好走馬だし良馬場なら買わない。

キムラ　僕も良馬場なら狙いは下げますけど、道悪になったらソウルラッシュはかなり面白いと思っています。

大　臣　逆に道悪で狙いを下げたい有力馬はいる?

キムラ　最近の芝マイルのGⅠは高速決着ばかりなので、基本的にそこで好走してきた馬は狙いを下げたいです。その中でも特に道悪で下げたいのはソダシですかね。軽い高速馬場が大好きな馬ですから。

大　臣　そうか。俺は、ソダシは1ターンの1600mなら黙って買っておけ派なんだけど（笑）。

キムラ　あと今回は間隔が詰まるのもちょっと気になります。近親のメイケイエールも間隔が詰まるとダメなタイプですよね。この一族は気性的に難しく休み明けのほうが走ると思うので、間隔を詰めるのはリスクがあります。

大　臣　間隔を詰めるという意味ではソングラインはどう？　去年は、ドバイ帰りのヴィクトリアマイルで凡走して安田記念で巻き返したけど、今年はドバイ帰りのヴィクトリアマイルから走っちゃったよね。

キムラ　去年は、ヴィクトリアマイルが少し仕上げ不足で、安田記念は攻め強化で追い切りも動いたんですよね。今年はヴィクトリアマイルでいきなり走ったからと反動が警戒されていますが、着順は昨年と今年で5着、1着と大きく変わったとしても、パフォーマンス的には似たようなモノでしたし、今回の中間も去年とまったく同じ時計が出せているんですよ。となると、今年も順調にきてるかなと思いますし、反動が出る感じはしません。あと、この馬は道悪でも極端に狙いは下げなくていいタイプだと思っています。

大　臣　いまの時期の天気は不安定で天気予報もコロコロ変わるので、週末の東京は晴れの可能性もあるよね。晴れた場合には何を狙えばいい？

キムラ　さっき話した雨で浮上する3点の逆ですね。ノーザンファーム勢、馬体重の重い馬、そして高速馬場が得意なロードカナロア産駒、ダイワメジャー産駒など。

大　臣　ああ、そうか。

キムラ　例えば、高速馬場の阪神芝1600mで行われた昨年のマイル

CSを制したダイワメジャー産駒のセリフォスは、良馬場なら評価して、道悪なら狙いを下げるべきだと見ています。

2023年6月4日 東京11R
安田記念（GI）　芝1600m良 18頭立て

着	馬名	性齢	斤量	父	生産者	馬体重	人気
1	8 ⑱ ソングライン	牝5	56	キズナ	ノーザンファーム	480(-8)	4
2	2 ④ セリフォス	牡4	58	ダイワメジャー	追分ファーム	486(0)	3
3	7 ⑭ シュネルマイスター	牡5	58	Kingman	Northern Farm	490(0)	1
7	3 ⑤ ソダシ	牝5	56	クロフネ	ノーザンファーム	486(-2)	2
9	5 ⑩ ソウルラッシュ	牡5	58	ルーラーシップ	下河辺牧場	502(-10)	6

単勝740円　複勝220円 210円 160円　枠連1,300円　馬連1,890円
ワイド770円 450円 460円　馬単4,240円　三連複2,290円　三連単14,510円

回顧　安　田　記　念　　　　　　　　*2023/06/08 掲載*

ソングラインがGIで連続好走し、
ソダシはそれができなかった理由

大　臣　安田記念は結局、良の高速馬場まで回復。安田記念の真格言トークでは、春の東京芝GIが道悪になった場合の重要な話をしたと思うので、今後、そういう馬場になった時の参考にして下さい。

　道悪なら浮上するのはソウルラッシュという話だったけど、当日のJRAの配信番組でもキムラ君はソングラインも実質的な本命（ソウルラッシュとのダブル本命）だったよね。実際、ソングラインは強かった。僕も単勝を獲ったけど、安心して見てられたよ。

キムラ　先週、「ソングラインは去年と変わらずデキがいい」「良馬場で浮上するのはセリフォス」と、1、2着馬を推奨できたのは良かったと思います。

大　臣　俺は馬連も獲った。今年の春の東京GI5連戦は、オークスを除く4レースを的中。完全にこの連載のおかげだよ(笑)。

キムラ　それは良かったです(笑)。

大 臣 ソングラインは、キムラ君がデキに関して問題ないと言ってくれたので、安心して買えた。

キムラ デキの良さは馬体重にも表れていましたよね。去年も今年もヴィクトリアマイルでちょっと増えて、安田記念できっちり絞れていました。今年も安田記念がピークのデキだったと思います。

大 臣 ソングラインは去年、ヴィクトリアマイルで5着と凡走したから安田記念で巻き返せて、今年はヴィクトリアマイルで好走したから安田記念は危ないのでは？と考えた人も多かったと思う。要は、ソングラインはヴィクトリアマイルで凡走しようが好走しようが、ひと叩きできっちりと状態を上げてくるタイプだということだよね。

キムラ そうですね。

大 臣 休み明けで好走した後に、間隔を詰めて使うと2走ボケの確率が高くなるけど、まだ産駒がデビューして間もない頃に、「キズナ産駒は休み明けで好走した後、間隔を詰めてもまた好走する馬が多い」と王様が言ってたんだよね。今回のソングラインの好走でそれを思い出したよ。

　それからヴィクトリアマイル組ではソダシのほうが間隔を詰めると危ないタイプじゃないかと言ってたけど、それも正解だったね。

キムラ 安田記念のヴィクトリアマイル組って、ウオッカ以降、関西馬は1頭も好走してないんですよね。牝馬が短い間隔で2度の輸送をしてマイルGⅠを続けて好走するのは難しいことだと思うんです。

大 臣 なるほど。関西の牝馬にとってはそこが大きな問題なんだね。

キムラ 安田記念は、関東馬のソングラインと関西馬のソダシで明暗が分かれた結果でもあったと思います。

PICKUP DATA

1分32秒5以下の高速決着となった芝マイル重賞の種牡馬別成績(13〜23年安田記念前週まで)

種牡馬	着別度数	勝率	連対率	複勝率	単回収	複回収
ディープインパクト	20-22-12-144/198	10.1%	21.2%	27.3%	100	71
ダイワメジャー	5-3-4-53/65	7.7%	12.3%	18.5%	34	40
ロードカナロア	5-2-4-38/49	10.2%	14.3%	22.4%	98	83
ステイゴールド	4-3-3-29/39	10.3%	17.9%	25.6%	67	63
ハーツクライ	3-4-7-29/43	7.0%	16.3%	32.6%	58	99
※キングカメハメハ	1-5-3-59/68	1.5%	8.8%	13.2%	5	41
※ルーラーシップ	0-1-1-15/17	0%	5.9%	11.8%	0	17

※高速マイル戦にはキングカメハメハ産駒&ルーラーシップ産駒は対応できないケースが目立つ

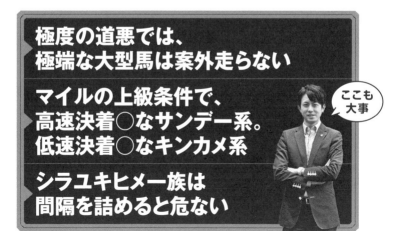

極度の道悪では、
極端な大型馬は案外走らない

マイルの上級条件で、
高速決着○なサンデー系。
低速決着○なキンカメ系

ここも
大事

シラユキヒメ一族は
間隔を詰めると危ない

2023/06/29 掲載

CBC賞 真格言

軽ハンデが効きづらい
中京芝1200mコースのCBC賞

中京芝1200m

キムラ サマースプリントシリーズは6月の函館スプリントSから9月のセントウルSまで全6戦行われます。その中でこのCBC賞と北九州記念の2戦のみハンデ戦として行われます。

もう一つのハンデ戦である北九州記念は、22年は51キロのボンボヤージが16番人気1着、21年も51キロのヨカヨカが5番人気1着など、総じて軽ハンデ馬が活躍する傾向が認められるレースです。

しかし、本来の中京芝1200mコースで行われていたCBC賞は、牡馬換算で56キロ以上の重めのハンデを背負う馬ばかりが勝利を収めるなど、逆に重ハンデ馬が活躍する傾向が認められるレースとなっています。

大臣 それはコース形態の影響かな?

キムラ そうですね。端的に言えば、直線が短かったり平坦コースだったりするスピード優先のコースやレースでは軽ハンデが効きやすく、パフォーマンス向上に劇的に結び付く。それに対して、そうではないコースでは軽ハンデは相対的に効きづらく、重ハンデ馬のパフォーマンスも損なわれづらいという背景が考えられます。

大臣 中京で行われた過去5回のCBC賞で、52キロ以下の馬が馬券になったのは、18年9番人気2着のナガラフラワー(52キロ)、16年7番人気2着のラヴァーズポイント(50キロ)の牝馬2頭のみ。夏のローカルの芝1200m重賞でこんなに軽量の馬が来ないレースって珍しいよね。ハンデ戦だからという影響があるとしても、これはかなり特殊なレースだと思っていいだろうね。

キムラ そうです。ということでトップハンデのマッドクールを軽

競馬"真"格言

視する必要はないことになります。

2023年7月2日 中京11R
CBC賞（GⅢ）　芝1200m良 12頭立て

着		馬名	性齢	斤量	騎手	タイム	位置取り	上がり	人気
1	7⑩	ジャスパークローネ	牡4	55	団野大成	1.07.2	1-1	33.5	7
2	4④	サンキューユウガ	牡7	54	松山弘平	1.07.3	3-3	33.2	8
3	5⑥	スマートクラージュ	牡6	57.5	岩田望来	1.07.6	5-3	33.4	4
9	6⑧	マッドクール	牡4	58.5	坂井瑠星	1.08.2	3-3	34.1	1

単勝2,820円　複勝740円 620円 330円　枠連7,850円　馬連23,130円
ワイド4,710円 3,010円 2,510円　馬単53,390円　三連複56,550円　三連単499,640円

回顧　C　B　C　賞　　　*2023/07/06 掲載*

CBC賞は高速決着になると軽ハンデが好走

大　臣　この連載では各重賞レースの原理・原則の話をしているけど、CBC賞の真格言は「軽ハンデが効きづらい」だった。また、これまで何度か中京芝1200mの特徴を話してきたけど、「マイラーが走りやすい」、「差しが決まりやすい」、「内枠有利」だったよね。

　4年ぶりに中京芝1200mで行われた今年のCBC賞は、軽ハンデ馬の前残りという結果になったけど、これは今後もCBC賞ではちょこちょこ起きそうなことなのか、かなりレアケースなのか。キムラ君はどう考えているか教えてくれる？

キムラ　まず、今年は勝ち時計が1分7秒2と速かったですね。過去、同じぐらい速い時計だったことが2度あって、それが16年の1分7秒2と18年の1分7秒0でした。

大　臣　先週、中京で行われた過去5回のCBC賞で、52キロ以下の軽ハンデ馬が馬券になったのは2頭だけという話をしたけど、それが16年と18年だったね。

キムラ　そうです。16年の勝ち馬レッドファルクスは56キロでした

けど、18年の勝ち馬アレスバローズは54キロ。今年の勝ち馬ジャスパークローネは55キロで、歴代の勝ち馬ではハンデが軽いほうでした。

大　臣　CBC賞は、1分7秒台前半の速い時計の決着になるとハンデの軽い馬が好走しやすいってこと？

キムラ　先週「(芝1200mの重賞は)スピード優先のコースやレースでは軽ハンデが効きやすい」という話をしましたよね。他のコースの芝1200m重賞とは異質なレースになりやすい中京芝1200mでも、開幕週の軽い高速馬場だと、そういう質のレースになってしまうということだと思います。

大　臣　なるほど。あと土日で馬場状態の変化はあったけど、開幕週の中京芝は一貫して逃げ馬の止まらない馬場だったよね。逃げ馬の成績は【7-2-1-3】。1ターンに限れば【6-2-0-2】。新装後、夏の開幕週の中京芝でこんなに逃げ馬が残った年はない。要は、今年は過去最高に逃げ馬が残る前有利な馬場だった。

キムラ　今年のCBC賞の明暗を分けた一番のポイントは内有利な馬場だったと思いますよ。

大　臣　これまで新装中京のCBC賞で逃げ切った馬はいなかった。2着のサンキューユウガも内目の枠から逃げ馬の後ろをロスなく回ってこれた利が大きかったよね。

　今年のCBC賞は、異常に逃げ馬が残る馬場で行われた少し特殊な結果。さっき話に出たように、高速決着になった時はちょっと注意が必要だけど、来年以降も「(高速決着にならなければ)軽ハンデが効きづらい」、「マイラーが走りやすい」、「差しが決まりやすい」、「内枠有利」という原理・原則で馬券を考えていきたいね。

競馬 "真" 格言

PICKUP DATA

牡馬 中京芝1200mのハンデ重賞レースの斤量別成績
(13～23年CBC賞前週まで)

斤量	着別度数	勝率	連対率	複勝率	単回収	複回収
～49kg	0-0-0-3/3	0%	0%	0%	0	0
49.5～51kg	0-1-0-8/9	0%	11.1%	11.1%	0	52
51.5～53kg	1-1-0-29/31	3.2%	6.5%	6.5%	30	26
53.5～55kg	2-3-1-49/55	3.6%	9.1%	10.9%	23	36
55.5～57kg	6-1-8-29/44	13.6%	15.9%	34.1%	75	99
57.5～59kg	1-4-1-12/18	5.6%	27.8%	33.3%	20	85

牝馬 中京芝1200mのハンデ重賞レースの斤量別成績
(13～23年CBC賞前週まで)

斤量	着別度数	勝率	連対率	複勝率	単回収	複回収
～49kg	0-0-0-3/3	0%	0%	0%	0	0
49.5～51kg	0-1-0-7/8	0%	12.5%	12.5%	0	58
51.5～53kg	1-1-0-16/18	5.6%	11.1%	11.1%	52	45
53.5～55kg	1-2-0-17/20	5.0%	15.0%	15.0%	20	38
55.5～57kg	2-0-1-4/7	28.6%	28.6%	42.9%	141	78

※牡馬も牝馬もハンデを背負う斤量ゾーンの馬ほど好成績

2023/07/06 掲載

プロキオンS 真格言

ダートのオープン戦線で本格的に 4歳馬を買える時期は春以降から

中京ダ1400m

キムラ　まず、23年の5歳世代の3歳上＆4歳上ダートオープン競走における年齢時期別成績をもとに話を始めます。

2023年5歳世代の3歳古馬混合ダートオープン競走での
年齢時期別成績（23年プロキオンS前週まで）

年齢時期	着別度数	勝率	連対率	複勝率	単回収	複回収
3歳・7〜9月	0-0-0-2/2	0%	0%	0%	0	0
3歳・10〜12月	1-0-0-18/19	5.3%	5.3%	5.3%	33	16
4歳・1〜3月	2-0-1-27/30	6.7%	6.7%	10.0%	11	21
4歳・4〜6月	5-3-3-33/44	11.4%	18.2%	25.0%	64	91
4歳・7〜9月	1-5-1-22/29	3.4%	20.7%	24.1%	16	78
4歳・10〜12月	4-5-5-56/70	5.7%	12.9%	20.0%	25	51
5歳・1〜3月	7-5-4-36/52	13.5%	23.1%	30.8%	72	86
5歳・4〜6月	6-3-3-57/69	8.7%	13.0%	17.4%	74	44

※4歳春から上の世代に対して徐々に優位を形成するのが毎年のパターン

　成績データを見れば一目瞭然ですが、まず3歳時は壊滅的。4歳1〜3月も依然としてかなり低調な成績で、4歳4月以降からやっと見られる成績となっています。

　この5歳世代については、コロナ禍により、早い段階で活躍する傾向がある米国産馬の輸入が激減（今のダートのトップ戦線は、米国産馬、日高産馬、ノーザンファーム生産馬の三つ巴という勢力図だけに、その一角が欠落するのは影響度大）したことで、特に早い時期に行われる世代限定戦のレベルが極端に低くなっていました。

このことが3歳時の古馬混合戦での異常な低成績を生んだものと見られます。

　ただし、その特殊事情を抜きにしても、ダート馬の場合には「3歳時に全く振るわず→明け4歳冬も振るわず→4歳春以降から上昇」という成績の推移自体、他のどの世代についても一貫して起こる通常のパターンとなっています。

大　臣　それは斤量の影響かな？

キムラ　3歳夏から4歳冬にかけて、段階的に古馬との斤量差が縮小されます。1400 ～ 1600mの場合、3歳夏は3キロ差→3歳9 ～ 10月は2キロ差→3歳11月～ 4歳1月は1キロ差→4歳2月以降は0キロ差と推移します。3歳馬にとって、成長して力量差を埋めていく分だけ斤量差は縮小されていき、結果的にそれらが相殺される格好で、その期間内は成績の差をなかなか詰められないということになります。そして、力量は上がる一方で、斤量差は変わらないという4歳春以降から本格的に活躍が拡大していく、というのが毎年恒例の流れになっているワケです。

　なのでダートではこの時期から4歳馬を評価していきましょう、ということですね。逆に不利な時期から走っていた4歳馬は特に評価できるということが言えます。

　今年のメンバーで言えば、3歳時に額面斤量差1キロでカペラSをぶっこ抜いたリメイクは格が違う馬という見方ができます。もともと左回りのほうが良かった馬ですし。

大　臣　さらに今回は川田騎手に乗り替わり。これでますます不安なし。気になるのは他馬より1キロ重い58キロの斤量ぐらいかな。

キムラ　でも、実績を考えたら他馬より1キロだけ重いぐらいなら、むしろ有利な斤量なんじゃないですか。

　また、5歳以上を相手にまだリメイクほど実績のない他の4歳馬は危ないと思います。

2023年7月9日 中京11R
プロキオンS（GⅢ）　ダ1400m稍重 15頭立て

着	馬名	性齢	斤量	タイム	前走	位置取り	人気
1	4⑦ドンフランキー	牡4	57	1.23.0	京都グランド(OP)2人1着	1-1	2
2	5⑩リメイク	牡4	58	1.23.1	ドバイGS(G1)7人5着	4-5	1
3	8⑯オメガレインボー	牡7	57	1.24.1	ポラリスS(OP)4人1着	8-8	5
4	3⑤エルバリオ	牡4	57	1.24.1	麦秋S(3勝C)6人1着	7-7	6

単勝480円　複勝160円 120円 240円　枠連590円　馬連610円
ワイド300円 900円 470円　馬単1,320円　三連複2,080円　三連単9,310円

回顧　プロキオンS　　　　　　　　　　*2023/07/13 掲載*

プロキオンSの4歳馬が3頭、
掲示板に載ったのは史上初

大　臣　プロキオンSは4歳馬のワンツーだったね。

キムラ　4着馬も4歳馬でした。プロキオンSが7月に中京で行われるようになって、4歳馬が3頭も掲示板に載ったのは今年が初めてだったんですけど、これは現4歳世代のレベルが高く、現5歳世代のレベルが低いことが影響していると思います。

　それからエルバリオは前走で3勝クラスを勝ったばかりの馬でしたけど、今年になってからダートの3勝クラスを勝ったばかりの4歳馬が、OPクラスの昇級戦でけっこう馬券になっているんですよ。逆に、昨年は3勝クラスを勝った馬は昇級初戦の重賞・OP競走で全くと言っていいほどに好走できていませんでした。今年のダート4歳馬の層が厚すぎて、3勝クラスを突破するハードルがかなり高くなっているんですよね。

大　臣　なるほど。OPでも通用する力をつけているような馬が、3勝クラスで渋滞してるわけね。

　プロキオンSを勝ったドンフランキーは、2走前のコーラルS4着を見たら、5歳以上と同斤で重賞だとまだ厳しいかなと思ってしま

ったよ。この馬はコーラルSの阪神ダート1400mより中京ダート1400mでパフォーマンスを上げることをもっと考慮すべきだった（これで中京ダート1400mでは3連勝）。それでもリメイクを負かすまで強くなっているとは思わなかったよ。別にリメイクは悪い競馬をしてたわけじゃないよね。

キムラ 後続との着差を見ればそれは明らかですよね。むしろ今回は物凄く強かったカペラSよりいい競馬をしたんじゃないかと思っているくらいです。そのリメイクと同等の競馬をしたということは、ドンフランキーが単純に強かったんだと思います。

大臣 ここで改めて、プロキオンSの4歳馬の扱いを確認しておきたい。交流重賞を含め、5歳以上を相手に既に重賞で馬券になったことがある馬は、もちろんここでも勝負になる。問題は、重賞実績はないけどOP特別勝ちがある馬（ドンフランキーもこれに該当）。これが通用したりしなかったりで、そこは馬ごとに吟味する必要あり。ここは世代間のレベルの差も重要になってくる。

キムラ 例年なら、OP特別勝ちまでしか実績のない4歳馬は、基本的にプロキオンSでは厳しいと考えていいと思います。

> ここも大事
> **いまダートの3勝クラスはレベルが高く、昇級のOP特別・重賞で即好走できる馬が多くなっている**

2023/07/13 掲載

函館記念 真格言

函館記念は Bコース替わり1週目の年と Bコース替わり2週目の年で 真逆の傾向に

函館芝2000m

キムラ 函館記念は近10年、4角3番手以内馬が8勝に対して、4角4番手以下馬が2勝。内目の1〜4枠の馬が8勝に対して、外目の5〜8枠の馬は2勝。その全体データからは先行有利・内枠有利のレースだと捉えられがちです。しかし、近10年の多くが今年と異なり、Bコース替わり1週目に施行されていた点が"罠"だと言えます。

大臣 罠?

キムラ 今年の函館開催も開幕当初の1〜3週目までは総じて内有利傾向だったのが、Aコースが使い込まれた開催4週目にはやや外有利傾向が生まれ、Bコース替わり1週目の先週は、序盤のレースでは再び内有利傾向への揺り戻しが見られました。

　過去を振り返っても、開催を積み重ねる毎に、ストレートに内→外へと伸び所がスライド。コース替わりで、ストレートに外→内へ戻るのが函館芝コースの典型的なパターンです。

　過去10年の函館記念で先行決着や内有利決着が多かったのは、あくまでも馬場の内目が走りやすい状態になるBコース替わり1週目の馬場傾向が反映されたものであり、開催のタイミング次第ではその限りではないということが言えるはずです。

　今年と同じくBコース替わり2週目の施行だった年は、近年では12年、14年、20年、22年の4回ありましたが、それらの年の好走馬を振り返ると以下の通り。

➡️**12年** ➡️ 道中2桁通過順のトランスワープとイケトップガンの
ワンツー決着

➡️**14年** ➡️ 道中2桁通過順位のラブイズブーシェと道中9番手追
走のダークシャドウのワンツー決着

➡️**20年** ➡️ 道中8番手追走のアドマイヤジャスタと道中最後方追
走のドゥオーモのワンツー決着

➡️**22年** ➡️ 道中最後方追走のマイネルウィルトスと道中2桁通過
順位のスカーフェイスが2着&3着

　枠順の内外を問わず、捲り馬と追い込み馬が波乱を演出するとい
う、近10年のデータ上から読み取れる函館記念のイメージ(全般的
な傾向)とは異なる決着傾向が浮かび上がります。

　Bコース替わり1週目だった先週の開催でも、レース数を重ねる毎
に徐々に外差し馬の台頭が見られましたので、Bコース替わり2週目
で行われる今年の函館記念は、山を張るとすれば"内&前"ではなく、
"中&後"から競馬を進める馬のほうと見ます。

大　臣　一つ注意しておきたいのは、函館記念はBコース替わり2
週目で差し決着の競馬になっても、内枠の馬はよく来るんだよね。

キムラ　そうですね。だから、さっき「"内&前"ではなく、"中&後"」
と言いました。開催終盤でも、流石に"外&後"、つまり外枠有利な
レースまではなりづらいという点に注意が必要です。

2023年7月16日　函館11R
函館記念（GⅢ）芝2000m稍重 16頭立て

着	馬名	性齢	斤量	騎手	タイム	位置取り	上がり	人気
1	5 ⑨ ローシャムパーク	牡4	56	ルメール	2.01.4	8-7-7-7	35.8	1
2	4 ⑦ ルビーカサブランカ	牝6	55	吉田隼人	2.01.8	8-7-7-5	36.3	4
3	4 ⑧ ブローザホーン	牡4	55	岩田康誠	2.01.8	15-15-15-13	35.6	2

単勝410円　複勝170円 230円 200円　枠連500円　馬連2,520円
ワイド960円 680円 760円　馬単4,230円　三連複4,210円　三連単21,330円

回顧　函館記念　　　　　　　　　*2023/07/20 掲載*

Bコース替わり2週目で順当に差し決着

大 臣　今年の函館記念は中枠の差し馬が1〜3着で、真格言で想定した通りの決着だったね。

キムラ　そうですね。強い馬というか、来るべき馬がうまく中枠に入ったというのもありますけど(笑)。差し決着でも外枠が有利になりにくいというのは、函館記念らしい結果だったと思います。

大 臣　ただ、荒れるハンデ戦の函館記念が1、4、2番人気で決着されても困るなあ(笑)。

キムラ　勝ったローシャムパークは3走前に中山芝2000mで2勝クラス勝ちをしたんですけど、その一つ前に行われた中山金杯を明らかに上回るパフォーマンスでした。

大 臣　2分00秒2で勝ち時計は一緒だったんだね。

キムラ　しかも、中山金杯を勝ったラーグルフは56キロで、ローシャムパークは57キロだったんですよ。この時点で中山金杯に出走してても勝てる力はあったんだと思います。前3走は条件戦を回り道しただけで、ここも力通りに走ったら格が違ったと。

PICKUP DATA

Bコース替わり2週目に行われた函館記念の脚質別成績(12〜22年)

脚質	着別度数	勝率	連対率	複勝率	単回収	複回収
逃げ	0-0-0-4/4	0%	0%	0%	0	0
先行	1-0-2-9/12	8.3%	8.3%	25.0%	156	99
中団	2-3-1-16/22	9.1%	22.7%	27.3%	384	202
後方	0-0-1-21/22	0%	0%	4.5%	0	10
マクリ	1-1-0-2/4	25.0%	50.0%	50.0%	177	112

※マクリも含めて道中は中団以降に位置していた馬が優勢

中京記念の二つのポイント。
「中京芝は大型馬有利」
「中京記念は内枠有利」

中京芝1600m

キムラ　23年の中京記念は京都競馬場の改修工事に伴う変則開催により、近3年は別コースで行われていました。本来の中京芝1600mで行われるのは実に4年ぶりとなります。

　その4年前以前(12～19年)と今とでは中京芝の質が異なるので、安易に過去のレース傾向を参照するのはやや危険です。今回は4年前以前と今の中京芝コースの変わらない点と変わった点など、本質的な「中京芝コース」という部分にフォーカスを当てます。

　まず変わらない点について。巷でもあまり知られていないポイントかと思いますが、「馬格が物を言う(大型馬有利)」というのは昔も今も不変の傾向となっています。

大 臣　そうなの？ 知らなかったよ(笑)。

キムラ　全場の芝コース馬体重別成績データを参照すると、札幌芝コース、福島芝コース、新潟芝コース、京都芝コース、小倉芝コースは、どの馬体重別でも万遍ない傾向。函館芝コースは大型馬不利の傾向。東京芝コースは緩やかに大型馬有利の傾向。中山芝コース、阪神芝コースは小型馬不利の傾向が読み取れます。

　小型馬不利コースの特徴である「坂」と、大型馬有利コースの特徴である「直線の長さ」を併せ持つ中京芝コースこそが、必然的に全コースの中で最も馬格が物を言う大型馬有利のコースとなっている、というわけです。

大 臣　なるほどね。

キムラ　過去10年の中京記念でも、好走馬の約9割が馬体重480〜519キロの中大型馬のゾーンに属する馬から輩出されており、479キロ以下の小中型馬は複勝率は5%程度と、極度の不振成績となっています。

大臣　抽選対象馬を除く今年の登録馬で、前走の馬体重が480〜519キロの馬は5頭しかいないんだよね。ウイングレイテスト、サブライムアンセム、シュリ、ホウオウアマゾン、ルージュスティリア。

キムラ　次に中京芝コースで変わった点です。中京競馬場が新装直後だった3年間(12〜14年)の中京記念は、8枠の馬が人気薄で激走するという決着が連続していましたが、コース全体の傾向としても当初は外枠有利傾向となっていました。

　それが馬場の変化と騎手の対応によって覆っているのが近年で、今年の中京芝全レースを振り返っても、好走率が高いのは「2枠→3枠→1枠」の順となっています。

　過去10年の中京記念のレース傾向を参照すると、外枠有利データが読み取れるかもしれませんが、それは中京芝コース自体がまだ内有利ではなかった時代の分が多く反映されているものです。ですので、最新の中京芝コースは異なる状況にあるという点を頭に入れておく必要があります。

大臣　俺は、中京記念は「外枠の差し・追い込み馬有利のレース」とメモしてるんだけど、それは変わっている可能性が高い?

キムラ　そうですね。

大臣　ただ、先週の中京芝はやや外差し有利な馬場になってきてたよね。逆に、内ピッタリを回って来て人気以上に走った馬がほとんどいなかった。

キムラ　でも、今週末は今開催で初めて雨の影響が全くなさそうで、パンパンの良馬場で行われる可能性が高そうです。どういうバイアスの馬場になるかはまだ不透明だと思いますね。極端な外差し有利のバイアスでもない限り、今年は外枠の差し馬は買いたくないですし、内枠の馬を狙いたいです。

2023年7月23日 中京11R
中京記念（GⅢ） 芝1600m良 16頭立て

着	馬名	性齢	斤量	タイム	位置取り	馬体重	上がり	人気
1	3 ⑥ セルバーグ	牡4	55	1.33.0	1-1-1	432(-4)	35.6	8
2	6 ⑪ ディヴィーナ	牝5	54	1.33.3	13-12-9	422(0)	34.9	2
3	8 ⑯ ルージュスティリア	牝4	53	1.33.5	11-12-14	486(+4)	34.7	1
4	5 ⑩ ウイングレイテスト	牡6	57	1.33.5	7-6-7	494(-2)	35.3	3
5	4 ⑧ サブライムアンセム	牝4	55	1.33.7	7-9-9	482(-8)	35.3	11
9	1 ② シュリ	牡7	57	1.34.0	3-2-2	516(+4)	36.3	13
14	5 ⑨ ホウオウアマゾン	牡5	58	1.34.2	3-4-4	512(0)	36.2	9

単勝1,660円　複勝400円 180円 160円　枠連2,830円　馬連4,430円
ワイド1,440円 1,000円 430円　馬単10,380円　三連複4,420円　三連単40,300円

回顧　中　京　記　念　　　*2023/07/27 掲載*

中京芝は時計のかかる馬場だと
大型馬から小型馬まで成績が均等に

大　臣　4週目の中京芝は、内のほうがだいぶ荒れてたねえ。特に直線は馬場の内の緑色も薄くなってた。それと3週目の超高速馬場から一変、だいぶ時計のかかる馬場にもなってたよね。ということで、残念ながら今年の中京記念は内有利な馬場では行われなかった。

キムラ　確かに直線は外のほうがよく伸びる馬場でしたね。

大　臣　中京芝が以前ほど外枠有利の馬場ではなくなってるんだろうけど、この7月の開催は梅雨時で雨も多く、馬場の内が傷みやすい。中京記念は来年以降も外差し有利な馬場で行われることが多くなりそうだね。

キムラ　そうですね。

大　臣　ということなのに、セルバーグの逃げ切り勝ちってどういうこと？　しかも今年はペースもけっこう速かったのに。

キムラ　馬というのは、他の馬たちと並んで走るよりは1頭だけで

185

走ったほうが速いタイムで走れるんですよね。

　確かにセルバーグは馬場の悪い内を通って逃げていました。Hペースで展開も厳しかったんですが、残りの15頭とは違って、逃げて他馬からのプレッシャーを受けず、余計に心拍を上げることなく競馬ができました。そもそもセルバーグは逃げれば強いというタイプでもありましたし、今回は自分がいちばん強い競馬に持ち込めたってことです。

大　臣　それから「中京記念は大型馬が強い」という話をした途端に、432キロと422キロのワンツー（笑）。これはどういうこと？

キムラ　中京芝で大型馬有利というのは、時計の速い馬場ほど顕著になるんですよ。それが渋った馬場になると、軽い馬から重い馬まで成績が均等になってくる。先週はちょっと時計のかかる馬場だったので、その影響があったのかもしれません。

大　臣　なるほど。来年はパンパンの良馬場でデカい馬にワンツーして欲しいね（笑）。

PICKUP DATA

中京芝1600mの中京記念の馬体重別成績(12～19年)

馬体重	着別度数	勝率	連対率	複勝率	単回収	複回収
440～459kg	0-0-0-14/14	0%	0%	0%	0	0
460～479kg	1-1-1-33/36	2.8%	5.6%	8.3%	13	23
480～499kg	4-5-6-33/48	8.3%	18.8%	31.3%	68	120
500～519kg	3-2-1-15/21	14.3%	23.8%	28.6%	186	90
520kg～	0-0-0-9/9	0%	0%	0%	0	0

中京芝コースの馬体重別成績(22～23年中京記念前週まで)

馬体重	着別度数	勝率	連対率	複勝率	単回収	複回収
～399kg	0-2-0-44/46	0%	4.3%	4.3%	0	12
400～419kg	5-6-9-147/167	3.0%	6.6%	12.0%	95	61
420～439kg	33-48-58-472/611	5.4%	13.3%	22.7%	42	71
440～459kg	68-66-80-811/1025	6.6%	13.1%	20.9%	60	60
460～479kg	100-94-79-841/1114	9.0%	17.4%	24.5%	73	66
480～499kg	91-85-73-735/984	9.2%	17.9%	25.3%	90	80
500～519kg	43-38-44-305/430	10.0%	18.8%	29.1%	109	101
520～539kg	15-13-10-83/121	12.4%	23.1%	31.4%	59	64
540kg～	0-4-1-24/29	0%	13.8%	17.2%	0	37

※馬体重の軽重と好走率の高低が大よそ比例関係

2023/07/27 掲載

クイーンS 真格言

夏競馬の古馬混合重賞で3歳馬が好走しやすいのは「牝馬＞牡馬」「芝＞ダート」「短距離＞中長距離」

札幌芝1800m

キムラ 21年のHレベル3歳世代馬(23年5歳馬)が、夏競馬(6〜8月)の古馬混合オープンクラス競走において、5レース連続を含む出走機会12レース中8レースで好走馬を輩出するという大活躍を見せました。ただし、この世代であっても、この夏競馬の時期から全方位的に結果を残していたというワケではありません。

実は、夏競馬時点での活躍は「牝馬」と「短距離戦」ばかりに偏っていました。それによって当初、巷では「3歳世代牝馬がHレベル(牡馬はそうではない)」という風潮が流れていましたが、結果的にはそんなことはなくて、牡馬も牝馬と同等かそれ以上にHレベルだったというオチでした。

また、22年の3歳世代馬(23年4歳馬)についても、夏競馬の古馬混合オープンクラス競走で好走したのは、ナムラクレア、アネゴハダ、テイエムスパーダ、タイセイディバイン、ウインマーベル、フェーングロッテンの6頭でしたが、フェーングロッテン以外の5頭は全て「芝」の「短距離戦」。「中距離戦」では、フェーングロッテンが新潟記念で辛うじて3番人気3着という人気通りの走りを見せたものの、それ以外の3頭は全て人気を下回る凡走を喫していました。

大臣 何故そういう偏りが出るの？

キムラ 単純に「牡馬よりも牝馬」「ダートよりも芝」「中長距離よりも短距離」というスピード優先のカテゴリーのほうが、早い段階から若駒が古馬に対して通用しやすいからです。

競馬"真"格言

　逆に言えば「牡馬」「ダート」「中長距離戦」という、スピードよりも体力やスタミナ優先のカテゴリーでは、早い段階では若駒よりも歴戦の古馬に一日の長があるということです。

大　臣　OPだけじゃなくて、3勝クラスでも6〜8月の間はまだ3歳は厳しいよね。だから人気馬がけっこう飛ぶ。

キムラ　実際に3歳夏に「芝」の「中距離戦」の古馬混合重賞を好走した3歳馬は、近10年で、ブラストワンピース、レインボーライン、ベルーフ、ヤマカツエース、ハープスター、ラブリーデイ、ソダシ、フェーングロッテンの8頭しかおらず、ベルーフとフェーングロッテンを除く6頭は、全てその後にGⅠでも通用してくるレベルの馬たちでした。この時期の3歳馬が古馬相手に「中距離」で好走するのは、「短距離」とは比ではない高いハードルがあります。

　今回のクイーンSは、牝馬限定戦という意味では多少ハードルは下がるとしても、世間的にはこの時期の3歳馬の古馬混合重賞挑戦については、「短距離」でも「中距離」でも同じような売れ方をするので、前者に対して後者では馬券的な期待値はかなり分が悪いということになります。

2023年7月30日 札幌11R
クイーンS（GⅢ）芝1800m良 14頭立て

着	馬名	性齢	斤量	騎手	タイム	位置取り	上がり	人気
1	⑤⑦ドゥーラ	牝3	51	斎藤新	1.46.7	7-9-9-2	34.5	1
2	②②ウインピクシス	牝4	55	横山武史	1.46.9	2-2-2-2	35.1	9
3	①①コスタボニータ	牝4	55	松山弘平	1.46.9	6-5-6-6	34.9	3
9	③③ライトクオンタム	牝3	52	武豊	1.47.3	1-1-1-1	35.7	6

単勝450円　複勝210円 540円 260円　枠連3,300円　馬連3,930円
ワイド1,610円 910円 1,600円　馬単6,350円　三連複8,920円　三連単41,860円

2023/08/03 掲載

勝ち馬ドゥーラの斤量が 軽かったからくりは？？

大臣 よりによって中京記念は「馬体重の重い馬が強い」と言ったら軽い馬がワンツー。クイーンSは「3歳馬が危ない」と言ったら3歳馬が1着。2週続けてちょっと調子が悪いなあ（笑）。

　とはいえ、クイーンSの3歳馬は過去10年で【2-0-0-12】なので、真格言自体は間違ってないと思う。実際、今年も3歳でもう1頭の人気馬ライトクオンタムは飛んだしね……と言おうと思ったら、この馬、最終的に6番人気だったのね。前日発売からずっと人気だったのに。

キムラ 恐らく馬体減の影響か、レースの30分ぐらい前から急にオッズが下がったみたいですね。

大臣 そうなのか。

キムラ ライトクオンタムより1キロ軽い51キロでの出走となったドゥーラは軽視すべきではなかったですね。クイーンSにおける過去の3歳の勝ち馬たちはみな52キロだったんですよ。

大臣 ドゥーラは重賞勝ちが2歳時のもので、オークス3着馬でも+1キロがなかったんだね。

キムラ そうなんですよ。しかもこのレースが7月だったので、3歳牝馬の基本の斤量が51キロだったんですね。これが8月になると52キロになります。だから、今年のクイーンSがあと2日遅かったら、ライトクオンタムなどは53キロになってたわけです。

　そう考えるとドゥーラの51キロはいかにも楽。1番人気とはいえ単勝4.5倍というのはおいしいオッズだった気がします。基本的にこの時期の古馬混合重賞レースで3歳馬は常に過剰人気するものですが、今回に関してはそうは言えなかったかもしれません。

競馬"真"格言

夏競馬の3歳古馬混合の重賞レースにおける距離別の3歳馬成績

距離	着別度数	勝率	連対率	複勝率	単回収	複回収
1000〜1300m	8-9-6-62/85	9.4%	20.0%	27.1%	90	83
1400〜1600m	2-1-3-15/21	9.5%	14.3%	28.6%	42	81
1700〜2000m	3-1-2-19/25	12.0%	16.0%	24.0%	42	58
2100〜2400m	0-0-0-1/1	0%	0%	0%	0	0

※さらには13勝中12勝は牝馬によるもので、牝馬かつ1600m以下のカテゴリー以外は壊滅的なベタ買い回収率となっています

レ パ ー ド S 　真格言

2023/08/03 掲載

能力序列通りに決まる3歳ダート重賞。実力馬が凡走する場合の最大要因はハードローテ

新潟ダ1800m

キムラ　レパードSは3歳世代馬にとって僅か2レースしかない、貴重な世代限定のJRAダート重賞レースです。そこでは将来的に重賞戦線で活躍する素質馬が歩を進めてくる一方で、出走馬の大多数は将来的にも条件クラス止まりの馬というのが実情ということもあり、JRAの数あるレースの中でも、特に能力の上下差が著しい出走馬同士によるレースであるという点が最大の特徴です。つまり、一にも二にも"能力序列"こそが物を言う決着となります。

実際に、レース創設以降の14年間で1番人気が複勝率85.7%。数多ある重賞レースの中でも屈指の好成績をマークしています。

それで近年は紐荒れで高配当決着が続いていますが、例えば17年は、出走馬の中でその後に古馬オープン競走でも好走したのは、ローズプリンスダム（11番人気1着）、サルサディオーネ（12番人気2着）、ノーブルサターン（8番人気5着）の3頭だけ。18年もグリム（5番人気1着）、ヒラボクラターシュ（10番人気2着）、アルクトス（4番人気5着）の3頭だけ。19年と20年にしても、波乱の立役者となったハヤヤッコ（10番人気1着）とケンシンコウ（7番人気1着）は、その後に古馬重賞競走で連対しています。

高配当決着を生んだ穴激走馬は、ほぼ例外なく全て世間が真の能力を見抜けていなかっただけで、後から振り返ってみれば、順当に能力が高かった馬がそのまま実力順に入線しただけという結果でした。

大　臣　今年の登録メンバーで能力序列が上位と思うのはどの馬？

キムラ　登録メンバー中、17分の11が抽選。収得賞金的には4頭の出走が確定していますけど、その中のエクロジャイトが有力だと思います。2走前のヒヤシンスSは、すごく強い競馬をしていたと思います。1、2着には離されましたけど、出遅れて無理してHペースで逃げて3着ですからね。続く鳳雛Sはスローで逃げて展開も楽でしたけど、完勝でした。

大臣　ヘニーヒューズ産駒は、マル外も含めレパードSに5頭出走していて3着、1着、4着、5着、3着と着外なし。まずまず相性はいいよね。

キムラ　それから、この馬はデビューからずっと適度に間隔を空けて使われてますよね。今年に入ってからはまだ3戦。

大臣　その内の2戦は1、2月。そこからひと息入れて、5月の鳳雛Sをひと叩きしてここという余裕を持ったローテだね。

キムラ　"順当決着"になりやすいレパードSにおいて、唯一、順当に走らないことが多く、人気を裏切る可能性の高い危険パターンがあります。それは春から使い詰めの過密ローテ馬です。

　過去14回のレパードSで馬券外に飛んだ1番人気馬は僅か2頭。その1頭目の18年6着グレートタイムは「5月鳳雛S→6月ユニコーンS→7月ジャパンダートダービー→8月レパードS」というローテを歩み、レパードSはシーズン4戦目でした。2頭目の20年4着デュードヴァンも「4月アーリントンC→5月青竜S→6月ユニコーンS→8月レパードS」で、同じくシーズン4戦目でした。

　1番人気馬を含めた上位人気馬のローテ別成績を見ても、このレパードSがシーズン3戦目以内の余裕あるローテで臨んでくる馬は好成績をマークしているのに対して、シーズン4戦目以降の過密ローテで臨んでくる馬はガクンと成績を落としています。

　やはり、基本的に暑さに弱いとされる馬にとって、厳しい季節における大一番のレースだけに、使い詰めで消耗している馬より、狙い澄ました使い方で余力を残している馬のほうが安心感を持って買えます。

レパードSのローテ別成績 (22年まで／1～5番人気限定)

臨戦過程	着別度数	勝率	連対率	複勝率	単回収	複回収
明け2戦	2-3-2-9/16	12.5%	31.3%	43.8%	28	57
明け3戦	2-1-2-4/9	22.2%	33.3%	55.6%	155	111
明け4戦	1-1-1-10/13	7.7%	15.4%	23.1%	25	43
明け5戦	0-1-0-4/5	0%	20.0%	20.0%	0	46
明け6戦～	1-0-0-5/6	16.7%	16.7%	16.7%	45	18

※使い詰めのローテで臨む馬が危険パターン

　エクロジャイトは前走で賞金も加算できましたから、余裕を持ってここへ向けての調整もできたと思います。

大　臣　俺はライオットガールに注目してたのね。1、2勝クラス勝ちが牝馬限定戦だったのに、前走は3勝クラスのマレーシアCで、勝ち馬から0秒3差の4着と古馬の牡馬相手に好走。まあ、51キロの軽量だったけど。今年は古馬相手の2勝クラスでの好走馬も少ないし、ここでも好走可能だと思った。ただ、この馬は4月以降にもう4戦もしているんだよね。

キムラ　マレーシアCを使っている時点で、ここを目標としてきたローテとは思えないですよね。4月以降だけで5戦目。ローテ的に厳しいと思います。

2023年8月6日 新潟11R
レパードS (GⅢ)　ダ1800m良 15頭立て

着	馬名	性齢	斤量	タイム	前走	位置取り	人気
1	3 ⑤ ライオットガール	牝3	54	1.50.8	マレーシアC (3勝C)6人4着	2-2-2-2	5
2	4 ⑥ オメガギネス	牡3	56	1.50.8	3歳1勝クラス4人1着	4-3-4-4	3
3	6 ⑪ ルクスフロンティア	牡3	56	1.50.9	3歳以上1勝クラス4人1着	1-1-1-1	8
4	7 ⑬ エクロジャイト	牡3	56	1.51.8	鳳雛S(L)4人1着	3-3-3-3	2

単勝1,190円　複勝330円 230円 500円　枠連3,610円　馬連3,790円
ワイド1,250円 2,480円 1,960円　馬単8,350円　三連複20,790円　三連単124,360円

使って使って強くなる、シニスター ミニスター産駒と中村厩舎の馬

大　臣　レパードSは推奨したエクロジャイトが4着。ハナを切れないとこんなに脆いのかと驚いた。前3頭に5馬身差もつけられるとは。

キムラ　これはエクロジャイトが脆かったというより、1〜3着馬が強かったんだと思います。今年のメンバーはレベルが低いとも言われていましたが。

大　臣　ジャパンダートダービー組もユニコーンS組も不在だったしね。

キムラ　ところが、前日に行われた3勝クラスの柳都Sの勝ち時計が1分52秒1。レパードSの勝ち時計はこれより1秒以上速い1分50秒8。終わってみれば、さすが年間2レースしかない3歳のダート重賞。今年も3歳トップレベルのレースになったなと。それも近年のレパードS勝ち馬と遜色ないどころか、それ以上のレベルの馬が3頭いた、ということだと思います。

大　臣　惜しむらくは、ライオットガールは4月から休みなしというローテじゃなくて勝ってくれれば良かったんだけど(笑)。「使い詰めの馬は危ない」とした真格言から軽視すべき馬だという話をしたけど、ライオットガールは使い過ぎというよりは、さすが使って使って強くなるシニスターミニスター産駒、と言うべきかな。

キムラ　それとライオットガールを管理する中村調教師はエイダン・オブライエン厩舎での修業経験があり、技術調教師として矢作厩舎に携わっていました。そして浅見厩舎の管理馬とスタッフを引き継いで厩舎を開業。浅見厩舎は使って使って馬を走らせる厩舎でしたよね、矢作厩舎もそうですけど、中村厩舎はそれを踏襲しているように見えます。

2023/08/10 掲載

関屋記念 真格言

関屋記念は外枠有利とは限らない。実際は「外枠の差し馬＆内枠の先行馬が有利」

新潟芝1600m

キムラ 関屋記念は最も直線が長い新潟外回りコースで行われる一戦ですが、如何にそれを味方につける走りができるかどうかが競走結果を大きく左右するキーポイントであると言えます。

「それを味方につける走り」とは、650m超の長過ぎる直線でも"脚を失くさずに"、そして"脚を余さずに"走り切るということを指します。

まず、長過ぎる直線でも脚を失くさないことに直結するファクターとしては、脚が長くてトビが大きい馬という面で馬体重が大きい馬のほうが圧倒的に有利な傾向となっています。実際に、昨年は出走馬の中でわずか4頭しかいなかった馬体重500キロ台の大型馬によるワンツースリー決着でした。

大　臣 過去10年、関屋記念の馬体重別成績を見ると、520キロ超の馬の勝率、連対率、複勝率が高いんだよね。

キムラ 次に長過ぎる直線でも脚を余さないことに直結するファクターとしては、"進路取り≒枠順"が第一に挙げられます。

過去の関屋記念の好走馬のほとんどは、直線をノーブレーキで惰性を利かせたレース振りをしていた馬でした。

実際に、昨年の馬券内好走馬は「2番手追走馬（ウインカーネリアン）→逃げ馬（シュリ）→最終コーナーで馬群の外を回した差し馬（ダノンザキッド）」という組み合わせ。一昨年は「2番手追走馬（ロータスランド）→最終コーナーで馬群の外を回した差し馬（カラテ）→最

終コーナーで馬群の外を回した差し馬(ソングライン)」という組み合わせだったように、前方と右横に馬が居ないポジショニングで回って来られる外差し馬と、前方に馬が居ないポジショニングで回って来られる逃げ馬&2〜3番手追走馬が好走パターンと見なすことができます。

　関屋記念は外枠有利というデータが世間的にも知られていると思いますが、好走パターン一つ目の外差し馬に当てはまる馬については、圧倒的に外枠を引けた馬から輩出されるということになりますが、好走パターン二つ目の逃げ馬&2〜3番手追走馬については、外枠よりも先行争いを制しやすい内枠を引けた馬から輩出されるという点で注意が必要です。

関屋記念の枠順別成績(13〜22年)

枠番	着別度数	勝率	連対率	複勝率	単回収	複回収
1枠	1-0-1-14/16	6.3%	6.3%	12.5%	48	33
2枠	1-0-1-11/13	7.7%	7.7%	15.4%	93	53
3枠	0-0-1-13/14	0%	0%	7.1%	0	17
4枠	0-3-0-12/15	0%	20.0%	20.0%	0	97
5枠	0-0-2-11/13	0%	0%	15.4%	0	33
6枠	0-1-0-15/16	0%	6.3%	6.3%	0	23
7枠	3-1-1-12/17	17.6%	23.5%	29.4%	107	100
8枠	3-2-0-14/19	15.8%	26.3%	26.3%	96	58

※一に極端な外の枠順を引いた差し追い込み馬、二に内目の枠順を引いた逃げ先行馬が有利

大　臣　過去10年の枠順別成績を見ると「外枠有利」と言いたくなるけど、そう単純な話でもない。俺は関屋記念に関して「内枠の逃げ・先行馬と外枠の差し・追い込み馬が互角。1〜3着は差し・追い込み2頭＋逃げ・先行1頭の組み合わせが多い」とメモしてる。毎年、逃げ・先行馬が1頭は残るよね。

キムラ　そうですね。近6年中、5年の関屋記念では内枠先行馬が馬券内に絡んでおり、昨年の12番人気2着シュリなど人気薄激走馬も

度々生まれています。

大　臣　去年は超スローで1、2着が行った行ったの前残りだったけど、勝ったウインカーネリアンは7枠。逃げ・先行馬は外枠でもちょこちょこ来るけど、内枠の差し馬による連対はほぼないよね。これらのことを踏まえて今年の推奨馬は？

キムラ　先行馬のロータスランドですね。この馬は仕上げが難しくて太めが残りやすいタイプのようなんですが、今回は夏場で休み明けでも絞れているみたいですし、いきなり走れる態勢にありそうです。

大　臣　一昨年のこのレースの勝ち馬だから、季節とコースの適性は問題ないよね。ちなみに一昨年勝った時は3枠6番だった。

キムラ　今年はセルバーグとノルカソルカが逃げ争いをしそうなので、その2頭を前にやって3番手から競馬をすればロータスランドに有利な展開になるんじゃないかと。できれば内枠がいいですね。

2023年8月13日　新潟11R
関屋記念（GⅢ）　芝1600m良 17頭立て

着	馬名	性齢	斤量	タイム	位置取り	馬体重	上がり	人気
1	**1**②アヴェラーレ	牝5	55	1.32.1	8-8	442(-12)	32.8	4
2	**1**①ディヴィーナ	牝5	55	1.32.2	4-4	426(+4)	33.2	2
3	**8**⑯ラインベック	セ6	57	1.32.2	4-4	480(-6)	33.2	6
12	**7**⑭ロータスランド	牝6	55	1.32.9	3-3	472(-10)	34.0	3

単勝680円　複勝240円 220円 320円　枠連1,790円　馬連1,800円
ワイド700円 1,480円 1,570円　馬単3,440円　三連複7,990円　三連単36,190円

回顧　関　屋　記　念　　　　　*2023/08/17 掲載*

関屋記念当日は内枠有利な馬場だった！

大　臣　関屋記念は「外枠の差し馬&内枠の先行馬」が狙い目という話をした。ディヴィーナが1枠から先行するとは思わなかったけど、結果的に1枠の先行馬が2着に残って、これは違和感がなかった。

　それから先行馬は外枠でもちょこちょこ来るという話もしたので、ラインベックが8枠から先行し3着したのも納得。ただ、「内枠の差し馬による連対はほぼない」と言ったら、1枠の差し馬アヴェラーレが勝った。新潟芝1600mの関屋記念で枠連1-1の決着というのはものすごく違和感があるんだけど、アヴェラーレは内枠でも軽視すべきではない実力馬だったかな?

キムラ　まずそれはあったと思います。だから僕も予想では、不利な枠順でもアヴェラーレとディヴィーナは押さえました。ただ、もっと大きな要因がありました。僕は当日、亀谷競馬サロンにゲストで参加して、そこでもお話しさせてもらったのですが、新潟芝は先々週も先週も、日曜日になると外回りは内枠がよく走ってたんですよ。

大　臣　え、そうだったっけ!?

キムラ　関屋記念当日は、5Rが芝1800mの新馬戦で、1枠の馬が8番人気2着、3枠の馬が5番人気3着。10Rも同じく芝1800mの三面川特別で、これは人気馬同士の決着でしたけど1枠が1着、2枠が2着。これを見て亀谷競馬サロンに参加していた人たちは「関屋記念も内枠が怖いな」という話をしていました。

ここも
大事

**新潟芝外回りは
大型馬有利**

23年からの斤量ルール変更により夏競馬（特に8月）の短距離戦は3歳馬不利に

小倉芝1200m

キムラ　夏競馬の3歳上（3歳古馬混合）の条件クラス戦は3歳馬優位というのが、半ば常識となっています。今年これまでも当然のごとく"3歳上"の条件クラス戦では3歳馬の活躍が目立っており、勝利数・勝率・複勝率・単複回収率の全項目で3歳馬が他のどの年齢の馬よりも高い数字をマークしています。

　ただし、全ての距離カテゴリーで好成績を挙げているワケではないというのが、重要なポイントだと考えます。

　端的に言えば、芝でもダートでも、距離が長くなればなるほどに3歳馬が古馬に対して好成績を残している一方、距離が短くなればなるほどに3歳馬が古馬に対して好成績を挙げられていない、むしろ劣勢に陥っているのが意外な真実であり実情となっています。

大臣　え、そうなの？

キムラ　短距離戦のほうが出走頭数が多いので率系の数字は自ずと落ちるワケですが、出走頭数を揃えた上での集計でも同様の結果となっています。

　考えられる要因としては世代レベルと、そして昨年までもこの時期（3歳夏）の芝短距離戦の3歳馬の良績は軽斤量馬に集中していたことから、今年からの斤量底上げ（条件クラス戦では3歳馬も古馬も1キロ増）が、特に斤量が効く短距離戦においては3歳馬にとって不利（正確には有利度合い軽減）という方向に作用している可能性が考えられます。

競馬 "真" 格言

23年夏競馬の芝3歳古馬混合レースにおける
3歳馬の距離別成績(23年北九州記念前週まで)

距離	着別度数	勝率	連対率	複勝率	単回収	複回収
1000～1300m	14-18-18-242/292	4.8%	11.0%	17.1%	40	60
1400～1600m	17-20-22-266/325	5.2%	11.4%	18.2%	82	55
1700～2000m	47-43-35-399/524	9.0%	17.2%	23.9%	96	70
2100～2400m	8-8-11-80/107	7.5%	15.0%	25.2%	21	58
2500m～	8-6-6-66/86	9.3%	16.3%	23.3%	101	64

※斤量ルール変更により短距離戦での3歳馬の活躍が減少する可能性

大　臣　「夏の短距離重賞は3歳牝馬が買い」というのが常識だと思ってたけど。今年から3歳馬の斤量が重くなり、まったく逆の話になってしまったと。この斤量の影響は既に函館スプリントSで出ていて、去年まで3歳牝馬は50キロだったのが今年から52キロになり、人気のブトンドールが5着と馬券にならなかった。

キムラ　去年まで函館スプリントSでは、古馬の牝馬は54キロ。3歳馬と古馬では4キロ差がありました。今年から3歳牝馬は52キロ、古馬の牝馬は55キロで斤量差は3キロに縮まったんですよね。

大　臣　要は、去年より古馬は1キロ増、3歳は2キロ増になってる。これは短距離(1400m未満)の話ね。

キムラ　それに加えて今年から、8月以降、"3歳上"の短距離戦(1400m未満)では、3歳馬と古馬との斤量差が2キロに縮小されています(オープンクラス戦を除いて、それ以外の月やそれ以外の距離カテゴリーについては、斤量差は全て昨年までと同一基準となっています)。

大　臣　もし函館スプリントSが8月に行われたとすると、3歳牝馬は53キロってことだよね。

　今週行われる北九州記念はハンデ戦で、1番人気が予想される3歳牝馬のモズメイメイのハンデは54キロ。

キムラ　一見すると54キロというのは軽量にも見えますが、年齢分

と性別分を加味した実質ハンデは58キロという厳しいものですので、モズメイメイは危ないと思います。

大　臣　ちなみに北九州記念の1番人気は、08年のスリープレスナイト以来、勝ってないんだよね。そういう意味でもモズメイメイが勝つのは非常に厳しいのかなと。

2023年8月20日　小倉11R
北九州記念（GⅢ）　芝1200m良 18頭立て

着	馬名	性齢	斤量	騎手	タイム	位置取り	上がり	人気
1	7 ⑮ ジャスパークローネ	牡4	57	団野大成	1.07.3	1-1	34.4	5
2	5 ⑨ ママコチャ	牝4	55.5	鮫島克駿	1.07.4	6-5	33.9	1
3	1 ① ストーンリッジ	牡6	55	坂井瑠星	1.07.4	6-5	33.9	9
8	7 ⑭ ロンドンプラン	牡3	55	松山弘平	1.07.9	15-17	33.6	4
10	8 ⑱ モズメイメイ	牝3	54	松若風馬	1.08.0	3-2	34.8	2

単勝1,310円　複勝370円 160円 520円　枠連720円　馬連2,490円
ワイド1,190円 4,980円 1,400円　馬単6,330円　三連複16,910円　三連単99,380円

回顧　北　九　州　記　念　　　　*2023/08/24 掲載*

モズメイメイのスタートは紙一重

大　臣　北九州記念は、今年から3歳馬が斤量的に不利という真格言通り、2番人気のモズメイメイが10着。まず小倉芝1200mのフルゲートで大外枠に入ってしまったのが気の毒だった。それで1番人気にはならなかったと思うんだけど、案の定、ハナを切れず。

キムラ　前走、葵Sのロケットスタートはデキ過ぎだったと思いますけど、今回はモズメイメイにしてはいいスタートではなかったですね、珍しく。

　ちなみに、モズメイメイの葵Sのスタートに関して、武豊騎手のスタートセンスがさすがという論調ばかりだったんですけど、『武豊TV！』では武豊騎手自身がお世辞抜きの真相を話していたんですよ。ゲートに突進しようとしたところでちょうどゲートが開いたん

だと。今度は突進しないようにしなければならないので出遅れる可能性もあると、そこまで武豊騎手は言ってました。それぐらいスタートは紙一重の馬なんだと。その言葉を信じるなら、今後も常に好スタートを切れる馬ではない、ということになりそうなんです。

大　臣　それからもう1頭の3歳馬ロンドンプランは、そんなに人気にならないと思って先週の話では触れなかったんだけど。

キムラ　4番人気とは予想外に人気でしたね。

大　臣　小倉2歳Sの勝ち馬って、翌年の3歳時の北九州記念で連対したことがないんだよね。1年前に同じコースの重賞を勝ってる馬だから、その後、不振でもここでの復活を期待されてよく人気になるんだけど、ほぼ復活は期待できない。小倉2歳S後もずっと好走を続けていた去年のナムラクレアでも3着までだった。だから、今年から3歳馬の斤量が変わろうが変わるまいが、ロンドンプランは手を出すべき馬ではなかったんだよね。

ここも大事

小倉2歳Sの勝ち馬は、
翌年の北九州記念で不振

キーンランドC　真格言

**1 レース結果を大きく左右する
キーンランドCの新斤量ルール**

**2 キーンランドCは距離短縮ローテが
効果的な重賞レース**

札幌芝1200m

キムラ　先週の北九州記念では、危険視した3歳馬のモズメイメイとロンドンプランが着外に飛びました。これで今年の3歳上の短距離OPクラスのレースでは、3歳馬は7頭全てが人気を下回る凡走を喫しています。

　この時期の短距離戦では斤量がキーとなるだけに、斤量ルール変更により昨年までよりも2キロ（条件によっては1キロ）重い斤量を背負わされる3歳馬が、やはり不利な立場となっていることが裏付けられた結果と言えるでしょう。

　今年からの斤量ルール変更とは、単純に全馬1キロ増という他に、牝馬限定のハンデ戦での1キロ減の廃止や、施行月や施行距離別に細かく区分された3歳馬と古馬との斤量差が変更されるなど多岐にわたるわけですが、その代表的な一つに重賞レースでの「賞金別定」の廃止（グレード別定に移行）があります。

大　臣　え、そうなの？

キムラ　「収得賞金〇円ごとに〇キロ増」という設定の重賞はなくなりました。

大　臣　「1年以内にG I を勝ったら2キロ増」とか、重賞はすべてそういう設定になったということ？

キムラ　そうなんですが、いつ、どのグレードのレースを勝ったら何キロ増かというのは、重賞ごとにルールが違います。

競馬"真"格言

大　臣　今年から3歳牝馬が52キロになったという話は、実は函館スプリントSの時に初めて知ったんだよね。それが8月になると更に1キロ増になるという話は先週、キムラ君から初めて聞いた。そして今年から「賞金別定」は廃止だという話はいま初めて聞いた。こういう変更に気づかず馬券を買ってる一般の人はけっこういると思うんだよね。こういうことは、もっといろいろな所で大きくアナウンスしなきゃダメでしょ。それぐらい馬券にとって重要な問題なんだから。

キムラ　でもJRAの場合は常に大々的に発表されることもなく、いつの間にかルールが変わっているんですよね。

大　臣　どうもまた最近のJRAのCMの評判が良くないみたいだけど、JRAはそういうことこそCMで長澤まさみに延々と説明させなさいよ(笑)。

キムラ　そしてそのグレード別定についても、昨年までよりも実績馬が斤量を背負わされづらい規定に変更されているレースがいくつかあり、その一つがこのキーンランドCなんです。

大　臣　まだ知らないことがあるのか！(笑)

キムラ　昨年までのキーンランドCは、非常に細かいので大雑把に言うとですが、基本的に1年以内のGⅢ勝ち馬から1キロ加算されていましたが、今年からは基本的にGⅡ勝ち馬から1キロ加算に改められています。そしてその恩恵を受けるのはナムラクレアとウインマーベルです。

　ナムラクレアは、もしも昨年までの規定ならばGⅢ勝ち馬の分で1キロ増の56キロだったはずが、今年は55キロで出走できます。ウインマーベルは、昨年はGⅢ勝利実績馬だったので1キロ加算されていましたが、今年は加算されないので昨年よりも実績を上げているにもかかわらず、昨年よりも実質的に1キロ軽い斤量で出走できます。

大　臣　ナムラクレアが他の牝馬と同じ55キロなのはいかにも有利だよね。

キムラ　ここまでが斤量の話で、もう一つ、馬場の話もします。

　キーンランドCが行われる札幌芝1200m（開催前半除く）は、数あるスプリントコースの中でも中京芝1200mに次いで、当該距離よりも長い距離の適性に基づくスタミナと末脚性能が問われる舞台設定であるということが言えます。それは直線に向かうまでのコーナー部分が緩やかな造りとなっており、中団以降に位置する馬が存分に脚を伸ばしやすいコース形態によるものと見られます。

大　臣　要するに札幌芝1200mは「差しが決まりやすいコース」「1400m実績馬が好走しやすいコース」ってことね。

キムラ　また、開催終盤に設定されているキーンランドCは、馬場のダメージが蓄積されやすい洋芝ということもあり、ほとんどの年で時計が掛かる馬場と内目が荒れた馬場でレースが行われることになります。そこでは通常にも増してスピード一辺倒で押し切るのは困難となり、1200mを超える距離実績を持つ末脚に秀でた馬が、俄然、有利になり得るというわけです。

　実際に、過去の札幌芝1200mの重賞レースでは、距離延長ローテや同距離ローテで挑む馬よりも、距離短縮ローテで挑む馬のほうが好成績を残しています。

　昨年については、後半3Fよりも前半3Fが0.1秒だけ速いという、歴代の中でも最も緩い流れで全馬密集した一団の隊列となり、距離短縮ローテで挑んだトウシンマカオは大外枠から極端に外を回される競馬を強いられた分の4着止まり。馬場の最内を立ち回ったヴァトレニと、馬群の内を立ち回ったヴェントヴォーチェ、ウインマーベルの3頭によるワンツースリーでしたが、特殊なペースと特殊な隊列が生み出したイレギュラーな決着だったと見るべきです。

　2年前は前走京王杯SC（芝1400m）を経て挑んだセイウンコウセイが9番人気3着。3年前は前走中京記念（芝1600m）を経て挑んだディメンシオンが9番人気3着。2年連続で距離短縮ローテ組が波乱を演出していました。

大　臣　今年の登録馬の中で距離短縮ローテなのは、ナムラクレア、ウインマーベル、ナランフレグの3頭しかいないんだね。

キムラ　そうなんですよ。ナムラクレア、ウインマーベルは斤量面でも恩恵を受けてますから、人気だと思いますけど有力です。ナランフレグはあまり人気がないかもしれないですけど、今週末の札幌の天気予報がずっと雨で道悪必至です。ナランフレグは道悪の鬼ですから、58キロでも狙い目だと思います。また、この馬も去年までよりも斤量の加算が少なくなっています。

大　臣　あと札幌の馬場で一つ気になるのは、札幌芝は例年、札幌記念の週にAコース→Cコースと仮柵移動して、札幌記念は内有利な競馬になる。ところが今年は、札幌記念週の芝の様子がいつもと少し違ってたよね。土曜からそんなに内が有利な馬場ではなかった。雨が降って道悪になった影響もあったんだろうけど、札幌記念の時にはみな内をあけて競馬をしてた。

キムラ　札幌記念の週は仮柵移動で内有利な馬場になりますが、それがキーンランドCが行われる翌週には、もう内が荒れて外差し馬場になっている。それが例年の札幌芝のパターンですけど、今年はおそらく雨の影響で、札幌記念の日から内が荒れた馬場になってしまったんですね。

大　臣　去年のキーンランドCは今年の札幌記念と同じように内が荒れてて、スタートから内をあけて走る競馬になったんだよね。そこで1枠のヴァトレニだけが内ラチ沿いをピッタリ走ってきて、4角で大きく距離得し3着に粘った。今年の札幌記念でこれとまったく同じことをやって2着に好走したのがトップナイフ。

　キーンランドCは基本的に外差し有利な馬場になりやすいけど、あまりに内の馬場状態が悪くて内をあけた競馬になると、ヴァトレニやトップナイフみたいな立ち回りをして好走する馬が出てくるかもしれないことには注意だね。

2023年8月27日 札幌11R
キーンランドC（GⅢ） 芝1200m重 16頭立て

着	馬名	性齢	斤量	タイム	前走	位置取り	人気
1	7 ⑭ ナムラクレア	牝4	55	1.09.9	ヴィクトリアM(G1)5人8着	7-4	1
2	4 ⑧ シナモンスティック	牝4	55	1.10.1	UHB賞(OP)2人1着	1-1	8
3	6 ⑫ トウシンマカオ	牡4	57	1.10.1	函館SS(G3)1人3着	5-4	2
10	1 ② ナランフレグ	牡7	58	1.11.1	安田記念(G1)16人17着	16-14	5
16	3 ⑤ ウインマーベル	牡4	57	1.12.2	京王杯SC(G2)7人2着	15-15	7

単勝240円 複勝130円 590円 230円 枠連3,130円 馬連3,590円
ワイド1,220円 440円 2,600円 馬単4,770円 三連複6,150円 三連単30,280円

回顧 キ ー ン ラ ン ド C 　　　*2023/08/31 掲載*

雨上がり競馬でイン突きが有効だった22年と、
雨中競馬でイン突きが無効だった23年

大臣 キーンランドCのナムラクレアは安心して見てられたね。休み明けは走る、道悪も走る、外から差せる馬場で絶好の外枠。道悪のタフな競馬で距離短縮馬向きのレース。そして他馬と同じ斤量ならそりゃこうなるよねという完勝。ナムラクレアは1番人気だから勝って当然と思われそうだけど、いま挙げたように今回はそれだけ勝てる裏付けも多かった。キムラ君にとってこの単勝2.4倍はおいしかった？

キムラ そうですね。もっと被って単勝1倍台でもおかしくないと思っていたので、2.4倍は十分についてくれたなと思いました。まあ、前日のオッズで買っていたせいで単勝を取っても収支は微妙にプラスにならなかったんですけど(汗)。

大臣 距離短縮馬でもウインマーベルは順調さを欠いてたの？

キムラ レースの1週間前に馬場入りが3日間できなかったそうです。よく見聞きするコメントでは「1日だけ」というのが多いので、「3日」というのは重度だと見るべきだったと思います。レースでもまった

競馬"真"格言

くいいところがありませんでした。

大　臣　ナランフレグは1枠だったので、みながあけて走った内を突くことは予想できたけど、今年のキーンランドCは去年のようにイン突きがうまくいかなかったね。2枠から内ピッタリを回って来たキミワクイーンも直線では伸びを欠いてた。

キムラ　去年のキーンランドCは馬場が乾いていく段階で行われたんですよね。だから荒れたインでもまだ走りやすかったと思うんですけど、今年は7Rあたりから急に大雨が降り出して、どんどん馬場が悪くなっていく段階。インを突くメリットはなかったですね。

PICKUP DATA

札幌芝1200mの
重賞レースの前走距離別成績(16〜22年)

ローテ	着別度数	勝率	連対率	複勝率	単回収	複回収
同距離	6-7-4-77/94	6.4%	13.8%	18.1%	59	44
延長	1-0-1-8/10	10.0%	10.0%	20.0%	123	93
短縮	1-1-3-13/18	5.6%	11.1%	27.8%	31	110

※1400m以上実績馬と共に前走距離別でも短縮馬の期待値が高い

ここも大事

札幌芝1200mは「差しが決まりやすい」「1400m実績馬が好走しやすい」コース

札幌2歳S　真格言

新馬戦のHレベルレースは「各カテゴリーで最も早く行われるレース（主に開幕週）」と「ノーザンファーム勢が上位を占めたレース」

札幌芝1800m

キムラ　一昔前まで2歳戦の期待馬・素質馬こそじっくりと育てて、秋以降にデビューさせるというのが定番となっていましたが、昨今は育成技術の向上と早期デビューを後押しするJRAの番組編成もあり、期待馬・素質馬こそ早めに一つ勝たせたいという思惑も絡んで、むしろ早期にデビューしていた馬のほうが質が高く、クラシックでも幅を利かせるという状況になっています。

　その早期デビュー組ですが、各カテゴリーにおいて最初に行われるレースこそ良駒が揃っている可能性が高いのが本質です。

大臣　「最初に行われるレース」というのは具体的に言うと？

キムラ　例えば昨年、札幌2歳Sの勝ち馬ドゥーラと2着ドゥアイズはともに同じ新馬戦でデビューした馬で、それは1回札幌2日目の芝1800mの一戦でしたが、つまりは「昨年の札幌開催で最初に行われた芝中距離の新馬戦」だったというわけです。

　札幌の芝中距離でおろす馬は、同舞台の札幌2歳Sを視野に入れているということを意味するわけですが、本気でそれを目指す馬であれば当然、札幌2歳Sまで間隔が詰まる日程の新馬戦よりも間隔が空く日程の新馬戦を選択しますので、必然的に最初に行われるレースに良駒が揃うことになります。

大臣　当然、そうなるね。

キムラ　また、22年6月以降に行われた芝の新馬戦で特にレベルが

競馬"真"格言

高かったレース(私の独自判定のレースレベルでA評価が付いている
レース)は以下の5鞍でした。

22年6月～23年6月に行われた新馬戦で
著しくレベルが高かったレース一覧

レース	勝ち馬	分類
2022年6月26日 阪神芝1800m	カルロヴェローチェ	各陣営が目標とする阪神芝1800mの最初のレース
2022年7月24日 札幌芝1800m	ドゥアイズ	開幕週
2022年7月30日 新潟芝1600m	リバティアイランド	開幕週
2022年7月31日 新潟芝1800m	ダノントルネード	開幕週
2022年10月9日 東京芝2000m	ミッキーカプチーノ	開幕週

　この内4鞍は各競馬場が開幕して最初の週に行われたレース。つ
まりは「○○で最初に行われた新馬戦」という分類ができるレースで
した。

　例外の22年6月26日阪神芝1800m(勝ち馬カルロヴェローチェ)に
ついても、屈指の良コース(実質的なチャンピオンコース)である阪
神芝1800mで最初に行われた新馬戦という分類ができるレースで
す。実際に2年前以前の同一条件で行われた新馬戦も毎年必ずHレ
ベルレースとなっており、その勝ち馬はダノンザキッド、レッドベ
ルジュール、ブレイキングドーン、ダノンプレミアムといった豪華
な面々が名を連ねています(過去6年の勝ち馬は全てその後重賞好走
&内4頭は重賞勝利)。

大　臣　今年の札幌2歳Sの登録馬では、ギャンブルルームがその宝
塚記念の日の阪神芝1800m新馬戦の勝ち馬だね。

キムラ　そうです。残念ながら他に今年の札幌2歳Sの登録馬で「○
○で最初に行われた新馬戦」の勝ち馬はいません。

大　臣　それから、先週の新潟2歳Sのキムラ君の予想で、「各馬が
勝ってきた新馬・未勝利戦のレースレベルは、ノーザンファーム勢

の結果で判断できる」と書いてたよね。新潟2歳Sの21年2着アライバルと22年2着ウインオーディンは、ともにノーザンファーム勢ばかりが上位入線を果たした新馬戦の出身。今年はアスコリピチェーノの勝った新馬戦がノーザンファーム勢のワンツースリー決着だった。だからアスコリピチェーノが本命だと。

キムラ はい。そう書きました。

大臣 新馬・未勝利戦の勝ちっぷりだけを見て、どれだけの能力を秘めてる馬なのか見極める目がない私のような人間にとって、「新馬・未勝利戦のレースレベルを、ノーザンファーム勢の結果で判断できる」という基準は非常にありがたいんだよね(笑)。

その基準で札幌2歳Sの登録馬が勝ってきた新馬戦を見ていくと、まずギャンブルルームが勝った新馬戦は、7頭立ての少頭数も4頭がノーザンファーム勢。それが1～4番人気になり1、3、4、6着だったんだけど、6着馬が次走で勝ち上がった(3、4着馬は8/31時点で未出走)。社台ファーム生産馬の2着馬も次走で勝ち上がっているね。

キムラ だから、ギャンブルルームの新馬戦はレベルが高かったと言っていいと思います。

大臣 それからガイアメンテの新馬戦は7頭立てでノーザンファーム勢が3頭、それが1、2、4着。4着馬は次走で勝ち上がり。

パワーホールが勝った新馬戦は12頭立てでノーザンファーム勢が2、3、5着。パワーホールは非ノーザンファーム勢で、ノーザンファーム勢の1、2番人気を負かしてきたスワーヴリチャード産駒。

セットアップは新馬戦でノーザンファーム勢の1、2番人気に割って入る2着。次走の未勝利戦はノーザンファーム勢の2、3着馬を抑えて勝ち上がり。

新馬戦のメンバーを見ると、ギャンブルルーム、ガイアメンテ、パワーホール、セットアップの4頭が有力だなと思った。

キムラ 僕もその4頭が有力だと思ってます。

競馬 "真" 格言

2023年9月2日 札幌11R
札幌2歳S（GⅢ）芝1800m稍重 10頭立て

着	馬名	性齢	斤量	タイム	位置取り	生産者	上がり	人気
1	4 ④ セットアップ	牡2	55	1.50.5	1-1-1-1	フジワラファーム	36.5	3
2	7 ⑧ パワーホール	牡2	55	1.51.2	2-2-2-2	平野牧場	36.8	4
3	7 ⑦ ギャンブルルーム	牡2	55	1.51.8	3-3-3-3	ノーザンファーム	37.3	2
6	8 ⑨ ガイアメンテ	牡2	55	1.52.2	10-10-5-3	ノーザンファーム	37.6	1

単勝680円 複勝180円 200円 150円 枠連830円 馬連2,060円
ワイド590円 440円 470円 馬単4,050円 三連複2,370円 三連単16,700円

回顧　札　幌　2　歳　S　　　　　*2023/09/07 掲載*

道悪でノーザンファーム勢が
人気より走れず

大　臣　札幌2歳Sは、キムラ君の新馬戦レベル判定法により推奨した4頭がそのまま1〜4番人気だったけど、その中の3、4、2番人気の順で決着。札幌芝はキーンランドCの週がかなり内が荒れて外差し馬場になっていたので、最終週はそれがもっと顕著になるかと思ったら、けっこう前残りの競馬が多かったね。札幌2歳S以外のレースでも逃げ馬がよく残っていた。

キムラ　それは今年のことだけじゃなくて、2年前や3年前もキーンランドCの週が最も外差し馬場で、最終週はそうでもなかったんですよ。

大　臣　じゃあ、今年の最終週の札幌芝の傾向は最近のデフォルト通りだった？

キムラ　そうですね。馬場の内は悪いんですけど、必ずしも外差し馬場にはならないのが最近の札幌芝の最終週です。と言いつつも、やっぱり内枠は厳しいかなと思って、推奨した4頭の中では4枠のセットアップだけ軽視してしまったんですけど（笑）。

大　臣　他の3頭が外枠だったからそっちを狙いたくなるよね。ま

213

た、札幌2歳Sは逃げ馬がほとんど来ないレースで、人気の逃げ馬も
よくコケるから、なおさらセットアップは本命にしづらかった。た
だ、デクラレーションオブウォー産駒は、札幌記念でもトップナイ
フが1頭だけ荒れた内を通って2着に好走していた。あれが稍重で今
回も稍重。道悪や荒れ馬場は非常に得意だね。これは今後の馬券に
も活かしていきたい。

キムラ そうですね。タマモブラックタイのファルコンS勝ちも重
馬場でした。それとセットアップもトップナイフもタマモブラック
タイも非ノーザンファーム生産馬なんですよ。道悪や荒れ馬場にな
るとノーザンファーム勢より力が発揮しやすいというのもあると思
います。ちなみに札幌2歳Sのノーザンファーム勢はみな人気以下の
着順でした。

ここも
大事

最終週の札幌芝は
外差し馬場にならない

競馬 "真" 格言

ローズS 真格言

育成力が問われる 3歳秋初戦のローズSで、非ノーザンファーム勢が危険

阪神芝1800m

キムラ 秋の3歳世代戦を検討する上で重要なポイントとなるのが、3歳世代のレースレベルです。他の世代と相まみえるワケでもなく、同じ世代同士の一戦で何故それが重要なのかと言えば、「3歳春クラシック戦線のレベルが高ければ、3歳秋でもその勢力図が維持される可能性が高い」。逆に「3歳春クラシック戦線のレベルが低ければ、相対的にレベルが高くなる古馬相手のレースで頭角を現してきた上がり馬が台頭する余地が大きい」という見方ができるからです。

大臣 今年の3歳牝馬のレベルはどう見てる?

キムラ 桜花賞がノーザンファーム勢による掲示板独占だったことや、オークスでも上位4頭中3頭をノーザンファーム勢が占めるという結果だったことからも、ややレベルは高いという推察ができます。夏の上がり馬よりも春の実績馬を狙うべき局面になると考えます。

大臣 大前提として、23年の3歳牝馬はレベルが高いと。

キムラ ただし、春の実績馬がひと夏を越して3歳秋以降にも同様の活躍を見せられるかと言えば、また別の問題があり、3歳春までとは別馬かのように3歳秋以降に全く走らなくなるという馬は決して珍しくありません。

　そんな3歳春までで終わる馬と、3歳秋以降も終わらない馬を峻別する方法としては、これまたノーザンファーム勢か非ノーザンファーム勢かというだけで、かなりの精度で判断することができます。

大臣 また出たね。新たなノーザンファーム勢判定法。

キムラ　17年以降のローズSで実質的に春の実績馬と見なせる前走オークス組は計27頭いましたが、その中でローズSで3着内に好走した8頭中6頭はノーザンファーム生産馬でした。

　逆にローズSで4着以下に凡走した19頭中18頭は非ノーザンファーム生産馬で（※一応レイクヴィラファーム生産馬のクールキャットはノーザンファーム育成馬なのでノーザンファーム勢に振り分けて考えたほうが良いかもしれません）、その半数ほどが上位人気に推されていたにもかかわらず、この惨状だけに典型的な危険人気パターンだと言えます。

　やはり3歳春という馬が未完成の段階での長距離GIオークス挑戦は馬へのダメージが大きく残るはずで、その上で酷暑の時季を経ながらも万全の出走態勢を整えることは容易ではないことは想像が付きます。その高いハードルを乗り越えられるのは日本の生産界と育成界でトップに立つノーザンファーム勢のみと言えそうです。

　また、非ノーザンファーム勢ながらも好走を果たした22年アートハウスは中内田厩舎所属で、18年カンタービレは角居厩舎所属でしたので、トップ厩舎所属馬に限っては、例外的に非ノーザンファーム勢でも乗り越えられる可能性があるという見方もできます。

大臣　今年の登録メンバーだと、オークス4着のラヴェルがノーザンファーム生産馬。これは直感でしかないけど、今回のラヴェルは人気で危ないキタサンブラック産駒の気がしてならないんだけど（笑）。

キムラ　ここは1勝クラス→2勝クラスを連勝中のコンクシェル、フローラS2着でオークス8着以来のソーダズリングあたりが人気になりそうなんですね。実績はラヴェルが断然で、この馬が一本被りの人気になってもおかしくないと思ってたんですけど。もしいま挙げた3頭より人気がなかったとしたら、オッズ的にもおいしいと思います。

大臣　確かにそう言われればそうだね。

キムラ　ラヴェルのオークスは、前崩れの競馬で先行し早め先頭で

見せ場を作り、かなり強い競馬をしてたでしょ。

大 臣 先行馬の中で唯一、掲示板に載ってたからね。

キムラ それがノーザンファーム生産馬である。人気のキタサンブラック牝馬を信用したくない気持ちもわかりますけど。もしノーザンファーム生産馬の該当馬が大勢いればそれも考えますが、1頭しかいないのであれば重い印は打ちます。

大 臣 そうか。俺は△かな（笑）。

2023年9月17日 阪神11R
ローズS（GⅡ） 芝1800m良 17頭立て

着	馬名	性齢	斤量	タイム	調教師	生産者	人気
1	6 ⑫ マスクトディーヴァ	牝3	54	1.43.0	[西] 辻野泰之	社台ファーム	7
2	3 ⑤ ブレイディヴェーグ	牝3	54	1.43.2	[東] 宮田敬介	ノーザンファーム	1
3	5 ⑩ マラキナイア	牝3	54	1.43.5	[西] 吉岡辰弥	社台ファーム	5
8	1 ② ソーダズリング	牝3	54	1.44.1	[西] 音無秀孝	社台ファーム	3
12	7 ⑭ コンクシェル	牝3	54	1.44.2	[西] 清水久詞	ノースヒルズ	4
14	4 ⑦ ラヴェル	牝3	54	1.44.5	[西] 矢作芳人	ノーザンファーム	2

単勝2,320円　複勝500円 130円 330円　枠連940円　馬連2,150円
ワイド830円 3,160円 780円　馬単7,250円　三連複8,450円　三連単67,000円

回顧　ロ ー ズ S　　　　　　　　*2023/09/21 掲載*

重賞でキタサンブラック牝馬の
人気馬は危ない

キムラ ローズSは、休み明けの春の実績馬（特にオークス組）を買えるのはノーザンファーム勢、買えないのは非ノーザンファーム勢という話をしましたが、非ノーザンファーム勢のソーダズリングやレミージュは好走できませんでしたね。やはり非ノーザンファーム勢はこのローテで好走するのは難しいです。ただ、肝心のノーザンファーム勢のラヴェルも人気で凡走してしまいました。やっぱりキタサンブラック産駒の牝馬は難しいですね。

大 臣 今回は俺の直感のほうが正しかったでしょ（笑）。

キムラ 本当にそうでした。重賞で人気に応えられるキタサンブラック牝馬ってなかなかいないですよね。そのことは関係者も周知のようで、キタサンブラックの牡馬はセリで高値で取り引きされてますけど、牝馬は高値では売れなくなっているんですね。キタサンブラック産駒の牝馬をうまく育成するのは、ノーザンファームでも難しいんだと思います。

　あとはひと口にノーザンファームといっても、8月に坂路改修工事で重要度の高い坂路調教ができなかったノーザンファームしがらきを使っている関西所属のノーザンファーム馬が、この秋は休み明け初戦でコケるケースが頻発しているので、その影響もあったかもしれません。

※関東所属×ノーザンファーム生産馬×9月中山阪神×休み明け＝【4-3-2-21】（勝率13.3％・連対率23.3％・複勝率30.0％・単回123％・複回98％）

※関西所属×ノーザンファーム生産馬×9月中山阪神×休み明け＝【2-3-3-27】（勝率5.7％・連対率14.3％・複勝率22.9％・単回22％・複回33％）

大 臣 ここまでキタサンブラック産駒の芝重賞成績は、牡馬が【8-5-1-14】に対して、牝馬は【1-4-1-18】なんだよね。まあ、牡馬の【8-5】中の【6-4】がイクイノックスとソールオリエンスのものだけど。

　それから今年のローズSはHペースになって、先行したラヴェルには展開も厳しかった。ローズSのテン3Fが34秒台だったのは17年以来で、この時は8番人気のラビットランが直線大外一気を鮮やかに決めたんだけど、今年は7番人気のマスクトディーヴァが鮮やかに大外から突き抜けた。

キムラ 実は、マスクトディーヴァは単勝を的中させたんですよ。

いま挙げたラビットランは角居厩舎の馬でしたが、マスクトディー
ヴァは角居厩舎を引き継いだ辻野厩舎の馬。角居厩舎は外回りコー
スに強く特に阪神芝1800mは庭で、ローズSは角居厩舎が十八番と
しているレースでした。辻野厩舎もそこを引き継いだと思うんです
ね。ラビットランもマスクトディーヴァもローズSでは厩舎適性が
高かった。実は、3着マラキナイアの吉岡調教師も角居厩舎出身な
んです。辻野厩舎も吉岡厩舎も角居厩舎同様に、阪神芝1800mを筆
頭とした広いコースで、特に中距離以上の条件で強さを発揮する傾
向があります。

ローズSの生産者別成績 (17〜22年／1〜5番人気限定)

PICKUP DATA

生産者	着別度数	勝率	連対率	複勝率	単回収	複回収
ノーザンファーム	3-2-3-6/14	21.4%	35.7%	57.1%	93	102
三嶋牧場	2-0-0-0/2	100%	100%	100%	600	220
社台ファーム	0-0-0-4/4	0%	0%	0%	0	0
天羽牧場	0-0-0-1/1	0%	0%	0%	0	0
下河辺牧場	0-0-0-2/2	0%	0%	0%	0	0
目黒牧場	0-0-0-1/1	0%	0%	0%	0	0
追分ファーム	0-0-0-1/1	0%	0%	0%	0	0
谷川牧場	0-0-0-1/1	0%	0%	0%	0	0
新冠タガノファーム	0-0-0-1/1	0%	0%	0%	0	0
レイクヴィラファーム	0-0-0-1/1	0%	0%	0%	0	0
フジワラファーム	0-0-0-1/1	0%	0%	0%	0	0
ケイアイファーム	0-0-0-1/1	0%	0%	0%	0	0

※ノーザンファーム生産馬以外の人気馬は高確率で期待に応えられていない危険パターン

ここも
大事

阪神芝の外回りに強い➡
阪神&京都の外回りに強い

凱旋門賞 真格言

2023/09/28 掲載

凱旋門賞適性が高い日本馬は、馬体重の軽い馬

ロンシャン芝2400m

大臣 実は欧米のレースの馬券はまったく買わないんだよね。

キムラ あ、そうなんですか。

大臣 だから海外の馬のことはまったく知らないんだけど。

キムラ 僕もそれほど詳しいわけではないんです。だから凱旋門賞の話と言っても日本馬に関する真格言なんですけど。

大臣 なるほど。

キムラ 凱旋門賞が行われる欧州競馬とこの日本競馬は、同じ競馬という競技とはいえども「競馬場」や「馬場」や「レースのペース」や「ルール」など、何から何まで異なると言えるくらいに"別物"というのが実情ですが、その中の「競走馬」についての大きな違いとしては、走る馬の「馬体重(馬格)」があります。

欧州競馬では馬体重の発表(計測)はありませんが、近年、凱旋門賞を連覇したトレヴやエネイブルは、ともに見るからに小柄な馬でした。また、馬体重が計測されるジャパンCに来日する有力な欧州馬は日本の尺度で見れば決して大きくなく、寧ろ小さいほうの部類に入る460キロ台以下の馬が多くを占めています。

その上で、これまで凱旋門賞で健闘(6位入線以内)した日本馬と、その馬体重(直近の国内出走時)は以下の通りで、軒並み中型以下の馬格の馬ばかりでした。

➡ 99年　エルコンドルパサー　2着(472キロ)
➡ 06年　ディープインパクト　3位入線(442キロ)
➡ 10年　ナカヤマフェスタ　2着(466キロ)

競馬"真"格言

- ➡12年　オルフェーヴル　　2着（456キロ）
- ➡13年　オルフェーヴル　　2着（464キロ）
- 　　　　キズナ　　　　　　4着（478キロ）
- ➡14年　ハープスター　　　6着（476キロ）

凱旋門賞に挑戦した日本調教馬の 直近馬体重別成績（99〜22年）

馬体重	着別度数	複勝率
450キロ台以下	0-1-1-0-0-0	100%
460キロ台	0-2-0-0-0-1	66.7%
470キロ台	0-1-0-1-0-5	14.3%
480キロ以上	0-0-0-0-0-18	0%

※全般的に苦戦するイメージが強い中でも実は非大型馬に限っては好成績をマーク

　それに対して480キロ台以上の馬は99年以降で18頭出走して、全て7着以下。それなりに期待感のあった馬も含めて1頭も見せ場なく終わっています。

大　臣　ホントだ。大型馬は見事に走ってないんだね。

キムラ　このことからも、日本馬が欧州競馬に対応できるか否かは、欧州仕様の馬格である小さい馬というのがキーになってくるとの見方ができます。

　ちなみに、日本でも一定以上の道悪時には、一見するとパワーに秀でているように思える大型馬は大きく率を落とし、小型馬のほうが走る結果になるということも、それと関連があるかもしれません。

　今年、凱旋門賞に挑戦する日本馬のスルーセブンシーズの前走時馬体重は446キロで、過去に同水準の馬格で挑戦した馬は2頭ともに3位以内の好走を果たしているだけに、馬格から導ける適性的には、近年では随一と見られます。

　その好走例はオルフェーヴルとディープインパクトという、国内では名馬級の馬だったからという意見もあるでしょうが、それに近

いレベルの馬でも大型馬だと惨敗ばかりであるのに対して、小〜中型馬だと健闘できているという点に目を向けるべきだと考えます。

大臣 そうか。俺は凱旋門賞の馬券についてよくわかってなくて、「日本馬は黙って消しでしょ？」と毎年、思っている人間。日本のオッズだと日本馬は過剰人気で、それでほとんど馬券にならないし。「毎年、毎年、みんな、あんなによく日本馬に期待するもんだ」と思ってるんだけど（笑）、今年のスルーセブンシーズこそ期待していいぞってことね。でも、スルーセブンシーズも日本のオッズでは人気になるよね。

キムラ そうでしょうね。向こうのオッズだと8番人気ぐらいのようですけど、残念なのは、今年は日本馬がスルーセブンシーズだけってことですよ。日本馬が3頭ぐらい出走して、その中でスルーセブンシーズの実績が一番下だったりすると、日本馬でもあまり人気にならないんですが、例えば18年の香港マイルでのヴィブロスは、日本オッズよりも香港オッズのほうが人気していたこともありました。

大臣 確かにイクイノックスあたりが一緒に出走してたらスルーセブンシーズのオッズもずいぶん変わっただろうね。

キムラ イクイノックスは凱旋門賞に見向きもしませんでしたよね。今週に入ってから各ニュースサイトでも、ノーザンファームサイドから異口同音で「凱旋門賞はゴツくない牝馬がいい」という発信が見られますが、これまでの経験を踏まえて、今はそういう結論に至っているんでしょう。大型の牡馬を連れて行くのはリスクがあると。今年、スルーセブンシーズの他に登録していたのもサリエラでしたからね。

大臣 なるほどね。そのノーザンファームの戦略が当たるといいな。

競馬 真 格言

2023年10月1日 パリロンシャン4R
凱旋門賞（G1） 芝2400m稍重 15頭立て

着	馬番	ゲート	馬名	性齢	斤量	騎手	タイム（着差）	調教師	人気
1	13	8	エースインパクト	牡3	56.5	C.デムーロ	2.25.5	JC.ルジェ(FR)	1
2	6	1	ウエストオーバー	牡4	59.5	R.ホーンビー	1馬身3/4	R.ベケット(GB)	2
3	3	9	オネスト	牡4	59.5	M.ギュイヨン	短アタマ	F.シャペ(FR)	13
4	9	5	スルーセブンシーズ	牝5	58	C.ルメール	1馬身1/4	尾関知人(JPN)	5

単勝280円 複勝150円 180円 1,010円 馬連930円
ワイド370円 2,320円 3,980円 馬単 1,330円 三連複16,500円 三連単42,370円

回顧 凱 旋 門 賞 *2023/10/05 掲載*

ノーザンファームの戦略は正解

大 臣 凱旋門賞のスルーセブンシーズは4着。なかなか良い結果だったと言っていいんだろうね。

キムラ そうですね。13年の2着オルフェーヴル、4着キズナ以来の凱旋門賞での日本馬の善戦でしたから。

大 臣 じゃあ、やっぱり凱旋門賞には軽い牝馬作戦はうまくいったんだね。

キムラ ノーザンファームサイドが言っているのは、厳密には「軽い牝馬作戦」ではなくて、「軽い牡馬か牝馬作戦」みたいですけどね。

大 臣 ああ、そうなの？ 大型馬じゃなければ牡馬でもいいんだ。

京都大賞典 真格言

ディープ系と小型馬有利の 新装京都芝コース

京都芝2400m

キムラ 京都競馬場は今年春に大規模改修工事を経てリニューアルオープンされましたが、芝の路盤についても全面的な刷新作業が行われた上で芝が張られたとのことで、単純に工事が行われる直前の京都芝にそのまま戻ったというわけではありません。

むしろ、その直近年(19〜20年頃)の京都芝は、当時の馬場造りの流行りも反映されてか年々時計がかかる仕様になっていたので、リニューアルオープンに伴って、直近年よりももっと昔の馬場(時計的に言えば高速馬場)へと回帰したというほうが、より正しい解釈だと言えそうです。

それを利するのはディープインパクト系ということは、オープニング週のマイラーズCの回に取り上げましたが、実際にここまでの京都芝での種牡馬リーディングは1位キズナ、2位ディープインパクトでディープインパクト系のワンツーとなっています。

そして、血統面以外で今回扱うのが馬体重です。

大 臣 凱旋門賞に続いて今回も馬体重の話ね。

キムラ 以前にも馬体重とコースの関係性について、「全場の芝コース馬体重別成績データを参照すると、函館芝コースは大型馬不利の傾向。東京芝コースは緩やかに大型馬有利の傾向。中山芝コース、阪神芝コースは小型馬不利の傾向が読み取れます。全コースの中で最も狭い函館芝コースが、そのイメージ通りに大型馬にとって走りづらいコースとなっており、それに対して最も広く直線が長い東京芝コースが大型馬にとって走りやすいコースとなっています。また、全コースの中でも直線の坂がキツい中山芝コース、阪神芝コースが

小型馬にとって走りづらいコースとなっています」として、主にコースの広さと直線の急坂の有無の影響が大きいことを記しました。

新装前の京都芝コースは馬体重別で大きく傾向が出ることはありませんでしたが、新装後の今春開催では、特に中距離以上(1800m以上)のレースにおいては意外にも小型馬有利の傾向が出ていました。

23年春競馬の京都芝1800m以上の馬体重別成績

馬体重	着別度数	勝率	連対率	複勝率	単回収	複回収
～399kg	0-0-0-6/6	0%	0%	0%	0	0
400～419kg	0-1-0-10/11	0%	9.1%	9.1%	0	13
420～439kg	5-7-5-39/56	8.9%	21.4%	30.4%	42	417
440～459kg	9-11-6-74/100	9.0%	20.0%	26.0%	58	89
460～479kg	11-6-15-78/110	10.0%	15.5%	29.1%	109	66
480～499kg	6-9-9-68/92	6.5%	16.3%	26.1%	37	66
500～519kg	5-4-3-47/59	8.5%	15.3%	20.3%	42	91
520～539kg	2-0-0-10/12	16.7%	16.7%	16.7%	120	30
540kg～	0-0-0-3/3	0%	0%	0%	0	0

※特に他の中央場との比較では小型馬の成績がかなり優秀

基本的に今の日本競馬で最も活躍しやすい馬体重は500キロ前後ですが、その中にあって今春開催の京都芝中距離以上のレースでは、420～439キロというかなりの小型馬が最も高い好走率をマークして、逆に500キロ以上の大型馬は明らかに振るわないという、現代競馬では中々見られない馬体重別の成績分布となっていました。

残る中央3場(東京・中山・阪神)は、広いコースだったり急坂コースだったりでそもそも大型馬が有利になりやすいコース設定だけに、余計に今の京都だけが異質というのが馬券的にも肝であり、狙い所になると言えそうです。

大 臣 そもそも軽い馬が走りやすい京都芝だけど、新装直後の春開催は、より軽い馬の好走が目立ったと。となると京都大賞典の注

目馬はどの馬になるのかな？

キムラ 前走時、460キロ台以下だった馬を挙げると、ゼーゲン、ヒンドゥタイムズ、ブローザホーン、プラダリア、ボッケリーニになります。

大 臣 人気のディープボンド、ヒートオンビートが入ってないけど。

キムラ 馬体重の重い馬が、全然来ないという話ではないですから。

大 臣 ああ、そうか。いま挙げた5頭の中で、ボッケリーニは休み明けが狙い目だとキムラ君がいつも言ってる馬だね。

キムラ 宝塚記念以来になる今回のボッケリーニは当然、買いだと思います。

あと春の開催を見ても京都芝はやっぱりディープインパクト産駒は狙い目ですから、涼しい季節に上昇するプラダリアにも注目してます。

2023年10月9日 京都11R
京都大賞典（GⅡ） 芝2400m重 14頭立て

着	馬名	性齢	斤量	父	位置取り	馬体重	人気
1	5⑦ プラダリア	牡4	57	ディープインパクト	3-3-3-2	470(+6)	5
2	4⑥ ボッケリーニ	牡7	57	キングカメハメハ	5-5-5-4	470(+4)	3
3	3④ ディープボンド	牡6	57	キズナ	9-8-9-9	508(+6)	1
4	5⑧ ヒンドゥタイムズ	セ7	57	ハービンジャー	7-8-9-6	472(+16)	9
9	6⑩ ヒートオンビート	牡6	58	キングカメハメハ	7-7-5-6	484(+6)	4
13	8⑬ ゼーゲン	セ8	57	ディープインパクト	14-14-14-13	412(-4)	14
止	1① ブローザホーン	牡4	57	エピファネイア	9-8-12-14	414(-8)	2

単勝760円　複勝200円 160円 150円　枠連1,740円　馬連1,840円
ワイド560円 510円 330円　馬単4,170円　三連複2,030円　三連単14,210円

競馬"真"格言

酷暑に苦しんだ馬たちが 涼しくなって続々と復活

大　臣　京都大賞典は、道悪で少しタフな馬場になったので、「小型馬有利」の真格言は関係なしになったかなと思ったら、推奨したプラダリアとボッケリーニでしっかり決まったね。

キムラ　一定以上の道悪になると極端な大型馬のほうが不利になりますからね。道悪になってなおさら推奨2頭で決まりやすくなったんじゃないでしょうか。

大　臣　確かにここも1、2、4、5着が470キロ台の馬だったよね。

キムラ　ここは競走中止になったブローザホーンを含めて470キロ台以下の馬が6頭いたんですけど、その内の4頭が1、2、4、5着。要するに、ここに出走していた馬の馬体重が軽いほうから6頭中4頭が掲示板に載ったということです。

大　臣　まあ、この1、2、4、5着馬はみな内ラチ沿いをロスなく回ってきた馬でもあった。開幕週の京都芝ははっきりと内有利な馬場だったね。日曜メインレースのオパールSも1～4着までみな内ラチ沿いを走ってきた馬たち。ここでキムラ君のお手馬で内枠巧者のディヴィナシオンが14番人気3着と激走してたね。

　それから真格言では、「新装京都芝ではディープが狙い目」という話もしてて、プラダリアがしっかり勝ち切った。この馬、前走の新潟記念3番人気4着は夏負けの影響があったみたいだけど、今年の夏は酷暑だったので、夏場のレースで暑さにやられた馬たちが涼しくなって順当に巻き返してるよね。スプリンターズSのマッドクールなんかもそうだったでしょ。前走は「夏負けだった」「熱中症だった」というコメントが出てる馬は要注意だなあ。

キムラ　ただ、陣営からそういうコメントが出ると人気になっちゃいますよね。マッドクールもプラダリアも、もしそういうコメントが出てなければ、もう少し人気がなくても良かったと思います。プ

ラダリアのほうは、昨年の夏場(放牧中)も調子を崩していたことが
あったので、仮にコメントが無かったとしても推察して狙うことが
できたので。

大　臣　確かに。京都大賞典の馬連もつかなかったもんなあ。これ、
獲ったんだけど、「この2頭で20倍もつかねーのかよ!」と思ってガ
ックリきた(笑)。

キムラ　4着のヒンドゥタイムズも今年の夏は調子が上がらなかっ
たようです。だから七夕賞は大きく馬体を減らして7着と走れなか
ったみたいですよ。

大　臣　そうなんだ。でもレース前に陣営はそんなコメントはして
なかったよね。だから人気にならなかったのか。ボッケリーニとヒ
ンドゥタイムズのワイドを持ってたので、ちょっと惜しかったんだ
けど。

キムラ　実は、ヒンドゥタイムズは去年の京都大賞典も4着だった
んですよね。涼しくなると調子を上げるタイプです。

大　臣　そうなのか。俺は「京都芝の道悪はハービンジャー」という
狙いで買ったんだけどね。

菊花賞の直結レースは ダービーではなく皐月賞

京都芝3000m

キムラ　現3歳世代牡馬はハイレベル世代と見ています。毎日王冠でエルトンバローズが、恵まれた面はあったにせよ古馬トップ層を下す勝利を収めたり、オクトーバーSでセントライト記念凡走のシルトホルンが2着&ダービー惨敗のグリューネグリーンが4着に食い込むなど、世代の非トップレベル層が古馬に対して続々と世間の評価以上に通用する結果を残していることからも、それが裏付けられつつあります。

　もし低レベル世代であれば、相対的にレベルが高いと見なせる古馬相手に成り上がってきた貴重な夏の上がり馬を重視すべきですが、ハイレベル世代ではその逆で、相対的にレベルが高いと見なせる同世代の中で結果を出してきた馬、つまりは春の実績馬を重視するのが正解となります。

　その実績馬というのは主に皐月賞好走組とダービー好走組となりますが、菊花賞において重視すべきは皐月賞組のほうです。

大　臣　そうだったの？　不覚にもそんな基本的なことを知らなかったよ(笑)。

キムラ　皐月賞と菊花賞の二冠馬はこれまでに6頭いたのに対して、ダービーと菊花賞の二冠馬は1973年のタケホープ1頭だけというのが各所で取り上げられていました(私自身はそこまで古い話は分かりませんが)。直近だと一昨年の菊花賞勝ち馬タイトルホルダー (皐月賞2着→ダービー6着)が典型ですが、少なくとも最近の三冠レースの関係性としては、ダービーよりも皐月賞のほうが菊花賞に直結するレースとなっているのは間違いありません。

　過去12年で菊花賞を3着内好走した三冠レース皆勤馬は16頭いましたが、その中でダービーよりも皐月賞で上の着順を残していた馬は9頭だったのに対して、皐月賞よりもダービーで上の着順を残していた馬は僅か2頭だけでした。残り5頭は三冠馬も含めて同着順だった馬です。

　究極の瞬発戦と化しているダービーよりも、超高速決着時を除いて総合力が問われる皐月賞で走れる馬のほうが、少なくとも世代限定戦の中ではタフな決着となる菊花賞向きの適性を持ち合わせている馬、という見方ができるというわけです。

大　臣　なるほど。

キムラ　今年の三冠レース皆勤馬の中で「皐月賞＞ダービー」だったのはショウナンバシット、ソールオリエンス、トップナイフ、ファントムシーフの4頭で、「ダービー＞皐月賞」だったのはタスティエーラの1頭です。パフォーマンス的には両レースとも微差だったタスティエーラの評価を杓子定規に下げる必要はないかもしれませんが、適性面で菊花賞で反発があり得るのは前者のグループに属する馬のほうと見ます。

大　臣　皐月賞とダービーの1、2着が入れかわっただけの年に取り上げるに相応しい真格言ではない気はするけど(笑)。

競馬 "真" 格言

2023年10月22日 京都11R
菊花賞（GⅠ） 芝3000m良 17頭立て

着	馬名	性齢	斤量	タイム	皐月賞	ダービー	位置取り	人気
1	8⑰ ドゥレッツァ	牡3	57	3.03.1	－	－	1-1-3-2	4
2	4⑦ タスティエーラ	牡3	57	3.03.7	5人2着	4人1着	9-11-9-8	2
3	7⑭ ソールオリエンス	牡3	57	3.04.0	2人1着	1人2着	11-12-12-8	1
9	8⑮ ファントムシーフ	牡3	57	3.04.3	1人3着	3人8着	6-6-6-5	6
10	6⑪ サトノグランツ	牡3	57	3.04.3	－	7人11着	11-12-16-12	3
11	8⑯ ショウナンバシット	牡3	57	3.04.4	12人5着	11人16着	8-8-9-11	15
14	1① トップナイフ	牡3	57	3.05.0	9人7着	10人14着	11-8-3-5	8

単勝730円 複勝210円 160円 120円 枠連1,050円 馬連1,980円
ワイド660円 400円 260円 馬単4,210円 三連複1,570円 三連単12,380円

回顧 菊 花 賞 *2023/10/26 掲載*

昨年の菊花賞の真格言が今年炸裂！

キムラ 菊花賞の真格言は「菊花賞の直結レースはダービーではなく皐月賞」でしたけど、皐月賞馬もダービー馬もどちらも馬券になったので、今年はこの真格言ではあまり役立ちませんでしたね。

大臣 やっぱりこの真格言は皐月賞とダービーの上位馬の着順がガラッと入れかわった年に有効になるんだと思う。

それと去年の菊花賞の真格言は「現代の菊花賞で真に有利なのは非トライアル出走の直行組」が今年はばっちり当てはまったでしょ。前走、夏の新潟の日本海Sを勝って以来、中8週のドゥレッツァが4番人気1着。まあ、この馬は人気だったけど、同じ週の阿賀野川特別を勝って以来だったリビアングラスも9番人気4着。

キムラ 去年も阿賀野川特別の勝ち馬セレシオンをここで推奨して僕は本命を打ち失敗したんですけど、今年はこのローテの馬が2頭、好走してくれました。

大臣 神戸新聞杯をレコード勝ちしたサトノグランツは全然ダメ

だったね。3番人気10着。キムラ君は「川田騎手でトライアルを勝った馬は本番で危ない」ということを何度もツイートしてたので、俺はそれがすごく気になってサトノグランツの狙いを下げたんだけど。

キムラ もちろんサトノグランツの凡走要因はそれもあったでしょうし、レコード勝ちの反動も大きかったと思います。

大臣 道中の行きっぷりがすごく悪かったもんね。

三冠レース皆勤かつ菊花賞3着内好走馬の皐月賞&ダービー成績(12〜21年)

年／着	馬名	皐月賞	ダービー
12年1着	ゴールドシップ	1	5
13年1着	エピファネイア	2	2
15年1着	キタサンブラック	3	14
15年2着	リアルスティール	2	4
16年1着	サトノダイヤモンド	3	2
16年3着	エアスピネル	4	4
17年2着	クリンチャー	4	13
19年2着	サトノルークス	14	17
19年3着	ヴェロックス	2	3
20年1着	コントレイル	1	1
20年3着	サトノフラッグ	5	11
21年1着	タイトルホルダー	2	6

※ダービーよりも皐月賞で好成績を挙げていた馬が菊花賞で好走するケースが大半

ここも大事

川田騎手でトライアルを勝った馬は本番で危ない

二兎を追う者も二兎を得られずの秋古馬三冠レース

東京芝2000m

キムラ　かつては秋古馬三冠レースの「天皇賞秋→ジャパンC→有馬記念」を3連戦して完走するのが王道ローテとされており、実際に99年から12年までの天皇賞秋勝ち馬は、14頭中10頭が同ローテを歩んでいました。

　例外の4頭中2頭(カンパニー、ダイワメジャー)はマイラーで、必然的に次走がジャパンCではなくマイルCSを選択。もう1頭のアグネスデジタルは急遽、天皇賞秋に出走した経緯があり、その時点で既に秋3戦目でした。期間内で秋古馬三冠レースの完走ローテが現実的に可能だったのにしなかったと言えるのは、ウオッカ1頭だけでした。

大 臣　ウオッカは3歳時の有馬記念で11着と大敗してから、国内で東京しか使わなくなった。だから特殊な例だよね。古馬になってからのウオッカの秋3戦は毎日王冠→天皇賞秋→ジャパンCと決まってた。

キムラ　そして、1990年代後半から2000年代前半までは、秋古馬三冠レースの完走ローテは100%成功(全馬が3戦連続好走)していたのに対して、2000年代後半からは成功率が急降下し始めました。それもあってか、13年以降だと天皇賞勝ち馬は10頭中2頭しか同ローテを歩んでいません、というよりも歩めていません。

　それどころか、秋古馬三冠レースの内の2連戦ですらも成功率は決して高いとは言えず、2戦目でパフォーマンスを上げたのは天皇賞秋から有馬記念へのローテだった22年イクイノックスくらいで、天皇賞秋からジャパンCへのローテでパフォーマンスを維持できた

馬は近年、皆無と言えます。20年のアーモンドアイも、明らかにジャパンC1着よりも天皇賞秋1着のほうが高いパフォーマンスでした。

大　臣　いまは中3週→中3週でGⅠを3戦続けて使うなんて、なかなかあり得ないローテだよね。

キムラ　逆に言えば、ジャパンCで走る馬は天皇賞秋で走った馬ではないということで、実際に近10年のジャパンCの3着内好走馬は、天皇賞秋の好走馬よりも凡走馬から多く輩出されているという意外な事実もあります。

　今年の天皇賞秋の出走馬（特に有力馬）の中には、この後にジャパンCや有馬記念の出走を視野に入れている馬が少なからずいますが、どのレースに軸足を置いているのかを読むことが、能力比較と同等に重きを置いて見るべき事項と言えるはずです。

大　臣　最近の天皇賞秋で気になるのは、去年のシャフリヤールみたいに2000mより2400m向きの馬が、露骨に天皇賞秋をジャパンCの叩き台に使うようになったことだよね。

キムラ　だから僕は天皇賞秋でシャフリヤールを消して、ジャパンCで本命にしました。なのに去年の天皇賞秋のシャフリヤールは2番人気だったんですよね。

大　臣　そういう馬は当然、買えないし買っちゃいけないと思うんだけど、今年、明らかに2000mは不向きで、狙いは次の馬はジャスティンパレスぐらいかな。

キムラ　そうですね。

大　臣　イクイノックスは天皇賞秋とジャパンCの二つとも勝ちにいって、二つとも勝てる力のある馬なんじゃないの？

キムラ　アーモンドアイぐらい力が抜けていたらそれも可能だと思います。逆にいうとアーモンドアイぐらい力が抜けてないと、天皇賞秋→ジャパンCと続けて勝つのは難しいと思います。

大　臣　イクイノックスはアーモンドアイ級だと思うけど。

キムラ　その可能性はありますよね。だからイクイノックスは、本命は打ちませんけど、そんなに評価は下げられないと思ってます。

競馬 "真" 格言

2023年10月29日 東京11R
天皇賞秋（GⅠ） 芝2000m良 11頭立て

着		馬名	性齢	斤量	騎手	タイム	位置取り	上がり	人気
1	6 ⑦	イクイノックス	牡4	58	ルメール	1.55.2	3-3-3	34.2	1
2	6 ⑥	ジャスティンパレス	牡4	58	横山武史	1.55.6	10-10-10	33.7	6
3	7 ⑨	プログノーシス	牡5	58	川田将雅	1.55.8	11-11-10	33.9	3
7	3 ③	ドウデュース	牡4	58	戸崎圭太	1.56.6	4-4-4	35.3	2

単勝130円　複勝110円 340円 200円　枠連1,250円　馬連1,330円
ワイド550円 280円 1,650円　馬単1,500円　三連複2,180円　三連単6,960円

回顧　天　皇　賞　秋　　　　　　*2023/11/02 掲載*

なぜジャスティンパレスは
天皇賞秋で好走できた？

大　臣　天皇賞秋2着のジャスティンパレスは、GⅠ実績があるなかではいちばんここを狙ってない馬、ひと叩きしてジャパンC、有馬記念が勝負だと思って、真っ先に消してしまったよ。

キムラ　そもそも今年は天皇賞秋が勝負という馬が少なかったんですよね。

大　臣　イクイノックスは、本気なのはジャパンCだけど、それでも天皇賞秋を勝ってしまうぐらい力が抜けてた。やっぱりアーモンドアイ級という認識で良かったね。

キムラ　そうですね。

大　臣　勝ち時計が1分55秒2って、「何mのレースだよ!?」と思うよなあ。1000m通過57秒7という表示が出た時に「あれ、イクイノックスはそんなに前で競馬して大丈夫なの？」と思ったけど。まったく問題なかったもんね。

キムラ　イクイノックスについて行ったドウデュースが厳しい競馬になってしまいましたよね。武豊騎手の負傷で直前の乗り替わりは不運でしたけど。いつも後方から競馬をしてた馬がこのペースで先

行したら苦しいですよね。

大　臣　2、3着馬は最後方から行って、もちろん展開利はあったけど。さすがディープだなあと改めて思った。

キムラ　それとここで何度も言ってきましたけど、いまの東京芝は展開に関係なく恵まれるのは前じゃなくて後ろ。大穴を出す馬はほとんどが追い込み馬なんですよね。

大　臣　ジャスティンパレスは、キムラ君がずっと評価してきた馬だよね。

キムラ　そうですね。有馬記念でも天皇賞春でも本命を打ちましたし。今回も4番手評価にはしてたんですけど。かなり人気が落ちてるなと思って。ここ最近の天皇賞秋は距離不足のせいで負けるという馬が減っている気がします。

PICKUP DATA

ジャパンC連対馬の天皇賞秋成績(13〜22年)

年/着	馬名	天皇賞秋
22年2着	シャフリヤール	5着
21年1着	コントレイル	2着
20年1着	アーモンドアイ	1着
19年1着	スワーヴリチャード	7着
18年2着	キセキ	3着
15年1着	ショウナンパンドラ	4着
15年2着	ラストインパクト	12着
14年1着	エピファネイア	6着
13年1着	ジェンティルドンナ	2着

※ジャパンCで連対する馬の大半は天皇賞秋では勝っていない馬（例外は歴史的名馬のみ）

毎年馬場が変わる京都芝の 11月後半(末期開催)特有の 血統傾向

京都芝1600m外

キムラ　今春リニューアルオープンされた京都芝コースは、道悪時を除くと、先々週まで一貫して超高速～高速の馬場水準となっていました。

　3週前のスワンSは12年以降の近10年では最も速い1分19秒台の勝ち時計で、2週前のファンタジーSも07年以降の近14年で最も速い1分20秒4の勝ち時計がマークされていたんです。

　しかし、その高速馬場設定が崩れたのが先週開催で、開催前日の金曜日の雨と日曜日昼過ぎの微雨の影響はあったにしても、その影響が大きくなかったはずの日曜日の午前中も時計がかかるようになっていましたので、やはり先々週までとは馬場の様相が変わってきたという印象です。

大　臣　春の京都芝とはまったく別物ということね。

キムラ　ただし、11月の京都開催が行われたのは19年以前のことになるので、もう忘れられているかもしれませんが、この11月半ばの開催週を境にして京都芝の様相がガラリと変化するというのは、実は毎年恒例のことでした。

　実際に19年は11月3週目(マイルCS週)から時計が掛かる馬場に、18年も11月3週目から、17年は11月2週目から、16年も11月2週目から時計が掛かる馬場へと変化していました。それらは雨の影響でそうなったというよりも、自然現象としてそうなっていました。

大　臣　そうだったかなあ？　最近、記憶力がかなり悪くなってる

ので、2年半も開催がないと、京都コースのレースのイメージがすっかりなくなっちゃってるんだよね。困ったもんだ(笑)。

キムラ つまりは、ひと口に京都芝と言っても、1〜10月までの通常開催と、11月半ば以降の末期開催とでは、分けて考える必要があるということです。

それを最も如実に反映しているのが血統傾向(種牡馬別成績)です。

11月後半(5回京都5日目以降)開催の
京都芝良馬場の種牡馬別の勝率順成績(15〜19年／最少機会数21)

種牡馬	着別度数	勝率	連対率	複勝率	単回収	複回収
ロードカナロア	6-3-3-27/39	15.4%	23.1%	30.8%	92	54
キングカメハメハ	10-6-3-47/66	15.2%	24.2%	28.8%	40	65
ルーラーシップ	6-6-2-29/43	14.0%	27.9%	32.6%	103	74
ディープインパクト	21-19-17-98/155	13.5%	25.8%	36.8%	78	72
オルフェーヴル	3-0-5-18/26	11.5%	11.5%	30.8%	46	236

1〜10月開催の京都芝良馬場の
種牡馬別の勝率順成績(15〜23年／最少機会数200)

種牡馬	着別度数	勝率	連対率	複勝率	単回収	複回収
ディープインパクト	160-135-133-715/1143	14.0%	25.8%	37.4%	80	75
キングカメハメハ	60-49-40-385/534	11.2%	20.4%	27.9%	92	74
ステイゴールド	46-38-37-314/435	10.6%	19.3%	27.8%	78	81
ロードカナロア	32-41-24-232/329	9.7%	22.2%	29.5%	53	65
マンハッタンカフェ	30-24-25-239/318	9.4%	17.0%	24.8%	97	58
※ルーラーシップ	22-28-29-222/301	7.3%	16.6%	26.2%	44	59

※11月末期開催ではキンカメ系が浮上⇔それ以外の平時開催ではサンデー系が優位

通常開催の京都芝(良馬場)では、ディープインパクト産駒(ディープインパクト系)が最も走る血統ですが、この末期開催の京都芝(良馬場)ではキングカメハメハ系の3種牡馬(ロードカナロア、キングカメハメハ、ルーラーシップ)の産駒が、揃って通常よりも何割も

高い勝率をマークしており、勝率部門ではディープインパクト産駒を抑えて上位を独占しています。

　実際、先週の京都芝でミッキーロケット産駒が3勝していたのはその予兆だったと見ています。これは異常事態ですよ。それまでミッキーロケット産駒は京都芝で1勝もしてなかったんですから。このことから、今年もいまの時期から京都芝がキングカメハメハ系向きの馬場になっている可能性は高いと思います。

　そしていまの時期、キングカメハメハ系でも特に要注意なのはルーラーシップ産駒です。通常開催時には勝率7.3%で、今年はこれまでわずか1勝のみと京都芝では"走らない血統"だったのに、末期開催時では一転して勝率14.0%と"走る血統"となっているあたりは特に注目すべき点と見られます。

大　臣　ということは、マイルCSの狙い目はソウルラッシュ？

キムラ　そうですね。

大　臣　ソウルラッシュはここで何度か取り上げてきたよね。最初は時計の掛かる馬場向きだと言ってたけど、その後、去年の富士S、今年のマイラーズC、京成杯AHと高速馬場での好走が続いて、「ソウルラッシュは高速馬場も苦にしない」と評価を変えた馬だったね。

キムラ　ただ、先週から少し時計の掛かり始めた京都芝は悪くないはずです。

大　臣　でも、ソウルラッシュの成績を見ると、「GIでは足りない馬では？」という気もするんだけど。

キムラ　ソウルラッシュは最近、休み明けでいつも馬券になっていますよね。要するに、間隔を空けたGIの前哨戦で好走して、間隔を詰めたGIで凡走しているんです。今年の安田記念は、休み明けのマイラーズCで好走した疲れが取れず9着と凡走したみたいですし。1年前は、富士Sが2着でマイルCSが4着でした。今年、前哨戦にわざわざ59キロのハンデを背負わされる京成杯AHを使ってきたのも、そこから間隔を空けてマイルCSへという陣営の意図があるはずです。

大　臣　なるほど。休み明けのGⅠなら、これまでと結果が変わってくるかもしれないってことね。

キムラ　あとは去年取り上げた真格言の内容(安田記念と京都マイルCSは非直結傾向)から、今年の安田記念を凡走していたソウルラッシュはその観点でも狙えますし、同じ観点から昨年の安田記念凡走馬のダノンザキッドも面白いと思います。

2023年11月19日　京都11R
マイルCS(GI)　芝1600m良 16頭立て

着		馬名	性齢	斤量	タイム	父	位置取り	人気
1	8 ⑯	ナミュール	牝4	56	1.32.5	ハービンジャー	14-15	5
2	1 ①	ソウルラッシュ	牡5	58	1.32.5	ルーラーシップ	9-8	3
3	3 ⑤	ジャスティンカフェ	牡5	58	1.32.6	エピファネイア	9-11	7

単勝1,730円　複勝510円 250円 590円　枠連3,530円　馬連4,440円
ワイド1,820円 5,140円 1,780円　馬単10,490円　三連複30,930円　三連単176,490円

回顧　マ　イ　ル　C　S　　　　　　　　*2023/11/23 掲載*

時計のかかる京都芝のGIに強い
ハービンジャー産駒

大　臣　マイルCSは推奨したソウルラッシュが2着。真格言的にはばっちりだったね。

キムラ　秋の開催後半の京都芝はキンカメ系向きになるという話をしましたけど、先々週のミッキーロケット産駒の爆発に続き、先週は土曜3Rでヤマカツエース産駒が京都芝初勝利。土曜12Rではテンノメッセージが6番人気1着と穴。これはルーラーシップ産駒の京都芝での今年初勝利でした。

大　臣　それからソウルラッシュは間隔を空ければGⅠでも通用すると言ったけど、それも正解だったね。マイルCSはソウルラッシュとナミュールを含む馬連4頭ボックスのつもりだったけど、ナミ

競馬"真"格言

ュールはムーア騎手が落馬負傷で乗れなくなったので消してしまったよ。最悪の判断(笑)。藤岡康騎手が乗って最後方から届くとは。

キムラ ああいう競馬をしてこそ届く馬なんだと思いますけどね。

大 臣 ハービンジャー産駒はこれでGⅠ6勝目だけど、そのうち京都で4勝。今回以外の3勝はみな17年で、秋華賞のディアドラ、エリザベス女王杯のモズカッチャン、マイルCSのペルシアンナイトだったんだけど、この年の秋の京都芝は雨でずっと馬場が悪くて、秋華賞は重、マイルCSは稍重だったし、エリザベス女王杯と今年のマイルCSは良馬場でも時計のかかる馬場だった。

　昔、王様が「ハービンジャー産駒は京都芝のGⅠに強いと書かれてるのをよく見かけるけど、それは間違い。ハービンジャー産駒が強いのは"時計のかかる京都芝"のGⅠだ」というようなことを言ってて、それを思い出したよ。開催後半になり馬場が向いたのは、キンカメ系だけじゃなくハービンジャー産駒もだった。

チャンピオンズC　真格言

牝馬有利の異端
▶新潟ダート1800m⟷特に
牝馬不利の中京ダート1800m

中京ダ1800m

キムラ　近年、JRAでは牝馬限定の3勝クラスのレースが行われるようになったり、NARではブリーダーズGCが牝馬限定レースに変更されたり、従来からの牝馬限定のダートグレード競走でも中央所属馬の出走枠が拡大されるなど、牝馬のダート路線が整備されつつあります。それに伴い積極的にダートに矛先を向ける牝馬が増えていることで、以前と比べると牝馬のダート馬の質と量は向上傾向にあります。

　とはいえ、やはりダートの中距離以上（1800m以上）のレースにおいては、根本的に体力と馬力で上回る牡馬が圧倒的に優勢となっています。上級クラス戦の牡馬牝馬混合戦において牝馬が活躍するというのは極めて稀ですし、通用することすらもまだまだ珍しいことです。

　ただし、牝馬が優位という逆転現象が起こっているコースも実はあるんです。それが新潟ダート1800m。14年以降のダート1800m（良）の3勝クラス以上、牡馬牝馬混合戦における牝馬の成績を参照すると、新潟では【6-3-5-28】（勝率14.3%、複勝率33.3%）という好成績になっているんです。

大　臣　牡馬より牝馬のほうが成績がいいダート中距離のコースがあるなんてビックリだね。

キムラ　こんなこと普通、あり得ないですよね。新潟ダート1800mはそれだけ特異なコースなんだと思います。

各競馬場の良馬場ダート1800mの3勝C以上の
牡馬牝馬混合戦における牝馬の成績(14〜23年チャンピオンズC前週まで)

コース	着別度数	勝率	連対率	複勝率	単回収	複回収
新潟ダ1800	6-3-5-28/42	14.3%	21.4%	33.3%	422	179
中山ダ1800	5-8-14-106/133	3.8%	9.8%	20.3%	46	97
中京ダ1800	3-0-1-32/36	8.3%	8.3%	11.1%	251	74
京都ダ1800	7-3-5-54/69	10.1%	14.5%	21.7%	63	58
阪神ダ1800	4-12-8-77/101	4.0%	15.8%	23.8%	17	61

牡馬・セン馬の成績(同上)

コース	着別度数	勝率	連対率	複勝率	単回収	複回収
新潟ダ1800	17-20-18-222/277	6.1%	13.4%	19.9%	79	72
中山ダ1800	75-73-65-817/1030	7.3%	14.4%	20.7%	96	84
中京ダ1800	32-35-34-390/491	6.5%	13.6%	20.6%	64	71
阪神ダ1800	38-41-40-435/554	6.9%	14.3%	21.5%	105	73
京都ダ1800	50-42-46-538/676	7.4%	13.6%	20.4%	76	70

※牝馬はコースによってかなり成績にバラつき(有利不利)がある

大　臣　なぜそうなるんだろう?

キムラ　小柄な馬を後押しする平坦かつ小回りのコース形態ということと、最たるはJRAの数ある競馬場のなかでも屈指のコーナー角度で、3〜4角の勝負どころでラップが落ち、直線で再加速が求められるということで、ダート競馬としては瞬発力が求められてキレに秀でた牝馬の活躍を助長しているものと考えられます。

大　臣　なるほど。

キムラ　今年はレパードSをライオットガールが、BSN賞をアイコンテーラーが勝ちましたよね。

　逆に牡馬が極端に優位となっているコースが、今回のチャンピオンズCの舞台でもある中京ダートです。牝馬は【3-0-1-32】(勝率8.3%、複勝率11.1%)という明らかに見劣る成績となっています。

　チャンピオンズCでは15年に牝馬のサンビスタの勝利という印象的な激走劇がありましたが、それはあくまでも例外中の例外で、その一例を除けばタフさが求められるコース形態の中京では牝馬は苦戦を強いられることが圧倒的に多くなっているのが実情です。

大　臣　ということはアーテルアストレアとアイコンテーラーの牝馬2頭は厳しいってことだね。今年のチャンピオンズCは混戦だと思ってるので、この2頭を黙って消せるのはありがたいな。

2023年12月3日 中京11R
チャンピオンズC（GI）　ダ1800m良 15頭立て

着	馬名	性齢	斤量	騎手	タイム	位置取り	上がり	人気
1	8 ⑮ レモンポップ	牡5	58	坂井瑠星	1.50.6	1-1-1-1	37.3	1
2	4 ⑦ ウィルソンテソーロ	牡4	58	原優介	1.50.8	13-13-13-13	36.6	12
3	3 ⑤ ドゥラエレーデ	牡3	57	ムルザバエフ	1.50.9	2-2-2-2	37.5	9
9	5 ⑧ アーテルアストレア	牝4	56	横山武史	1.51.6	13-13-15-13	37.3	13
10	7 ⑫ セラフィックコール	牡3	57	M.デムーロ	1.51.9	15-15-13-13	37.7	2
11	5 ⑨ クラウンプライド	牡4	58	川田将雅	1.52.0	4-5-4-5	38.4	3
14	8 ⑭ アイコンテーラー	牝5	56	モレイラ	1.54.1	10-10-10-11	40.2	7

単勝380円　複勝210円 1,820円 890円　枠連2,780円　馬連29,040円
ワイド8,660円 4,720円 29,790円　馬単32,020円　三連複469,320円　三連単1,902,720円

回顧 チャンピオンズC　　*2023/12/07 掲載*

またチャンピオンズCで
内をロスなく回って来た馬が穴！

大　臣　チャンピオンズCの牝馬2頭はアーテルアストレアが9着、アイコンテーラーが14着。アイコンテーラーは8枠に入った影響かあまり人気にもならなかったけど、とにかく真格言は当たったね。
キムラ　まあ、今年のチャンピオンズCは不可解な負け方をした馬が多かったので、アーテルアストレアもアイコンテーラーも、中京ダート1800mの牝馬だから凡走したというだけではないとは思いま

すけどね。

大　臣　不可解な負け方をした馬のなかに2番人気セラフィックコールと3番人気クラウンプライドの大敗も含まれると思うけど。

キムラ　クラウンプライドは馬の状態に問題があったんじゃないですかね。韓国遠征が急仕上げだったようで、その後に夏負けがあり、それでJBCクラシックを使えなかったみたいなので。

大　臣　セラフィックコールは左回りがダメなのかな？　この馬はデビュー3連勝目の八王子特別（東京ダート2100m）がハナ差勝ちだったのでもう余力なしと見て、4連勝目のJRAアニバーサリーSで軽視し痛い目に遭ったんだけど。今回はまったくマクれなかった。実は八王子特別の時もマクッてないんだよね。

キムラ　左回りがどうこうというより、中京ダート1800mでいちばんまずい後方の外々を回らされる競馬になりましたよね。

大　臣　2着に好走したウィルソンテソーロは追い込みでも4角まで最内をロスなく回って来て、直線だけ外に出してた。これは中京ダート1800でも追い込めるパターン。先週、話をしたサンビスタが勝った15年で3着だったサウンドトゥルーと同じ立ち回り。

　サウンドトゥルーは同じような競馬をして翌年はチャンピオンズCを勝った。チャンピオンズCで今年のウィルソンテソーロみたいな立ち回りは「サウンドトゥルー戦法」と名付けたい（笑）。ただ、申し訳ないけど、それを原騎手がやるとは思わなかった。

キムラ　本来は前で競馬する馬が出遅れてしまったのもありますし、逆に外に行きづらい隊列になったことが功を奏した印象もありますし、そのへんは運もあったと思いますけど（笑）。

大　臣　今年のチャンピオンズCは、ウィルソンテソーロが2着に追い込んで来なければ単なる前に行った3頭の行った行っただったよね。レモンポップは、1角まであまりにも簡単にハナを取れたので、「ああ、これは勝たれたな」と思った。

2023/12/14 掲載

朝日杯FS　真格言

"西高東低" ➡ "東高西低"に シフトした2歳戦線

阪神芝1600m

キムラ　ジャパンC回の真格言「西高東低時代は終わり"ノーザン系関東馬"の一強時代に」の延長線上の話ですが、ノーザンファーム勢を含む美浦所属馬の育成環境がいくら整ってきたとはいえども、その効果が結果に最大限に結び付くのは「育成済みのベテラン勢」ではなく「これから育成されるニュージェネレーション」のほうであるという趣旨です。その表れとして現2歳戦線は、ほんの少し前までの"西高東低"が絶対的な常識とされていた時代からは想像もできなかった"東高西低"の勢力図が形成されています。

　具体的には、先週までに行われた2歳1勝クラス以上のレースでは、勝率、連対率、複勝率とも美浦所属馬が栗東所属馬より上です。数の力で押す栗東所属馬に対して質の面では美浦所属馬が完全に上回っています。2年前以前は言わずもがな栗東所属馬のほうが圧倒的に優位となっていました。

　そして3歳牝馬GIレースの阪神JFも、美浦所属馬によるワンツースリー。"東高西低"という新たな時代を象徴するような決着となりました。

大　臣　2歳時の牝馬は関東から関西への直前輸送は負担が大きいので、阪神JFはノーザンファーム関東馬でなおかつ事前に栗東に入厩してた2頭、アスコリピチェーノとステレンボッシュを黙って買ったら、簡単に馬連が獲れたよ（笑）。しかもその馬連が23.3倍もついた。

キムラ　2歳戦ではそういうシンプルな買い方でもいいと思います。それでも今年も全体的な成績では栗東所属馬が美浦所属馬を上回っ

競馬“真”格言

23年の2歳1勝クラス以上のレースの東西所属別成績
（朝日杯FSの前週まで）

所属	着別度数	勝率	連対率	複勝率	単回収	複回収
美浦	25-22-25-149/221	11.3%	21.3%	32.6%	65	87
栗東	28-30-28-216/302	9.3%	19.2%	28.5%	79	77

18～21年の2歳1勝クラス以上のレースの東西所属別成績

所属	着別度数	勝率	連対率	複勝率	単回収	複回収
美浦	98-100-99-941/1238	7.9%	16.0%	24.0%	69	65
栗東	156-152-153-970/1431	10.9%	21.5%	32.2%	77	74

※以前までの西高東低から年々徐々に東が巻き返して遂に東高西低の勢力図に

ていますので、今でもGIレースなど局所的な分野を除いては、“東高西低”よりも“西高東低”として扱われることのほうが圧倒的に多い印象です。

　でも、それはまだ“西高東低”の時代に育成や調教をされていたベテラン勢の活躍によるもので、悪く言えば“過去の遺産”や“貯金”でそうなっているだけと見るのが妥当と考えます。

　“西高東低”の時代が終わったまさに今のタイミングで育成や調教をされているニュージェネレーション（躍進を遂げたノーザンファーム天栄で調整されているノーザンファーム関連馬や、非ノーザンファーム系でも美浦トレセンのリニューアルされた坂路で調整されている馬）については完全に“東高西低”となっているだけに、ニュージェネレーションが主力を形成することになる2～3年後には“東高西低”が新常識となる可能性が高いと考えられます。

大　臣　現2歳世代からはっきり“東高西低”になるはず、というのがキムラ君の見立てだね。

キムラ　その新常識が浸透する前段階におけるニュージェネレーションの馬については、好走率はもとより妙味の面でも美浦所属馬優勢が中長期で続くことが見込まれます。

247

　また、各馬の戦歴を見比べる際にも、従来ならレベルの高い関西で行われる栗東所属馬が主役のレースを経てきた馬を評価すべきだったところを、今ならば逆に関東で行われる美浦所属馬が主役のレースでのし上がってきた馬を評価する方向に頭を切り替える必要があります。

大臣　今年の朝日杯FSの登録馬で、ノーザンファーム関東馬はシュトラウスしかいないよね。この馬が黙って本命でいいかな？

キムラ　いいと思います。それから去年の阪神JFの真格言は「阪神マイルGⅠレースでは東京マイル実績に着目」でしたけど、今年の阪神JFは東京芝1600mで連対歴のある馬が3頭しかいなくて、それが2〜4着だったんですよ。そのなかで関東馬の2頭が2着と3着で、関西馬の1頭が4着でした。同じ阪神芝1600mで行われる朝日杯FSでもこの真格言は当てはまります。今年、該当馬はシュトラウスとオーサムストロークしかいません。

大臣　オーサムストロークは1勝クラスの東京芝1600mのベゴニア賞の勝ち馬だね。過去にベゴニア賞の勝ち馬は14年のダノンプラチナム、16年のサトノアレスと朝日杯FSを2勝してる。

キムラ　はい、そうです。そしてオーサムストロークも関東馬です。

大臣　今年の朝日杯FSの登録馬でノーザンファーム関西馬は2頭しかいなくて、それがダノンマッキンリーとミルテンベルク。ダノンマッキンリーはかなり人気になりそうだけど、ノーザンファームじゃない関東馬とノーザンファーム関西馬はどっちを上と考えればいい？

キムラ　もちろん関西馬でもノーザンファーム勢のほうが基本的に能力の高い馬は多いと思うんですけど、今年は重賞でノーザンファーム関西馬の期待値はめちゃくちゃ低いんですよ。

競馬"真"格言

23年ノーザンファーム生産馬の東西所属別重賞成績
（朝日杯FSの前週まで）

所属	着別度数	勝率	連対率	複勝率	単回収	複回収
美浦	25-13-9-111/158	15.8%	24.1%	29.7%	104	72
栗東	22-30-19-265/336	6.5%	15.5%	21.1%	35	53

※以前までの西高東低のイメージの残像から栗東馬は必要以上に人気している現状（低期待値）

　阪神JFでも、ノーザンファーム関西馬のサフィラとルシフェルは人気以上に走れませんでした。なので、ダノンマッキンリーとミルテンベルクよりもオーサムストロークのほうが断然、買いだと思います。

2023年12月17日 阪神11R
朝日杯FS（GI）　芝1600m良 17頭立て

着	馬名	性齢	斤量	タイム	調教師	生産者	人気
1	2③ ジャンタルマンタル	牡2	56	1.33.8	[西] 高野友和	社台ファーム	1
2	1① エコロヴァルツ	牡2	56	1.33.9	[西] 牧浦充徳	下河辺牧場	4
3	3⑤ タガノエルピーダ	牝2	55	1.34.0	[西] 斉藤崇史	新冠タガノファーム	5
8	4⑧ ダノンマッキンリー	牡2	56	1.34.3	[西] 藤原英昭	ノーザンファーム	3
10	8⑰ シュトラウス	牡2	56	1.34.6	[東] 武井亮	ノーザンファーム	2
14	4⑦ オーサムストローク	牡2	56	1.34.8	[東] 伊藤圭三	秋場牧場	7
17	1② ミルテンベルク	牡2	56	1.35.1	[西] 武英智	ノーザンファーム	9

単勝270円　複勝130円 280円 320円　枠連1,190円　馬連1,280円
ワイド520円 590円 1,720円　馬単1,990円　三連複3,540円　三連単12,910円

回顧　朝　日　杯　F　S　　　*2023/12/21 掲載*

調教を変え
バージョンアップした高野厩舎

大　臣　朝日杯FSは、ノーザンファーム関東馬のシュトラウスが10着。先週の阪神JFで味をしめてこの馬に本命を打ちましたが。毎週、毎週、ノーザンファーム関東馬だけがGⅠを勝つわけではなし。

浅はかな判断でした(笑)。

キムラ 今年はそもそもノーザンファーム生産馬が3頭だけと少なかったですよね。そして勝ったのが高野厩舎のジャンタルマンタル。いま関西でいちばん勢いのある厩舎が高野厩舎なんですよ。今年から調教パターンを変えたんですが、それがいい結果に繋がって今年は勝率、連対率、複勝率がキャリアハイになっています。今秋のGⅠもこれが2勝目ですよね。マイルCSのナミュールに続いて。

　要するに、いまノーザンファーム関東馬以外で、いちばんGⅠで推せるのが実は高野厩舎の馬なんです。

大　臣 そうだったのか。この連載で高野厩舎と言えば「芝内回り重賞の特注厩舎」だと言い続けてきたけど、もう芝外回りの重賞でも軽視しないほうがいい?

キムラ そうですね。調教パターンを変えたことで、外回りで末脚を伸ばせる馬が増えていると思うので、芝内回り重賞だけが特注の厩舎ではなくなってると思います。

競馬 "真" 格言

4歳の上がり馬は買い⟷ 4歳の実績馬は軽視

中山芝2000m&京都芝1600m外

キムラ　過去10年の中山金杯では4歳馬が【3-3-2-19】(勝率11.1%／連対率22.2%／複勝率29.6%)で、出走頭数が圧倒的に多い6歳馬に好走頭数こそ下回っているものの、率系の数字については全項目で年齢別トップの成績をマークしています。

　また過去10年の京都金杯(京都施行年のみ)でも4歳馬が【3-2-2-26】(勝率9.1%／連対率15.2%／複勝率21.2%)で、連対率と複勝率こそ僅かに5歳馬を下回っているものの、好走頭数と勝率については年齢別トップの成績をマークしています。

14~23年の東西金杯の年齢別成績(中京施行年除く)

年齢	着別度数	勝率	連対率	複勝率	単回収	複回収
4 歳	6-5-4-45/60	10.0%	18.3%	25.0%	38	61
5 歳	5-5-3-38/51	9.8%	19.6%	25.5%	65	61
6 歳	5-6-5-61/77	6.5%	14.3%	20.8%	37	86
7 歳	1-1-4-54/60	1.7%	3.3%	10.0%	26	44
8 歳	0-0-1-19/20	0%	0%	5.0%	0	10

　これだけ見ると4歳馬は"買い"のように思えますが、必ずしもそうではなく「買って良い4歳馬」と「買ってはいけない4歳馬」が明確に分かれるという点を押さえておく必要があります。

大　臣　そのことは中山金杯でも京都金杯でも共通なんだね。

キムラ　そうなんです。過去10年の東西金杯(京都金杯は京都施行年のみ)で3着以内に好走した4歳馬は合わせて15頭いましたが、内

13頭は前走で古馬混合戦を走っていた馬で、前走で3歳世代戦(菊花賞)を走っていたのはエアスピネルとフェーングロッテンのわずか2頭だけでした。

　逆に3番人気以内の上位人気に推されていながらも4着以下に凡走した4歳馬は合わせて16頭いましたが、内7頭は前走で3歳世代戦(菊花賞or秋華賞)を走っていた馬でした。また、それに当てはまらない9頭中7頭については、3歳GIレース(皇月賞or ダービー or NHKマイルC or 秋華賞)に出走歴がある馬でした。

　ここでは前走レース別にデータだけ記しましたが、端的に言えば、直近に古馬相手のレースで上昇してきている上がり馬の4歳馬は買いパターンである一方、前走もしくは過去にGIレースの土俵に上がれる程の早期実績を持っているような実績馬の4歳馬は過信禁物パターンであるということです。

大　臣　なぜそういうことになるんだろう？

キムラ　複数考えられますが、まずはハンデ重賞なので実績馬よりも上がり馬のほうが、総じてハンデが軽くて済むという点が大きいはずです。逆に言えばレベルが千差万別の若駒期に行われる早期重賞レースだとしても、そこで結果を出してしまえば軽いハンデにはなり得ないということです。

　実際に上がり馬だと、53キロと54キロの軽ハンデでそれぞれ複数の好走馬が輩出されていますが、実績馬の場合には最低でも55キロ以上(牡馬換算)のハンデとなっています。

　あとは馬の成長に合わせたレース起用がされている上がり馬と、多くがGIレースを目標に据えたレース起用がされていた実績馬とでは、言わずもがな前者のほうが東西金杯に照準を合わせた出走態勢が取られているというのは大きいでしょう。

　そして特に距離ギャップが大きい菊花賞組について言えることですが、そもそも3歳世代戦とはレースの流れ方が異なる古馬混合戦に対する経験というのも問われてくるものと見られます。

大　臣　なるほどね。

競馬"真"格言

キムラ 今年の京都金杯に出走予定の4歳馬はコレペティトール、セッション、ダノンタッチダウン、ドルチェモア、フリームファクシの5頭で、すべて前走で古馬混合戦を走っている馬になりますので、そのなかでは上がり馬に分類できるコレペティトールとセッションに注目します。

中山金杯に出走予定の4歳馬はエミューとキタウイングとゴールデンハインドの3頭ですが、すべて上がり馬ではないので静観が妥当。

大臣 東西の金杯とも7歳以上になると厳しくて、4〜6歳馬が中心になるレースだけど、5、6歳馬の取捨に関しては何か注意すべきことはある？

キムラ 京都金杯が京都で行われるのは20年以来になるので、みなさん忘れてるかもしれないですけど、いちばん大事なのは枠順です。

開幕週で内がグリーンベルトになってるので3枠以内がむちゃくちゃ有利で、5枠より外は不利。中山金杯も4枠より内が狙い目で、5枠より外は割り引きになります。上で推奨馬を載せましたが、正直外枠を引かれてしまうとそれだけで重い印を打つことはできないレベルです。

2024年1月6日 京都11R
京都金杯（GⅢ） 芝1600m良 18頭立て

着	馬名	性齢	斤量	タイム	前走	位置取り	人気
1	1② コレペティトール	牡4	54	1.33.8	元町S(3勝C)9人1着	7-6	8
2	6⑪ セッション	牡4	55	1.33.9	キャピタルS(L)3人4着	2-2	3
3	2④ トゥードジボン	牡5	55	1.33.9	清水S(3勝C)4人1着	3-3	1

単勝1,650円 複勝410円 220円 210円 枠連2,310円 馬連4,720円
ワイド1,540円 1,200円 720円 馬単9,870円 三連複7,910円 三連単54,810円

回顧 東西金杯 *2024/01/11 掲載*

年齢重視の買い方で東西金杯大勝利!

大臣 新春一発目から京都金杯は大当たりだったね。

キムラ そうですね。4歳の上がり馬で必然的にハンデが軽く、状態面も強調できたことから推奨したコレペティトールとセッションの2頭で決まりました。

大　臣 それで単勝が16.5倍、馬連が47.2倍もついた!

キムラ 4歳馬でも早い時期の重賞に実績があり、ハンデの重かったフリームファクシは5着、ダノンタッチダウンは8着、ドルチェモアは18着。

大　臣 ここは馬券の買い方を失敗したよ。コレペティトールとトゥードジボンの馬連を持ってたんだけど、セッションは真ん中より外の枠なので消してしまった。

キムラ 確かに京都金杯は内枠有利という話はしましたが、ここは有力馬がけっこう外枠に入りましたよね。

大　臣 人気で内の枠に入ったのは2枠のトゥードジボンだけ。あとはアルナシーム、ドーブネ、フリームファクシ、アヴェラーレの有力馬4頭がみな7〜8枠に入ってしまった。

キムラ その馬たちよりはセッションはまだ内の枠でしたよね。

大　臣 確かに真ん中より外と言っても、ほぼ真ん中の枠だったので、何も消す必要はなかった。ましてキムラ君の推奨馬だったわけだし。コレペティトールとセッションの馬連はまず黙って買っておくべきだった(笑)。でも、中山金杯の馬連は獲ったよ。

キムラ こっちの馬連のほうが難しいと思うんですけど(笑)。

大　臣 ◎ボーンディスウェイ、○リカンカブール、△ククナだったんだけど。ボーンディスウェイが予想外に人気だったので○−△のタテ目も押さえた。リカンカブールは内の好枠でスタートさえ決めてくれればと思ってた馬。ククナは七夕賞で穴を出した時に、小回り芝2000mのハンデ重賞のどこかでまた穴を出すだろうと狙ってた。

キムラ 前走のエリザベス女王杯は10着でしたけど。実はそんなに負けてなかったんですよね。

大　臣 中山金杯は狙える4歳馬がいなかったので、5〜6歳馬に絞って買ってうまくいったよ。

競馬 "真" 格言

4歳1〜3月の ダート重賞・オープン競走で 4歳馬は低期待値

京都ダ1800m

キムラ　ダート(特に中距離以上)のトップ戦線は、素質で走っている若駒よりも体力面で上回るキャリアを重ねた古馬のほうが絶対的に有利という下地があります。3歳ダート馬が古馬混合の重賞、オープン競走で好結果を残すことは容易ではなく、レアケースとなっている現実があります。

　例えば現6歳世代が3歳馬だった当時(21年)は、同世代の世代レベルの低さとも相まって、古馬混合のダート重賞、オープン競走で半数以上が上位人気に推されるも【1-0-0-20/21】。3歳馬が次から次に人気を裏切る異次元の超低調成績を残していました。

　それに対して昨年(23年)の3歳世代は、21年のように世代レベルまで低いということはなく、古馬混合のダート重賞、オープン競走では【4-4-4-13/25】で、年齢別では最も好成績を残していました。

　ただし、だからと言って、1〜3月のダート重賞で現4歳世代を買って良いのかと言えば、否であると考えます。

大　臣　1〜3月のダート重賞で連対できる4歳馬って、毎年1頭いるかいないかなんだよね。

キムラ　そうです。1〜3月のダート重賞で4歳馬が振るわない最たる要因は、上の世代との斤量差です。成長して古馬との力量差を埋めていく分だけ古馬との斤量差も縮小されていくので、それらが相殺される格好でその期間内は古馬との差を中々詰められないということになります。

　施行距離や施行月によって変動しますが、3歳秋だと基本的に古馬(4歳以上馬)と3歳馬の斤量差は2キロ程ですが、4歳冬だと基本的に古馬(5歳以上馬)と4歳馬の斤量差は1キロ程となります。この斤量差縮小が地味なようで大きいというのがデータからは読み取れます。

大　臣　当然、1月に行われる東海Sも基本的に4歳馬は厳しいわけだよね。

キムラ　ええ。参戦例がそこまで多くないとはいえ、4歳馬が振るわないレース傾向になっています。それは決して母数が少ないことによる偶然ではなく、東海S以外のレースも含めた1〜3月に行われるダート重賞、オープン競走における4歳馬は、世代レベルの高低を問わずに7年連続で危険水域レベルの極めて低調な数字が並んでいます。

　東海S(施行時期が1月に移った13年以降)で好走した4歳馬は4頭いましたが、内3頭は3歳時に古馬混合オープン競走で連対歴がある馬でした。

1〜3月のダート古馬混合重賞・オープン競走における4歳馬の成績

年	着別度数	勝率	連対率	複勝率	単回収	複回収
2017年	4-3-1-22/30	13.3%	23.3%	26.7%	37	42
2018年	0-2-1-20/23	0%	8.7%	13.0%	0	37
2019年	3-2-2-23/30	10.0%	16.7%	23.3%	30	44
2020年	1-3-0-21/25	4.0%	16.0%	16.0%	20	38
2021年	4-3-0-32/39	10.3%	17.9%	17.9%	55	52
2022年	2-0-1-27/30	6.7%	6.7%	10.0%	11	21
2023年	3-3-4-25/35	8.6%	17.1%	28.6%	37	51

※斤量差が縮小されるタイミングに行われる重賞・オープン競走では4歳馬は過大評価されて低期待値の傾向

大　臣　その4頭というのはホッコータルマエ、グレンツェント、

チュウワウィザード、スマハマ。この中では、青竜S2着以来の休み明けで東海S3着だったスマハマがちょっと異例だけど。ホッコータルマエはみやこSとジャパンCダートで3着、グレンツェントはみやこS2着、師走S1着、チュウワウィザードは師走S2着、名古屋GP2着と、既に古馬相手に十分な実績があった。

　逆に言うと、この馬たち以外は東海Sでは人気になってないし、好走もしてない。

キムラ　東海S以外のレースも含めて1～3月のダートのオープンでは、いま言ったような実績のない4歳馬は人気でもほぼほぼ馬券外に飛んでいます。

大　臣　ざっくり言うと、1～3月のダートのオープンでの4歳馬は、古馬相手の別定戦で1キロ差での好走実績が欲しいってことだね。

キムラ　今年の東海Sに出走予定の4歳馬でそれをクリアしている馬は1頭もいません。

大　臣　今年の4歳馬では、オメガギネスとブライアンセンスが人気になりそうだけど。ブライアンセンスはユニコーンS3着で、京都ダート1800mで連勝中とはいえ、前走で3勝クラスを勝ったばかりの馬がダートの重賞でいきなり人気というのは、この時期の4歳馬がどうこうという以前に、とても危ないパターンに思える。

キムラ　しかも、その京都での連勝がモレイラ騎手でしたよね。前走モレイラ騎手が乗って勝っていた馬たちが今シーズンはコケまくってるんですよ。岩田望騎手がどうこうということではなくて、この乗り替わりは危険パターンだと思います。

大　臣　オメガギネスは前走のグリーンチャンネルC勝ちが古馬との斤量2キロ差だったけど、この馬はちょっと侮れない感じがする。特に前走を見ると、湿ったダートはかなり得意そうなので。今週末は雨の予報でしょ。

キムラ　ハービンジャー産駒でデビューから2連勝した馬は強いと言われてますけど、それは母父ハービンジャーについても同じことが言えて、獲得賞金上位2頭のメイケイエールとベラジオオペラは

デビューから3連勝。アーバンシックはデビュー2連勝から京成杯で2着。オメガギネスもデビューから2連勝した母父ハービンジャーですから、重賞級の可能性はあると思います。

大　臣　とはいえ、本命は既に重賞で実績のある5歳以上の馬に打つのが妥当だと思うけど。

キムラ　そうですね。去年の東海Sの真格言は「ダート重賞は前走中央GⅠ出走組を買うだけでOK」でした。今年は前走中央GⅠ出走馬が不在。前走ダートの重賞だった馬も5頭しかいません。

大　臣　その内の1頭は4歳馬で、もう1頭は去年のこのレース以来1年ぶりになるサンライズウルスだよね。

キムラ　残る3頭ウィリアムバローズ、ゲンパチルシファー、タイセイドレフォンを重視するのが正解だと思います。

2024年1月21日　京都11R
東海S（GⅡ）　ダ1800m重 16頭立て

着		馬名	性齢	斤量	タイム	前走	位置取り	人気
1	7⑭	ウィリアムバローズ	牡6	57	1.49.2	みやこS(G3)2人3着	2-2-1-1	2
2	5⑩	オメガギネス	牡4	56	1.49.4	グリーンチャンネルC(L)2人1着	2-3-2-2	1
3	2③	ヴィクティファルス	セ6	57	1.49.6	太秦S(OP)7人1着	4-3-4-3	4
4	7⑬	ブライアンセンス	牡4	56	1.49.7	花園S(3勝C)1人1着	8-8-7-5	5
5	8⑯	オーロイプラータ	牡4	56	1.49.7	カノープスS(OP)5人3着	14-14-15-15	6
10	6⑪	タイセイドレフォン	牡5	57	1.50.0	みやこS(G3)4人12着	4-5-7-7	7
14	4⑧	ゲンパチルシファー	牡8	57	1.51.4	みやこS(G3)13人5着	4-5-4-5	16

単勝550円　複勝140円 120円 230円　枠連350円　馬連570円
ワイド260円 690円 480円　馬単1,580円　三連複1,680円　三連単8,900円

回顧　東　　海　　S　　　　　*2024/01/25 掲載*

4歳1月時点のダート重賞で
好走した馬たちはこれから有望

大　臣　東海Sは人気2頭の決着だったね。オメガギネスは4歳馬で

も軽視できないのではという話をしたけど、しっかり2着に来た。

キムラ 正直、単勝2.0倍では期待値が低いとは思いましたが。やはり力はありましたね。

大臣 これ、馬単を獲ったよ。

キムラ ああ、15.8倍。ずいぶんついたんですね。

大臣 いくらオメガギネスは力があると言っても、この時期の4歳馬なのにあまりに人気が被ってると思って、ウィリアムバローズ→オメガギネスの馬単で勝負してみたらうまくいった（笑）。結局ここは人気の6歳馬が1、3、6着で、4歳馬が2、4、5着と健闘したよね。現4歳世代のレベルが高いということはある？

キムラ 世代レベルというか対別世代成績には波が出るものなので、現4歳世代の評価は保留しますけど、ここから4歳馬と5歳以上の斤量差はしばらく変わりません。しかし、4歳のダート馬はこれからの時期、メチャクチャ成長します。

大臣 だから毎年、春競馬の後半になるとダートで4歳馬が走り出す、という話はしたよね。

キムラ 4歳のオメガギネス、ブライアンセンス、オーロイプラータの3頭は、これからも別定戦で活躍が見込めると思うし、今年のダート重賞路線の注目馬だと言えると思います。

ここも大事

前走モレイラ騎手が
乗って好走していた馬は
次走乗り替わりで危ない

2024/02/01 掲載

きさらぎ賞 真格言

素質が物を言うHレベル
共同通信杯⬅➡キャリアが物を言う
低レベルきさらぎ賞

京都芝1800m

キムラ オーソドックスでトップホースが参戦しやすい平坦・1ターンコースの京都芝1800mとは異なり、昨年までの近3年は3歳馬にとっては過酷とも言うべき急坂・2ターンコースの中京芝2000mという舞台。やや主流のローテーションからは外れたような出走する馬を選ぶ条件(想定されるレース後のダメージなどを踏まえると本気でクラシック戦線で頂点を目指すようなトップホースが参戦しづらい)となってしまっていました。

大　臣 だから中京のきさらぎ賞はクラシックに直結するレースではなかったんだね。

キムラ かつてはその勝ち馬からドリームパスポート、トーセンラー、ワールドエース、サトノダイヤモンドなど、クラシック活躍馬が輩出されることは珍しくありませんでしたが、京都開催の近年はそういうことはめっきり減っています。

大　臣 サトノダイヤモンドが勝った翌年の17 ～ 20年の京都での勝ち馬を見ると、アメリカズカップ、サトノフェイバー、ダノンチェイサー、コルテジア。確かにレベルの高い勝ち馬は出してないね。

キムラ その最たる要因としては、この時期の京都芝の荒れ具合が影響していそうです。いま挙げた17 ～ 20年の勝ち馬4頭は全て勝ち時計が1分48秒台以上の時計の遅い決着。つまり、馬場があまり荒れていない時計が出やすい年はトップホースが参戦してくるのに対し、馬場が荒れていて時計が出づらい年はトップホースが避けてい

るという背景が窺えます。

16年を最後に、この時期の京都芝は馬場が荒れるようになっており、翌週に行われる東京芝1800mの共同通信杯のほうにメンバーが流れることになっています。きさらぎ賞のレベル低下と引き換えに、共同通信杯のレベル上昇というのが最新トレンドとなっています。

例年以上に京都芝の荒れ具合がクローズアップされている今年も例外ではなく、共同通信杯には、朝日杯FSの1、2着ジャンタルマンタルとエコロヴァルツ。ホープフルS5着のミスタージーティー、札幌2歳S2着のパワーホール、デイリー杯2歳S2着のエンヤラヴフェイスなど、GI＆重賞実績馬が数多く参戦を予定しています。

大　臣　共同通信杯は今年も豪華メンバーなんだね。

キムラ　対して、きさらぎ賞の重賞実績馬は、東京スポーツ杯2歳S3着のファーヴェント、シンザン記念3着のウォーターリヒトの2頭のみ。しかもファーヴェントは左回り向きで、言い方は悪いですが共同通信杯ではなく、きさらぎ賞に"逃げて"きたようにも見えます。

Hレベル化した近3年の共同通信杯は、馬券内好走馬9頭中4頭が前走新馬勝ちであるなど、素質こそが物を言うという決着となっています。それに対し、低レベル化が加速した近7年のきさらぎ賞は、馬券内好走馬21頭中13頭がキャリア4戦目以上。それらのベタ買い単複回収率もゆうに100％を超えるという、キャリアこそが物を言うという決着になっています。

例えば、2年前のホープフルSはメンバー中最長のキャリアのトップナイフと3番目のドゥラエレーデによるワンツー決着でしたが、この時期の3歳馬にとって過酷な舞台条件だと、キャリア（経験と鍛錬）が物を言うという決着にもなりがちです。特にトップホース不在で"どんぐりの背比べ"という様相であれば、尚更それが命運を分けることとも考えられます。

大　臣　真格言から今年のきさらぎ賞の狙い目はどの馬？

キムラ　まずキャリアが5戦以上のピエナオルフェ、ウォーターリヒト、ナムラエイハブには注目です。ウォーターリヒトは初勝利

を挙げるまで4戦連続で芝2000mを使われました。ドレフォン産駒で芝2000mは適距離ではなかったと思うんですよね。実際、前走は芝1600m重賞のシンザン記念で17番人気3着と激走しました。芝1800mも守備範囲だと思います。

大　臣　ドレフォン産駒が芝の重賞で連続好走できるかどうか、かなり怪しい気がするけど。逆にキャリアの浅い新馬戦を勝ったばかりのシヴァースやビザンチンドリームはやっぱり割り引き？

キムラ　そうですね。きさらぎ賞で新馬戦を勝ったばかりの馬がまったく来ないわけではないですけど、別表通り、最近のきさらぎ賞はキャリア2、3戦目の馬は単勝回収率、複勝回収率とも低くなってます。

　シヴァースもビザンチンドリームも、そしてキャリア2戦のファーヴェントも狙い目とは言えないと思います。シヴァースは母ヴィブロスも3歳春は振るわなかった通り晩成の牝系という点で、ファーヴェントはこの時期に人気を裏切りやすいハーツクライ牡駒という点でもどうかと思います。

きさらぎ賞のキャリア別成績(16年以降)

キャリア	着別度数	勝率	連対率	複勝率	単回収	複回収
2戦目	1-1-0-9/11	9.1%	18.2%	18.2%	62	32
3戦目	1-3-2-11/17	5.9%	23.5%	35.3%	23	52
4戦目	3-3-3-10/19	15.8%	31.6%	47.4%	122	131
5戦目	1-0-1-4/6	16.7%	16.7%	33.3%	90	83
6戦目	1-0-1-4/6	16.7%	16.7%	33.3%	496	128
7戦目～	0-0-0-5/5	0%	0%	0%	0	0

※キャリア4戦目以上の多キャリア馬が高好走率&高回収率

2024年2月4日 京都11R
きさらぎ賞（GⅢ） 芝1800m良 12頭立て

着		馬名	性齢	斤量	タイム	キャリア	前走	位置取り	人気
1	8 ⑫	ビザンチンドリーム	牡3	57	1.46.8	1	新馬2人1着	11-9	1
2	3 ③	ウォーターリヒト	牡3	57	1.46.8	5	シンザン記念(G3)17人3着	9-9	10
3	5 ⑤	シヴァース	牡3	57	1.46.8	1	新馬1人1着	1-2	8
6	6 ⑧	ファーヴェント	牡3	57	1.47.1	2	東スポ杯2歳S(G2)2人3着	7-7	2
10	5 ⑥	ナムラエイハブ	牡3	57	1.47.5	5	3歳1勝クラス3人2着	4-3	9
11	1 ①	ピエナオルフェ	牡3	57	1.49.3	6	3歳未勝利7人1着	12-11	12

単勝230円　複勝150円 430円 480円　枠連3,580円　馬連3,720円
ワイド1,160円 1,000円 3,850円　馬単4,430円　三連複16,500円　三連単49,730円

回顧　き　さ　ら　ぎ　賞　　　　　*2024/02/08 掲載*

ビザンチンドリームの
好時計勝ちは評価すべき

大　臣　きさらぎ賞の真格言は、半分ハズれて、半分当たったという感じだったね。新馬戦を勝ったばかりのビザンチンドリームが勝ち、これが6戦目とキャリア豊富なウォーターリヒトが2着。ウォーターリヒトに関しては「ドレフォン産駒が芝の重賞で連続好走できるかどうか、かなり怪しい気がするけど」とか余計なことを言わなきゃ良かった(笑)。

キムラ　ドレフォン産駒は3歳前半なら芝重賞でも走れる馬は結構いますから。逆に言えば、今後の活躍については懐疑的に思えます。しかし、10番人気とはずいぶん人気がなかったですよね。前走・重賞3着馬なのに。

大　臣　そうなんだけど、芝の重賞で続けて馬券になった馬はジオグリフしかいないし。前走を完全にフロックだと思ってしまったよ。それからビザンチンドリームに関してはどういう印象？

キムラ　過去にきさらぎ賞を1分47秒9以下で勝った馬を挙げると、

サトノダイヤモンド、ワールドエース、ドリームパスポート、トーセンラー、アグネスゴールドなど、クラシックで活躍した馬ばかりなんですね。ビザンチンドリームの勝ち時計は1分46秒8。そこを大きくクリアしてますから、一目置く必要があると思いますね。

大　臣　現3歳のエピファネイア産駒は2勝目が早いよね。それからここはキャリア2戦目で危ないと言ってた2番人気のハーツクライ産駒ファーヴェントが6着と凡走したけど、キムラ君は2歳時に重賞で好走したハーツクライ産駒の3歳初戦は人気で危ないとXに投稿してたよね。危ないのは3歳の初戦だけ？

キムラ　馬券的な嫌い時としては3歳の初戦ですが、ハーツクライ産駒にはこの時期に成長曲線が止まる馬が多いということが肝なので、2戦目以降も積極的な評価はしづらいです。

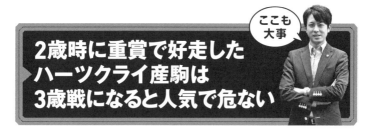

レース別索引

コ ー ス 別 索 引

キムラヨウヘイ

1990年生まれ、東京都出身。2009年にmixiコミュニティで予想活動をスタート。11年にブログを始めるとライブドア競馬ブログでアクセス数トップを記録した。15年に競馬誌「競馬王」でメディアデビューし、18年からはフジテレビONE『競馬予想TV!』に10年振りの新人予想家として出演中。
　予想スタイルは各馬&各レース固有の独自の取捨ポイント設定（通称プロファイリングポイント）に基づいた狙い馬の発掘。

X（旧Twitter）@jou_syou

キムラヨウヘイの競馬サロン（考えるヒント完全版オンラインサロン）
lounge.dmm.com/detail/2381/

かめ た に けい ば
亀谷競馬サロン3
けい ば　　しん かく げん
競馬"真"格言

2024年5月6日初版第一刷発行

著　　　者	キムラヨウヘイ
発　行　者	柿原正紀
企 画 構 成	斉藤雄一
装　　　丁	oo-parts design
発　行　所	オーバーツ・パブリッシング
	〒235-0036　神奈川県横浜市磯子区中原2-21-22　グレイス杉田303号 電話：045-513-5891　URL：https://oo-parts.jp
発　売　元	サンクチュアリ出版
	〒113-0023　東京都文京区向丘2-14-9 電話：03-5834-2507　FAX：03-5834-2508
印 刷・製 本	中央精版印刷株式会社

亀谷競馬サロン①
永久馬券格言

亀谷敬正／監修
定価1760円（本体1600円＋税10%）　好評発売中

紙の本　電子書籍

競馬というゲームを攻略するために
必ず覚えておくべき38の格言

20年以上、競馬予想界の第一線で活躍し続ける著者は、これまで
数々の馬券格言を生み出してきました。それらの多くは競馬の本質
を突いており、いまだに有効利用できています。本書では、亀谷理
論の核となるものからピンポイントなものまで、この先もずっと使える
「馬券格言」だけを厳選して紹介します。

亀谷敬正の
競馬血統辞典

亀谷敬正／著
定価1980円（本体1800円＋税10%）　好評発売中

紙の本　電子書籍

鋭く的確な分析によって発見した
"血統のポイント"を一挙公開!!

血統は能力のデータベースです。種牡馬から産駒に受け継がれる
特徴は様々ではありますが、血統構成、環境、過去の傾向などを分
析することによって読み切ることが可能です。そして、これらの特徴
をいち早くつかめば、先行者利益を得ることができます。極端に言
えば、1頭の種牡馬を覚えるだけでも競馬は勝てるのです。

亀谷競馬サロン②
馬場を極める

亀谷敬正、馬場虎太郎／著
定価1980円（本体1800円＋税10%）　好評発売中

紙の本　電子書籍

近代競馬はトラックバイアスが命!!
馬場傾向のメカニズムを徹底解説

競馬の結果は馬場に支配されています。馬場によって恵まれる馬が
勝ち、恵まれなかった馬が負ける。そして、馬場に恵まれて勝った馬が
次走で負け、恵まれなかった馬が穴をあける。これを見抜くことができ
れば的中の好循環につながります。トラックバイアス分析のプロ・馬
場氏を迎えて、基本から応用まで丁寧に解説しています。

馬券力の正体
収支の8割は予想力以外で決まる

TARO／著
定価1980円（本体1800円＋税10%）　好評発売中

紙の本　電子書籍

勝てない理由は予想以外にあった!
『馬券力』について徹底究明した一冊

予想の精度を競い合うのはライバルが多いレッドオーシャンの世界。効率よく競馬に勝つために磨くべきは、"予想力"ではなく"馬券力"です。自分自身の性格を知り、勝負レースを選択し、最適な券種で買い目を構築する。競馬で勝っている人は、"予想以外"の力を磨いているのです。

競馬場と前走位置取りだけで
恒常的に勝つ方法

みねた／著
定価2750円（本体2500円＋税10%）　6月21日発売予定

紙の本　電子書籍

「展開読み」が劇的に上達する!!
カリスマ馬券師が遂に明かした手の内

ストイックにギャンブルと向き合う姿勢、圧倒的な予想力でカリスマ的な支持を集める馬券師みねた氏による初単行本。ギャンブルに生きていた男だからこそ知る、競馬に勝つためのメソッドを初めて明かします。展開読みの精度が劇的にアップすることで、まさしく「競馬場と前走位置取りだけ」で競馬に勝てるようになります。

田端到・加藤栄の
種牡馬事典 2023-2024

田端到、加藤栄／著
定価2970円（本体2700円＋税10%）　好評発売中

紙の本　電子書籍

空前の種牡馬戦国時代。今こそ血統の知識が
大きなアドバンテージになる!!

ディープインパクトとキングカメハメハによる二大巨頭の時代が終わり、混沌の時代に突入。二頭の後継者争いが激しくなるばかりではなく、二頭の血を活かす種牡馬を探すために世界中から多種多様な血統が持ち込まれています。もはや血統を知らずに馬券検討はできません。

Mの法則×血統ビーム
誰でも使える血統買いパターン

今井雅宏、亀谷敬正／著
定価2400円（本体2182円＋税10%）　好評発売中

[紙の本] [電子書籍]

競馬予想の常識を塗り替えてきた
レジェンド2人による夢の共著

サラブレッドの心身状態分析、短縮ショック、ブラッドバイアス、チェンジオブペース、根幹・非根幹距離 etc…。競馬予想界に革命を起こした今井雅宏と亀谷敬正が、競走馬と血統の本質を語る! 主要種牡馬の「買い条件」「消し条件」を収録!! だから誰でも簡単に使えます!!

中央競馬 妙味度名鑑 2024
1億5000万円稼いだ馬券裁判男が教える
儲かる騎手・種牡馬・厩舎

卍／著
定価1650円（本体1500円＋税10%）　好評発売中

[電子書籍]

「競馬は勝てる! 」を完全証明した男が
作った〝究極のデータブック〟

独自の評価手法により、的中率や回収率では見抜けない"正しい評価"と"馬券のツボ"が浮き彫りになります。儲かる銘柄を儲かる条件で買い、儲からない銘柄を買わないこと。この二つを組み合わせることが、競馬で勝つための王道であり、最短ルートです。

有利な馬がすぐわかる
競馬場コース事典

馬ノスケ／著
定価1980円（本体1800円＋税10%）　好評発売中

[紙の本] [電子書籍]

最もわかりやすく、
最も使いやすいコース解説書

JRAの101コースを図とデータを用いて解説し、絶対に知っておくべき傾向や、コース別の狙い方を紹介します。もちろん、リニューアルした京都競馬場の全コースも網羅しています。なるべく難しい表現を避け、読者の皆様にも「こんな本が欲しかった!」と思っていただけるように、とことんわかりやすさ・使いやすさを優先して作りました。